법인 과세와 주주 과세의 통합

법인 과세와 주주 과세의 통합

김 의 석

경인문화사

머리말

필자는 2014년경부터 법인 과세와 주주 과세의 통합 문제에 관한 연구를 시작하여 2021년 2월에 그 주제로 박사학위논문을 제출하였다. 이 책은 그 논문을 책으로 펴낸 것이다.

주주는 법인이 실현한 소득을 주주 자신의 소득으로 실현하기 위해 배당절차를 이용할 뿐만 아니라 주식을 양도하기도 한다. 이 책에서 필자는 법인의 소득에 기한 법인과 주주 단계의 중복과세 유형을 배당소득 이중과세, 유보소득 중복과세, 미실현이익 중복과세 등 세 가지로 구분하였다. 그리고 현행 배당세액공제에 의한 배당소득 이중과세 조정보다 조세중립성을 제고할 수 있는 중복과세 포괄적 조정 방안과 그에 기초한 과세체계를 탐구하였다.

위 주제에 관한 장기간의 연구는 새로운 생각을 하고 그 오류를 발견하고 생각을 수정, 보완하고 다시 그 오류를 발견하는 것을 수 없이 반복하였던 힘든 과정이었다. 필자는 그 과정에서 연구자로서 학문을 하는 기쁨을 느꼈다. 때로는 한계와 난관에 부딪히기도 하였지만, 끝까지 희망을 잃지 않으려고 노력하였다.

지나간 시간을 되돌아볼 때, 이 책은 많은 분들의 도움과 격려가 있었기에 가능했다. 먼저, 세법학이라는 학문의 길로 이끌어 주시고 지도해 주신 서울대학교 이창희 교수님께 깊은 감사의 말씀을

드린다. 그리고 아낌없는 조언과 격려를 해 주신 서울대학교 송옥렬 교수님, 윤지현 교수님, 강원대학교 김석환 교수님, 임상엽 박사님께 역시 깊은 감사의 마음을 전한다. 또한 필자의 논문을 서울대학교 법학연구총서에 선정해 주신 서울대학교 법학연구소와 책으로 만들어 주신 경인문화사에도 감사의 인사를 드린다. 끝으로, 사랑하는 가족과 여기까지 인도하신 하나님께 감사드린다.

2022년 3월
김 의 석

〈목 차〉

◆ 머리말

제1장 서론 _ 1

제1절 연구 목적 ···3

제2절 연구의 범위 ···5

제3절 논의의 순서 ···6

제2장 전통적 세제(Classical System)의 문제점 _ 11

제1절 전통적 세제 ···13

제2절 법인 과세의 비중립성 ···14

  Ⅰ. 법인기업과 비법인기업의 차이 ···16

  Ⅱ. 타인자본과 자기자본의 차이 ···18

  Ⅲ. 유보소득과 배당소득 및 주식양도소득의 차이 ·······························19

  Ⅳ. 배당과 감자 및 자기주식취득의 차이 ···22

  Ⅴ. 요약 ···23

제3절 법인세 통합론의 이론적 기초 ···24

  Ⅰ. 법인 소득의 실질과 법인 과세 ···25

  Ⅱ. 법인 소득에 기한 주주 과세 ···27

  Ⅲ. 법인 과세와 주주 과세의 관계 ···27

  Ⅳ. 요약 ···28

제3장 법인세 통합의 유형 _ 29

제1절 법인세 통합의 구분 기준 ·································31
제2절 법인세 폐지 유형 ····································32
  Ⅰ. 주식가치 상승분 과세 ···························32
  Ⅱ. 법인 소득의 주주 배분 및 과세 ···················33
제3절 법인세 존치 및 주주 비과세 유형 ···················34
  Ⅰ. 배당소득 과세 면제(Dividend Exemption) ············35
  Ⅱ. 포괄적 사업소득세(Comprehensive Business Income Tax) ·····36
제4절 주주 과세 시 이중과세 조정 유형 ···················36
  Ⅰ. 주식가격의 조정과 중복과세 ·····················37
  Ⅱ. 이중과세 조정 범위 ···························39
  Ⅲ. 법인세와 배당소득세의 이중과세 조정 방법 ·············42

제4장 법인 소득에 기한 중복과세 유형 및 조정의 접근 방법 _ 47

제1절 중복과세의 유형 ····································49
  Ⅰ. 법인세와 배당소득세의 이중과세 ···················50
  Ⅱ. 법인세, 주식양도소득세, 배당소득세의 중복과세 ··········50
  Ⅲ. 각 유형 간 차이점 ····························51
제2절 중복과세의 유형별 사례 ····························53
  Ⅰ. 배당소득 이중과세 사례 ························53
  Ⅱ. 유보소득 중복과세 사례 ························55
  Ⅲ. 미실현이익 중복과세 사례 ·······················59
  Ⅳ. 요약 ·································63

제3절 배당소득 이중과세 조정의 정당성 및 한계 ·················64
   Ⅰ. 배당소득 이중과세 사례 ···································65
   Ⅱ. 유보소득 중복과세 사례 ···································65
   Ⅲ. 미실현이익 중복과세 사례 ·································71
   Ⅳ. 요약 ···75

제5장 현행 배당세액공제에 의한 법인세 통합의 한계와 과제 _ 77

제1절 현행 세법의 법인세 통합 ·································79
   Ⅰ. 관련 세법 규정 ··79
   Ⅱ. 현행 법인세 통합의 유형, 범위, 방법 ·····················82

제2절 배당세액공제에 의한 이중과세 조정의 한계 ·················83
   Ⅰ. 배당소득 이중과세와 배당세액공제율 ·····················83
   Ⅱ. 유보소득 중복과세 사례 ·································84
   Ⅲ. 미실현이익 중복과세 사례 ·································85
   Ⅳ. 요약 ···85

제3절 조세중립성 관점에서의 배당세액공제의 그 밖의 한계 ··········86
   Ⅰ. 의제배당소득 이중과세 조정 ·····························86
   Ⅱ. 법인의 비과세소득 및 세액공제와 배당소득 이중과세 조정 ·······89
   Ⅲ. 그 밖의 조세중립성 문제 ·································91

제4절 요약 - 새로운 모색의 필요성 ······························91

제6장 법인세 통합을 위한 새로운 모색 _ 93

제1절 법인 과세의 원칙과 예외 ·································95
   Ⅰ. 법인의 각 사업연도소득 ·································95
   Ⅱ. 법인 청산, 합병 및 분할 시 미실현이익 ····················97
   Ⅲ. 법인세율 ··99

제2절 주주 과세의 지향 ···101
  Ⅰ. 의의 및 가치 ··101
  Ⅱ. 과세된 법인세의 환원 ···102
  Ⅲ. '배당금 손금산입'에 의한 법인 과세의 최소화 ···············104

제3절 조세중립성의 제고 ···105
  Ⅰ. 중복과세 조정 범위의 확대 ·····································105
  Ⅱ. 이중과세 조정의 적정화 ··107
  Ⅲ. 법인 주주와 중복과세의 포괄적 조정 ·························108
  Ⅳ. 기타 과세상 차이의 완화 ·······································108

제4절 요약 ···109

제7장 중복과세의 포괄적 조정에 의한 조세중립성 제고 _ 111

제1절 사례별 접근 방법 ···113
  Ⅰ. 배당소득 이중과세 사례 ··114
  Ⅱ. 유보소득 중복과세 사례 ··115
  Ⅲ. 미실현이익 중복과세 사례 ······································141

제2절 중복과세 포괄적 조정의 범위와 규칙 ·······················151
  Ⅰ. 포괄적 조정의 범위 ··151
  Ⅱ. 실효성을 위한 전제 조건 ·······································153
  Ⅲ. 포괄적 조정의 최적화 ··161
  Ⅳ. 포괄적 조정의 규칙 ··163

제3절 세액공제(Full Imputation)에 의한 포괄적 조정 ·············164
  Ⅰ. 의의 ···164
  Ⅱ. 주요 개념 요소 ···164
  Ⅲ. 포괄적 조정의 과세체계 ··167
  Ⅳ. 과세체계의 적용 ···175

제4절 '법인세 법인 환급'에 의한 포괄적 조정 ·············183
   Ⅰ. 의의 ·····················183
   Ⅱ. 주요 개념 요소 ·············183
   Ⅲ. 포괄적 조정의 과세체계 ········185
   Ⅳ. 과세체계의 적용 ···········193

제5절 '배당금 손금산입과 세액공제(Full Imputation) 등의
    병행'에 의한 포괄적 조정 ·········205
   Ⅰ. 의의 ·····················205
   Ⅱ. 주요 개념 요소 ·············205
   Ⅲ. 포괄적 조정의 과세체계 ········208
   Ⅳ. 과세체계의 적용 ···········214

제6절 요약 ···························225

제8장 그 밖의 조세중립성 제고 _ 227

제1절 법인의 비과세소득 및 세액공제와 배당소득 이중과세 조정 ·······229
   Ⅰ. 법인의 비과세소득 및 세액공제와 주주의 배당소득 과세 ·······229
   Ⅱ. 세액공제(Full Imputation)에 의한 조정 ········231
   Ⅲ. '법인세 법인 환급'에 의한 조정 ··········234

제2절 법인 주주와 중복과세의 포괄적 조정 ·············237
   Ⅰ. 법인 주주와 포괄적 조정의 범위 ···········237
   Ⅱ. 법인 주주와 포괄적 조정 규칙의 적용 ·········238

제3절 기타 과세상 차이의 완화 ·················239
   Ⅰ. 타인자본과 자기자본 ···········239
   Ⅱ. 유보소득과 배당소득 및 주식양도소득 ·······240
   Ⅲ. 배당과 자기주식취득 ···········243

제9장 법인세 통합론의 제약조건: 전체 조세체계 _ 245

제1절 법인세 통합론은 얼마나 중요한가? ·······················247

제2절 공평 ···250
  Ⅰ. 주주 간 불공평의 완화 가능성 ·······························250
  Ⅱ. 주주와 기타 생산요소 제공자 간 불공평의 완화 가능성? ··········254

제3절 실현주의 ···264

제4절 법인세율과 소득세율의 관계 ···265

제5절 자본소득세제 ···265
  Ⅰ. 배당소득과 주식양도소득 관련 현행 세제 ····················266
  Ⅱ. 중복과세 포괄적 조정의 실효성의 제약 ·······················269
  Ⅲ. 현행 자본소득 과세에 대한 비판과 개선 논의 ··············271

제6절 단순성(simplicity) 및 세수(revenue)에 대한 영향 ·············273

제7절 비거주자 및 국외원천소득 ···274

제10장 전체 요약 및 결론 _ 275

참고문헌 - 285

제1장

서 론

제1절 연구 목적

자본주의 시장경제에서 경제활동의 주체에는 개인과 단체가 있다. 그 중 단체는 그 단체를 구성하는 구성원과는 별개의 독립적인 인격을 갖는지 여부에 따라 법인(Corporate Entity)과 비법인(Non-Corporate Entity)으로 구분할 수 있다.

개인이나 비법인단체가 경제활동을 한 결과 순자산 증가, 즉 소득을 실현하면 세법은 그 소득에 기하여 개인이나 비법인단체의 구성원인 출자자에 대하여 직접 소득세를 과세한다. 그런데 법인이 소득을 실현하면 일반적으로 그 소득에 기하여 출자자(편의상 "주주"라고 칭한다)에 대하여 바로 과세하지 않고 일단 법인에 대하여 법인세를 과세한 후 주주가 배당, 주식양도 등을 통해 법인의 소득을 기초로 하여 주주 자신의 소득을 실현할 때 주주에 대하여 소득세를 과세한다. 즉, 개인이나 비법인단체의 소득에 기한 과세와 달리 법인의 소득에 기한 과세의 경우는 소득세제와는 별도로 법인세제가 존재한다.

경제적 관점에서 볼 때 법인 소득에 기한 위와 같은 과세체계는 조세중립성 측면에서 여러 가지 경제적 왜곡을 초래할 수 있다. 그러한 문제들을 해결하기 위한 다양한 노력이 기울여져 왔다. 법인세의 세율을 인하하려는 경향 역시 일정 부분 그러한 노력과 무관하지 않다. 법인세 과세로 인한 문제를 해결하기 위한 다양한 노력 중 조세중립성 측면에 초점을 맞추어 주로 구조적이고 체계적인 접근방식으로 법인세 과세로 인한 경제적 왜곡을 해결하고 효율성을 높이기 위한 시도들이 있어 왔다. 이를 일반적으로 법인 과세와 주주 과세의 통합(Integration of The Corporate and Shareholders' Income Taxes)이라

고 한다. 그러한 시도들은 부분적인 것(partial integration)에서부터 포
괄적인 것(full integration)에 이르기까지 매우 다양하다.

본 연구의 목적은 조세중립성 관점에 초점을 맞추어 법인 소득에
기한 법인 과세와 주주 과세의 체계를 분석하고 배당세액공제에 의
한 현행 통합 세제의 문제점과 한계를 고찰한 후 새로운 모색을 통
하여 현재보다 조세중립성의 수준을 제고하여 법인 과세로 인한 경
제적 왜곡을 해소거나 완화하고 공평의 수준을 제고하는 데에도
기여할 가능성이 있는 포괄적인 '법인 과세와 주주 과세 통합'(편의
상 "법인세 통합"이라고 칭한다) 방안을 탐구하는 것이다. 다만, 조세
체계 전체에서 볼 때 위 방안은 다양한 이론적, 현실적 제약으로 인
하여 한계에 부딪히게 된다.

되풀이하자면 본 연구의 논지는 크게 두 가지이다. 첫째, 기존의
법인세 통합이론, 결국은 그 실천적 결론인 현행 배당세액공제보다
조세중립성을 제고할 뿐만 아니라 주주 간 소득재분배로 인한 불공
평을 완화하며, 법인세 귀착으로 인한 주주와 기타 생산요소 제공자
간 소득재분배로 인한 불공평의 발생 가능성 또는 규모를 줄이는 새
로운 시스템을 설계할 수 있다. 본 연구에서 세 가지 틀로 설계해 본
'법인 및 주주 과세 통합의 과세체계'가 그것이다. 둘째 논지는, 위와
같은 새로운 과세체계를 설계하자면 일련의 전제가 필요한데 이 전
제들이 현행 세제의 다른 부분과 충돌하기 때문에, 결국은 법인세
통합논의는 그것만 따로 논의할 수 없는, 세제 전체라는 한결 더 크
고 포괄적인 설계 문제의 일부라는 것이다. 법인 소득에 기한 중복
과세의 포괄적 조정을 통해서 제고하고자 하는 조세중립성과 공평
은 그러한 더 거시적인 탐구과정의 한 부분에 불과할 것이다. 세제
전체를 최적화하는 것이 본 연구의 범위를 벗어남은 물론이다. 일부
의 개선이 반드시 전체로 이어진다는 보장은 없지만, 아무튼 나머지
부분을 사상하고 법인세 과세로 인한 중복과세 부분에 국한해서 더

효율적이고 더 공평한 세제가 무엇인가를 찾아보는 것이 이 글의 목적이다. 본 연구는 그 과정에서 살펴야 할 하나의 쟁점에 관한 이론적 분석이라는 점에 작은 의미를 부여하기를 희망한다.

이러한 취지에서 본 연구는 일단 조세중립성에 초점을 두고 법인세 통합에 관하여 탐구한 후, 종국적으로는 그 결과를 세제 전체의 관점에서 바라보면서 재평가 하고자 한다.

제2절 연구의 범위

법인 과세와 주주 과세 통합 수준을 제고할 수 있는 통합 방안을 탐구함에 있어서 조세중립성에 초점을 맞추어 문제를 풀어간다. 조세중립성은 경제적 효율성(economic efficiency)의 문제이다.

그리고 주주 간 소득재분배 및 법인세 귀착과도 관련지어 통합 문제에 접근해 보고자 한다. 주주 간 소득재분배는 주주 사이의 공평의 문제이며 법인세 귀착은 주주와 다른 생산요소 제공자들 사이의 공평(equity)의 문제이다. 공평은 경제적 효율성과 함께 세법이 추구하는 대표적인 이상과 가치로서 비단 법인세 통합에 있어서 뿐만 아니라 일반적으로 바람직한 세제를 탐구함에 있어서 고려해야 할 중요한 요소이다.

그런데 바람직한 세제를 갖기 위해서는 효율과 공평 외에도 고려해야 할 다른 요소들이 있다. 단순성(simplicity)과 조세수입(revenue) 등이 그러한 예이다. 본 연구는 효율과 공평 이외의 기타의 요소들을 고려하여 논지를 전개하나 주된 분석의 도구로 활용하지는 않는다. 이점은 본 연구가 바람직한 세제를 추구함에 있어서 갖는 한계이기도 하다.

한편, 조세중립성 제고를 위해 제안한 법인세 통합 방안을 보다 근본적이고 포괄적인 주제인 자본소득세제 관점에서 검토한다. 다만, 자본소득세제 문제는 별도의 연구대상이 될 수 있는 매우 광범위하고 방대한 주제이므로 본 논문의 논지 전개에 필요한 범위 내에서 살펴보기로 한다.

그리고 법인세 통합 문제에 있어서 국제조세 관련 쟁점은 연구의 범위에 포함시키지 않는다. 본 연구에서 법인은 내국법인을 그리고 주주는 거주자 또는 내국법인에 한정한다. 따라서 예컨대, 비거주자가 내국법인으로부터 받는 배당소득에 대한 과세, 거주자가 외국법인으로부터 받는 배당소득에 대한 과세 등은 본 연구의 범위 밖이다.

한편, 본 연구는 주로 이론적 분석을 통해 논지를 전개한다. 그리고 이론적 분석을 서술하는데 그치지 않고 분석의 정확성을 뒷받침하기 위하여 필요에 따라 구체적인 사례에 적용하여 확인한다. 이러한 방법은 법인과 비법인의 각 소득에 기한 과세체계에 어떤 차이가 존재하는지, 현행 배당세액공제는 그 차이를 어느 정도 해소하는지, 본 연구에서 제안하는 방안들은 배당세액공제의 문제점과 한계를 어느 정도 개선하여 법인과 비법인의 각 소득에 기한 과세체계 간 차이를 어디까지 해소하는지 구체적으로 확인하기 위해 적절한 방법이다. 그 외에 경제학에서 주로 적용하는 계량적이고 실증적인 접근은 필자의 역량을 벗어난다. 이점 역시 본 연구가 갖는 한계이다.

제3절 논의의 순서

바로 이어지는 제2장에서는 법인 소득에 기하여 법인 단계와 주주 단계에서 모두 과세하는 전통적 세제(Classical System)의 문제점으로서 조세비중립성에 대하여 알아보고 이를 해결하기 위한 방법으로서 두 단계의 과세를 통합하려는 법인세 통합론의 이론적 기초에 관하여 살펴본다.

제3장에서는 법인세 통합의 유형에 관하여 살펴본다. 다양한 유형이 있지만, 그동안 주로 논의되어 왔던 유형을 중심으로 살펴본다.

제4장에서는 법인세 통합의 핵심 쟁점으로서 조세중립성에 관한 논의의 중심에 있는 '법인 소득에 기한 중복과세'에 관하여 분석한다. 법인 소득에 기한 중복과세의 유형을 배당소득 이중과세, 유보소득 중복과세, 미실현이익 중복과세 등 세 가지로 구분한다. 그리고 유보소득 중복과세와 미실현이익 중복과세 조정을 위해 배당소득 이중과세 조정이 아닌 별도의 접근 방법이 필요한지 살펴본다.

제5장에서는 법인세의 통합에 관한 현행 세법의 규정들에 관하여 알아보고, 그 중 주된 통합 방법인 배당세액공제에 관하여 조세중립성 추구에 있어서의 한계와 문제점을 중심으로 살펴본다.

제5장까지 살펴본 법인세 통합의 기본 이론과 현행 배당세액공제의 한계와 문제점에 대한 인식을 토대로 제6장에서 제8장까지는 법인세 통합의 새로운 모색을 하고자 한다.

먼저 그러한 시도의 총론에 해당하는 제6장에서는 법인세 통합의 새로운 모색을 위해 법인 과세의 원칙 및 주주 과세 지향이라는 기본 틀을 설정하고 조세중립성의 제고를 기본 방향으로 제시한다.

다음으로, 각론의 첫 장인 제7장에서는 본 논문의 핵심이 되는 장으로서 법인 소득에 기한 중복과세의 포괄적 조정을 통해 조세중립성의 제고를 모색한다. 이 장에서는 법인 소득에 기한 중복과세의 세 가지 유형인 배당소득 이중과세, 유보소득 중복과세, 미실현이익 중복과세의 각 사례에서 비법인과의 과세상 차이를 해소하기 위해 실제 적용 가능한 구체적인 접근 방법을 탐구한다. 그리고 이를 기초로 중복과세의 포괄적 조정의 범위를 획정하고 중복과세 포괄적 조정 규칙을 도출한다. 그와 함께 중복과세 포괄적 조정이 실효성을 갖기 위한 전제조건에 관하여도 살펴본다. 이어서 포괄적 조정 규칙을 반영하여 배당(주식양도)세액공제(Full Imputation)에 의한 포괄적 조정, '법인세 법인 환급'에 의한 포괄적 조정, '배당금 손금산입과 세액공제(Full Imputation) 등의 병행'에 의한 포괄적 조정 등 세 가지 과세체계를 정립하고, 각 과세체계를 사례에 적용하여 조세중립성 제고라는 결과를 얻을 수 있는지 검증한다.

제8장은 기타 쟁점에서의 조세중립성 제고에 관하여 살펴본다. 먼저, 법인의 소득에 법인세 비과세 소득이 포함되어 있거나 법인세 결정 과정에서 세액공제가 있을 경우 주주의 배당소득 과세 시 이중과세 조정에 관하여 살펴본다. 그리고 주주가 법인인 경우 중복과세의 포괄적 조정에 관하여 살펴본다. 또한 제7장에서 논한 법인 소득에 기한 중복과세의 포괄적 조정 방안이 법인과 비법인의 과세상 차이 외의 기타 조세비중립성 문제를 해소 내지는 완화하는지 검토하고 기타 조세비중립성 문제를 해결하기 위한 그 밖의 방안에 관하여도 살펴본다.

조세중립성에 초점을 맞추어 주로 이론적 분석과 접근을 하였던 제8장까지와 달리 제9장에서는 조세체계 전체의 관점에서 법인세 통합론에 대한 다양한 측면의 제약과 한계를 분석한다. 법인세 통합론의 중요성에 대한 인식의 변화와 이원적 소득세제의 도입 경향, 주주 간 소득재분배와 법인세 귀착 등 공평의 관점에서 본 법인세 통합론, 실현주의와 세율로 인한 한계, 현행 자본소득세제 하에서의 법인세 통합론의 제약, 세제의 단순성(simplicity) 및 세수(revenue)에 대한 영향과 같은 기타 세법적 가치, 비거주자 및 국외원천소득에 관하여 살펴본다.

끝으로 제10장에서는 본 논문에서 제안한 새로운 과세체계가 조세중립성을 다소 제고할 가능성은 있지만 세제 전체에서의 이론적,

현실적인 다양한 제약 조건을 고려할 때 현재 실현하기 어렵고 조세 중립성의 제고만으로는 바람직한 세제를 개선이라고 단언하기 어렵다는 점을 분명히 하면서 논문을 마친다.

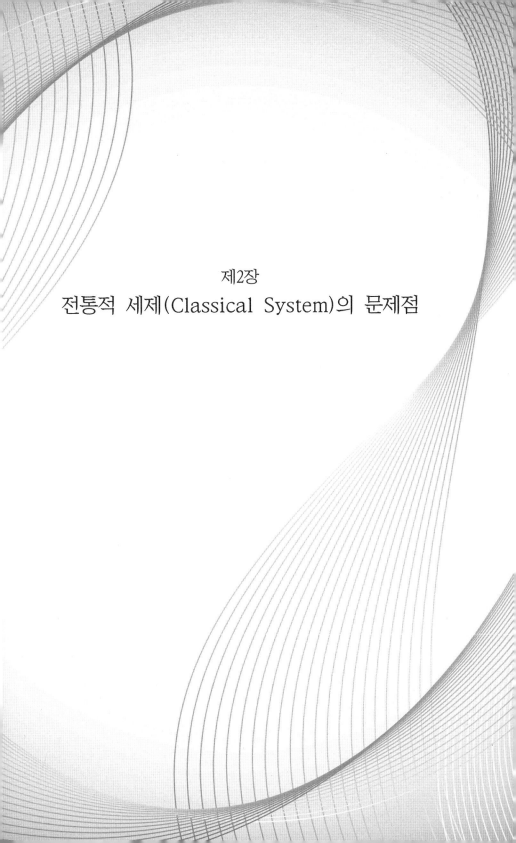

제2장
전통적 세제(Classical System)의 문제점

전통적 세제는 법인이 실현한 소득을 일단 법인 단계에서 과세하고 주주가 법인의 소득을 자신의 소득으로 실현할 때 주주 단계에서 과세하는 두 단계의 과세체계를 가지고 있다. 위와 같은 과세체계는 여러 측면의 조세비중립성을 초래한다. 이러한 문제를 해결하기 위해 법인의 소득에 기한 과세를 법인 과세와 주주 과세라는 두 단계의 과세에서 한 단계의 과세로 줄이려는 다양한 노력이 진행되어 왔다. 이를 일반적으로 법인 과세와 주주 과세의 통합(Integration of The Corporate and Individual Income Taxes)이라고 한다. 이 장에서는 법인 과세의 비중립성과 법인세 통합론의 이론적 기초에 관하여 분석한다.

제1절 전통적 세제

개인이 사업을 하여 소득을 실현하면 그 개인의 소득에 대하여 소득세가 과세된다. 한편, 단체가 사업을 하여 소득을 실현하기도 한다. 이 경우 단체가 실현한 소득에 기한 소득세 과세는 단체가 소득을 구성원에게 분배하는지 여부에 따라 나누어 살펴볼 필요가 있다. 단체가 소득을 구성원에게 분배하지 않는 경우 단체가 실현한 소득에 기한 과세는 단체에 대하여 이루어질 수밖에 없다. 소득을 분배받지 못하는 구성원에 대하여 소득세를 과세할 수는 없기 때문이다. 반면, 단체가 소득을 구성원에게 분배하는 경우는 단체에 대한 과세와 구성원에 대한 과세를 모두 생각해 볼 수 있다.

영리법인인 단체의 경우 법인은 소득을 얻고 그 소득은 궁극적으로 구성원에게 귀속된다. 일반적으로 법인이 목적사업을 하면서 소득을 실현하면 법인의 소득에 대하여 법인세가 과세된다. 한편, 법인의 구성원인 주주가 법인의 소득, 즉 잉여금을 배당받으면 주주의 배당소득으로서 소득세가 과세된다. 또한 주주는 법인의 잉여금을 법인에 유보해 둔 채 그 잉여금이 반영된 가액으로 주식을 양도하여 소득을 실현하기도 하는데, 그 경우 주주의 주식양도소득에 대하여 소득세가 과세된다. 이와 같이 궁극적으로 소득이 구성원에게 귀속되는 법인 소득에 기한 일반적인 과세체계는 법인 과세와 주주 과세로 이루어져 있는데, 이러한 과세체계를 "전통적 세제(classical system)"라고 부른다.1)

제2절 법인 과세의 비중립성

조세 부과는 납세자에게 경제적 부담을 초래한다. 세금은 납세자를 가난하게 하는 것이다. 이런 이유로 합리적인 납세자는 경제활동으로 인한 세전 수익이 아니라 세후 수익을 평가하여 의사결정을 하게 된다. 납세자의 그러한 행태는 납세자 개인에 국한해서 보면 합리적인 의사결정일지 몰라도 사회공동체 전체에서 보면 경제적으로 비효율적인 결과를 낳을 가능성이 있고 그렇게 되면 사회 전체적으로는 덜 부유해지게 될 수 있다. 한정된 생산요소가 더 효율적으로 사용될 기회가 상실될 수 있기 때문이다. 이러한 결과는 조세가 납세자의 의사결정에 영향을 미쳤기 때문에 초래된 결과이다. 이때 조세가 중립성을 잃었다고 말한다. 조세중립성(Tax Neutrality)을 상실한 조세는 경제적 왜곡(Economic Distortion)을 초래하므로 경제적 효

---

1) The Institute for Fiscal Studies, *The Structure and Reform of Direct Taxation, Report of a Committee Chaired by Professor J.E. Meade* (Routledge, 2011), p.245.

율성(Economic Efficiency)에 반하는 결과에 이르게 한다.[2]

　법인세 과세는 (i) 법인(corporate entity)과 비법인(non-corporate entity)에 대한 과세, (ii) 타인자본(debt)과 자기자본(equity)에 대한 과세, (iii) 유보소득(retained earning)과 배당소득(distributed dividend) 및 주식양도소득(capital gain)에 대한 과세, (iv) 배당(dividend)과 법인의 자기주식 취득(share repurchase)에 대한 과세 등에서 차이를 가져온다. 위와 같은 과세상 차이는 납세자의 위 각 측면의 선택에 관한 의사결정에 영향을 미친다.[3] 이러한 점에서 법인세 과세는 조세중립성에 반하는 것이다.

　위 네 가지 측면의 과세상 차이 중 (i)은 법인과 비법인을 비교하는

---

2) Daniel N. Shaviro, Decoding the U.S. Corporate Tax, (The Urban Institute Press, 2009). pp.27, 152, 153.

3) 이창희, 세법강의(박영사, 2020), pp.551, 552; Jennifer Arlen & Deborah M. Weiss, "A Political Theory of Corporate Taxation", *The Yale Law Journal*, Vol. 105, No. 2 (1995), pp. 328, 329; Charles L. Ballard, Don Fullerton, John B. Shoven and John Whalley, "Integration of the Corporate and Personal Income Taxes", National Bureau of Economic Research, A General Equilibrium Model for Tax Policy Evaluation, (University of Chicago Press, 1985), p.154; Jane G. Gravelle, The Economic Effects of Taxing Capital Income, (Massachusetts Institute of Technology Press, 1994), p.76; Ann Louise Hardman, "Corporate Tax Reform: The Key to International Competitiveness", Vand. J. Transnat'l L. Vol. 25 (1992-1993), pp.514, 515; Anthony P. Polito, "A Proposal for An Integrated Income Tax", Harv. J. L. & Pub. Pol'y Vol. 12, (1989), p.1018; Shaviro, *supra* note 2, pp.27, 152, 153; The Treasury Department and American Law Institute, Integration of the U.S. Corporate and Individual Income Taxes: The Treasury Department and American Law Institute Reports, (Tax Analysts, 1998), p.617; George K. Yin," Corporate Tax Integration and The Search for The Pragmatic Ideal", N.Y.U. Tax Law Review Vol. 47 (1991), p.431. 다만, 법인세 과세로 인한 경제적 비효율이 발생할 수 있기는 하지만 법인 및 주주 과세의 통합론자들이 주장하는 것보다 덜 중요하다는 견해도 있다. Thomas D. Griffith, "Integration of The Corporate and Personal Income Taxes and The ALI Proposals", Santa Clara Law Reivew, Vol. 23 No. 3, (1983), p.744.

것이다. 나머지 (ii), (iii) (iv)는 법인 내에서의 비교이다. 그런데 위 네 가지 모두 그 근본 원인이 법인세제의 존재라는 구조적인 측면에 있다는 점에서는 동일하다. 달리 표현하면 법인 과세를 하지 않는다면 위 네 가지 측면에서의 과세상의 차이가 존재하지 않게 된다. 이하 법인 과세로 인한 각 과세상의 차이에 대하여 순서대로 살펴본다.

Ⅰ. 법인기업과 비법인기업의 차이

법인의 소득에 기한 과세체계와 비법인의 소득에 기한 과세체계는 현실 세제에서 납세의무자, 과세물건의 유형, 귀속시기, 과세표준, 세율 등 많은 부분에 차이가 있다.[4] 그러한 요인들은 기업 형태의 선택에 관한 납세의무자의 의사결정, 즉 법인 영역과 비법인 영역에 대한 자본의 배분에 영향을 미칠 수 있다.[5] 대표적으로 법인 단계에서 과세하는지 여부에서 생기는 차이와 법인에 대하여 별도로 과세하는 이상 주주 단계의 누진세율과 다른 법인세율이 별도로 존재할 수밖에 없다는 점에서 생기는 차이가 영향을 미친다.[6]

법인세 과세는 법인의 소득에 기한 중복과세라는 구조적인 측면에서의 차이를 초래한다. 법인과 비법인 모두 출자자, 채권자, 지주, 근로자 등이 각각 자기자본, 타인자본, 토지 및 노동 등 생산요소를 제공하고 부가가치를 창출하여 출자자를 제외한 채권자들이 먼저 자기 몫을 가져가고 나머지가 출자자에게 귀속된다는 점에서 동일하다.[7] 그런데 비법인의 경우 비법인의 소득에 기하여 출자자에 대

---

4) 이는 수평적 공평의 원칙에 반한다고도 한다. Polito, *supra* note 3, p.1016.
5) 다만, 법인세 과세가 법인 영역과 비법인 영역 간 자본의 배분을 왜곡하여 어느 정도로 후생적인 손실을 가져올지는 불확실하다는 견해도 있다. Griffith, *supra* note 3, p.731.
6) Shaviro, *supra* note 2, p.152.
7) 이창희, *supra* note 3, p.550.

하여 직접 과세된다. 이와 달리 법인의 경우 법인의 소득에 기하여 법인 단계에서 과세되고 법인이 그 소득을 주주에게 배당할 때 주주 단계에서 다시 과세된다. 그 외에도 법인의 소득에 기하여 법인 단계에서 과세되고 주주가 법인의 소득을 반영한 가액으로 주식을 양도할 때 주주 단계에서 다시 과세되고[8] 법인이 그 소득을 주식양수인인 주주에게 배당할 때 주주 단계에서 또 한 번 과세되기도 한다.[9]

법인세율과 배당소득세율 및 주식양도소득세율에 따라 결과가 달라질 수도 있으나,[10] 일반적으로는 법인의 소득에 기초한 과세가 중첩될수록 주주는 비법인의 출자자에 비하여 상대적으로 덜 부유해질 가능성이 높다. 법인의 소득에 기한 중복과세는 출자자가 법인을 선택할지 또는 비법인을 선택할지에 관한 의사결정에 영향을 미치고 이는 조세중립성에 반한다. 법인 소득에 기한 중복과세 문제는 다른 조세중립성 문제와 밀접하게 관련되어 있는 문제로서 본 논문에서 가장 핵심적인 쟁점이다.[11]

---

8) Ballard, etc., *supra* note 3, p.153; Polito, *supra* note 3, p.1042; Yin, *supra* note 3, pp.444, 451; 이준규·김갑순, 기업의 조세전략과 세무회계연구, 영화조세통람 (2012), p.98.

9) "... taxation of shareholder capital gains due to retained corporate earnings could, as under current law, in some cases constitute multiple taxation of the same gain. ... Whether there is multiple taxation would depend in part on the availability of offsetting capital losses in the future." Michael J. Graetz and Alvin C. Warren, Jr., "Integration of Corporate and Shareholder Taxes", *National Tax Journal* Vol. 69 No. 3 (2016), p.688. 주식양수인인 주주가 배당을 받으면 주식의 가치가 하락하여 그 주주가 나중에 주식을 양도할 때 주식양도차손이 생기고 그 결과 소득세가 줄어들 수 있다면 그러한 경우에는 주식양도소득세와 배당소득세가 중복하여 과세되는 것으로 평가하기 어려울 것이다. 이창희, *supra* note 3, pp.553, 554.

10) The ALI, *surpa* note 3, p.618.

11) 법인 소득에 기한 중복과세는 비법인을 통한 소득에 대한 과세와 다른 취급을 하는 것이기 때문에 수평적 공평에 반하는 것으로도 볼 수 있다. Hardman, *supra* note 3, p.513.

II. 타인자본과 자기자본의 차이

타인자본과 자기자본은 그로 인한 소득의 유형, 소득의 귀속시기, 실효세율, 법인의 소득금액 계산 시 손금산입 여부 등 많은 부분에서 차이가 있다. 그러한 요인들은 법인 자본조달 방법의 선택에 관한 납세의무자의 의사결정에 영향을 미칠 수 있다. 실무적으로 특정 금융 상품이 타인자본과 자기자본 중 어느 것에 해당하는지 구분하는 것은 쉽지 않은데,[12] 비용이 많이 드는 분쟁을 낳기도 한다.[13]

위와 같은 요인들 중 일부는 비법인의 경우에도 존재한다. 그런데 어떤 요인들은 법인세 과세로 인한 것으로서 법인의 경우에만 존재한다. 예컨대, 법인의 경우 타인자본과는 달리 자기자본의 경우는 법인 소득의 유보 또는 배당에 따라 조세 부담에 있어서 실효세율의 차이가 있을 수 있는 점, 이자소득에 대하여는 채권자 단계에서만 과세되지만 주주에게 배당되는 법인의 소득에 대하여는 법인 단계와 주주 단계에서 모두 과세되는 점이다.[14] 특히 법인 소득에 기한 중복과세로 인하여 법인은 자기자본에 의한 새로운 자본조달에 상대적으로 더 많은 어려움을 겪게 될 수 있다. 이는 법인이 타인자본에 의한 자본조달에 더 의존하게 되는 경향을 초래할 수 있다.[15] 법인이 타인자본에 대한 의존이 높아지면 파산위험성이 높아지게 되

---

12) 이창희, *supra* note 3, p.553; Polito, *supra* note 3, pp.1020, 1021; Shaviro, *supra* note 2, p.49.

13) Griffith, *supra* note 3, p.731.

14) Shaviro, *supra* note 2, p.33.

15) 법인이 새로운 자본을 조달하는 것이 아니라 유보소득을 활용하는 경우와 타인자본에 의한 자본조달을 하는 경우 사이에서의 선호는 법인세율과 소득세율에 따라 달라질 수 있다. Alvin C. Warren, Jr., *Integration of The Individual and Corporate Income Taxes* (The American Law Institute, 1993), p.28.

고 이로 인하여 경제적으로 비효율적인 결과를 낳을 수 있다.

요컨대, 타인자본과 자기자본에 대한 과세상 차이는 법인 자본조
달 방법의 선택에 관한 납세의무자의 의사결정에 영향을 미치게 되
는데, 이는 조세중립성에 반한다.

Ⅲ. 유보소득과 배당소득 및 주식양도소득의 차이

법인이 소득을 실현하면 그 소득에 대하여 법인세가 과세된다.
법인의 소득이 법인에 유보되어 있는 한 주주의 소득세 부담은 없
다. 그러나 법인의 소득이 주주에게 배당되거나 주주가 주식을 양도
하면 주주에 대하여 추가적으로 소득세가 과세된다. 이와 같이 법인
이 실현한 소득에 기한 중복과세로 인하여 법인에 유보되는 소득과
주주에게 배당되는 소득 및 주식양도소득 사이에 과세상 차이가 발
생한다.

위와 같은 과세상 차이를 발생시키는 또 다른 원인은 법인세율과
소득세율의 차이이다. 소득세율이 법인세율보다 높은 경우 주주의
배당소득에 대하여 소득세가 추가적으로 과세되는 경우는 물론이고
소득세를 과세하면서 이미 과세된 법인세를 어떤 식으로든 주주의
이익으로 조정하더라도 유보소득과 배당소득에 대한 과세상 차이가
발생할 수 있다.16)

만일 법인세 과세가 없다면 법인이 실현한 소득 전부가 소득세율
에 의해 과세될 것이기 때문에 유보소득과 배당소득에 대한 과세상
차이 역시 법인세 과세로 인한 결과이기도 하다. 이러한 차이는 주
주가 법인의 소득을 법인에 유보할 것인지 또는 배당을 받을 것인지
에 관한 의사결정에 영향을 줄 수 있어서 조세중립성에 반한다. 이

---

16) 이창희, *supra* note 3, p.558; The IFS, *supra* note 1, p.245.

는 자원의 효율적 배분을 저해할 수 있다. 위와 같은 견해를 "Old View"라고 일컫기도 한다.17) 이러한 과세상 차이 때문에 주주는 법인의 소득을 계속 법인에 유보해 두려는(lock-in) 경향을 보이기도 한다.18) 법인이 'tax shelter'로써 주주의 과세이연 목적으로 이용될 수 있는 것이다.19)

이와 같은 과세상의 차이는 주주가 법인의 소득을 주식양도 방법으로 실현할 경우에도 존재한다.20) 즉, 주주가 법인에 유보된 소득을 반영한 가액으로 주식을 양도할 경우 법인세 외에 추가적으로 주주의 주식양도소득에 대하여 소득세가 과세된다. 이러한 점은 주주가 법인에 유보된 소득을 주식양도 방법에 의하여 자신의 소득으로 실현할 것인지 여부에 관한 의사결정에 영향을 줄 수 있다. 이 경우도 법인이 'tax shelter'로써 주주의 과세이연 목적으로 이용될 수 있는 것이다.21)

한편, 위와 달리 "New View"라고 불리는 견해도 있다. 그 견해는 특별한 상황에서는 배당소득에 대한 과세가 배당 자체 또는 조기 배당을 꺼리게 하는 요인으로 작용하지 않는다고 한다.22) 위 견해에 의하면 배당소득 과세로 법인 소득에 기한 이중과세의 결과가 생기지만 법인의 소득을 법인에 유보해 두려는 경향이 생기는 것은 아니다.23) 다음과 같은 경우이다.

주주가 법인의 소득을 어느 시점에 배당받든 소득세의 총 부담이

---

17) Shaviro, *supra* note 2, p.73.
18) Ballard, etc., *supra* note 3, p.154; Shaviro, *supra* note 2, pp.36, 38.
19) Yin, *supra* note 3, p.493.
20) *Ibid.*
21) *Ibid.*
22) Shaviro, *supra* note 2, p.73.
23) *Ibid*, p.77. 그 외에 배당소득 이중과세를 제거하는 것이 법인의 소득 중 배당되는 비율을 현저하게 높일지 불확실하다는 견해도 있다. Griffith, *supra* note 3, p.733.

동일하면 배당소득과 유보소득에 대한 과세상의 차이가 존재하더라도 그러한 차이가 주주의 의사결정에 영향을 미치지 않을 수도 있다. 예컨대, 법인세율과 소득세율이 동일하면 법인이 소득 200을 실현한 후 그 중 100을 배당하고 나머지 100을 법인에 유보할 경우 배당소득과 유보소득에 대한 각 소득세 부담이 결국 동일할 수 있다는 것이다. 1년 후 소득세 부담을 비교한다. 소득세율과 법인세율이 모두 30%라고 가정한다. 먼저, 법인이 주주에게 배당한 100에 대한 주주의 세후소득은 70이고 주주가 이를 은행에 예치하여 10%의 이자를 받으면 1년 후 7만큼 이자가 발생하는데 이에 대하여 소득세율 30%가 적용하면 세후 이자는 4.9가 되어 주주의 총 세후소득은 74.9가 된다. 한편, 법인이 유보소득 100을 은행에 예치하여 10%의 이자를 받으면 1년 후 원금과 이자의 합은 110이 되는데, 이자 10에 대하여 법인세율 30%를 적용하면 법인의 배당 가능한 소득은 107이고 이 금액을 주주에게 배당할 경우 소득세율 30%를 적용하면 주주의 세후소득은 74.9이다. 결국 법인의 소득을 언제 배당받든 주주의 세후소득은 동일하다. New View에 따르면 법인에 대한 과세가 법인의 소득을 배당할지 또는 법인에 유보할지에 관한 의사결정에 영향이 없고 뒤에서 살펴볼 법인세 통합에 의한 이중과세 제거의 중요성이 감소하게 된다.[24]

　물론 위 사례와 같이 유보소득과 배당소득에 대한 과세상 차이가 있더라도 배당 시점에 따라 주주의 세후소득이 달라지지 않는 경우도 있을 것이다. 그러나 위 상황은 특별하고 제한적이다.[25] 소득세율과 법인세율이 모두 단일 세율이고 동일하며 세율의 변화가 없고 법인과 주주의 각 소득 100에 대한 수익률 역시 동일한 경우이다.[26]

---

24) Shaviro, *supra* note 2, pp.78, 88.
25) Shaviro, *supra* note 2, pp.37, 73.
26) *Ibid,* pp.74, 77.

그러나 현실에서 배당소득세율이 법인세율보다 높을 수 있고 시점에 따라 소득세율에 변화가 있을 수도 있으며[27] 누진세율의 영향도 있을 수 있을 뿐만 아니라 배당소득세율 외에 주식양도소득세율의 영향도 있을 수 있다. 또한 법인과 주주의 각 소득에 대한 수익률도 다를 수 있다. 그러한 요인들을 모두 고려한다면 배당소득과 유보소득에 대한 과세상 차이가 납세자의 의사결정에 영향을 주지 않는다고 단정하기 어렵다.[28]

Ⅳ. 배당과 감자 및 자기주식취득의 차이

주주가 법인의 소득을 자신의 소득으로 실현하는 대표적인 방법은 배당이다. 그 외에 법인이 자본을 감소시키거나 주주로부터 자기주식을 취득하는 경우에도 주주는 소득을 실현할 수 있다.

우선 세 가지 구별에 따라 주주의 소득구분이 다를 수 있다. 우리 법에서는 배당의 경우 배당소득, 감자의 경우 의제배당소득, 자기주식취득의 경우 양도소득으로 과세한다. 미국법에서는 감자와 자기주식취득을 구별하지 않고, 감자나 자기주식취득으로 주주의 실질적 이해관계가 바뀐다면 양도소득으로, 바뀌지 않는다면 배당소득으로 과세한다.[29]

배당, 감자, 법인의 자기주식취득 시 주주에 대한 또 다른 과세상 차이는 소득금액의 차이다. 우리 법에서는 배당의 경우 주주의 소득금액은 배당금 전액이다.[30] 감자나 자기주식취득인 경우 주주의 소

---

27) *Ibid*, p.37.
28) The ALI, *supra* note 3, p.630.
29) 이창희, *supra* note 3, pp.617, 619; 이창희, 미국법인세법(박영사, 2018), pp.151, 152.
30) Gross-up 문제는 후술한다.

득금액은 법인이 감자나 자기주식을 취득하는 대가로 주주에게 지급하는 금액에서 주주의 주식취득가액을 차감한 금액이다.31) 미국법에서는 감자나 자기주식취득을 구별하지 않고 어느 쪽이든 실질적 이해관계가 바뀌지 않으면 주식취득가액을 차감하지 않고 주주가 받는 돈 전부를 배당소득으로 과세하고, 바뀐다면 주식취득가액을 차감한 차액만 과세한다.32)

감자와 법인의 자기주식취득 시 주주 과세는 주주의 순자산증가분에 대한 과세인 반면, 배당 시 배당금 전액에 대한 주주 과세는 주주의 순자산증가 여부를 불문한 과세라고 할 수 있다. 배당소득에 대한 위와 같은 과세는 제4장 및 제7장에서 자세히 살펴보는 바와 같이 법인의 유보소득에 기한 중복과세의 한 측면이다.

위와 같은 과세상의 차이는 주주가 법인의 소득을 기초로 자신의 소득을 실현하기 위한 방법으로서 배당, 감자, 법인의 자기주식취득 중 어느 것을 활용할지 여부에 관한 의사결정에 영향을 줄 수 있다. 이는 조세중립성에 반한다.

V. 요약

위와 같이 법인 과세는 다양한 측면에서의 과세상 차이로 인하여 경제적 왜곡을 가져옴으로써 효율성을 저해할 가능성이 있다.33) 이는 조세중립성에 반한다. 물론 앞서 살펴본 바와 같이 위 견해와는 다른 시각이 없는 것이 아니지만 위 견해가 지배적인 것으로 보인다.

그 중에서도 법인단계에서 별도로 과세한다는 구조적인 측면은 법인과 비법인에 대한 과세상의 차이의 가장 중요한 부분일 뿐만 아

---

31) Shaviro, *supra* note 2, p.39.
32) 이창희, *supra* note 29, pp.151, 152.
33) Ballard, etc., *supra* note 3, p.153; Shaviro, *supra* note 2, p.41.

니라, 다른 과세상 차이와도 밀접한 관련이 있다. 앞서 살펴본 바와 같이 법인 소득에 기한 중복과세는 유보소득과 배당소득에 대한 과세상의 차이 및 자기자본과 타인자본에 대한 과세상의 차이를 생기게 하는 주된 이유이고 배당, 감자, 법인의 자기주식취득 사이에서의 과세상 차이를 초래하기도 한다. 따라서 중복과세 문제를 해결하는 것은 법인 과세로 인한 다양한 조세중립성 문제를 해결함에 있어서 가장 중요한 쟁점 중 하나이다. 중복과세 문제를 해결한다면 법인 과세로 인한 조세중립성 문제의 많은 부분이 해결되거나 개선되는 데 기여할 수 있다.

　한편, 법인 소득에 기한 중복과세 문제를 해결한다는 것은 일반적으로 표현하면 비법인의 소득에 기한 과세체계와의 차이를 해소한다는 것을 의미한다. 비법인에는 앞서 살펴본 네 가지 측면의 조세중립성 문제가 존재하지 않는다. 법인 소득에 기한 과세체계가 비법인의 소득에 기한 과세체계의 작동 원리를 지향한다면 법인 과세로 인한 위 네 가지 과세상의 차이가 해소되거나 감소할 것이다. 이런 점에서 비법인의 소득에 기한 과세체계, 예컨대 우리 세법에서의 공동사업장이나 동업기업에 대한 과세체계는 법인 과세와 주주 과세라는 이중 체계를 어떻게 짜야 하는가를 이끄는 중요한 나침반이라고 할 수 있다.

제3절 법인세 통합론의 이론적 기초

　법인 과세와 주주 과세의 통합은 법인 소득에 기한 중복과세에 국한하지 않고 법인세로 인한 여러 측면의 과세상의 차이를 극복함으로써 조세중립성을 달성하려는 노력이다.[34] 그러한 노력을 이론적으로 뒷받침 하는 것이 법인 과세의 본질이다.

I. 법인 소득의 실질과 법인 과세

법인의 실체에 관하여 서로 대립하는 두 가지 대표적인 견해가 있다. 그 중 하나는 법인을 출자자로부터 구별되는 독립적인 주체로 보는 견해(entity views)이고, 다른 하나는 법인을 출자자의 집합체로 보는 견해(aggregate views)이다.[35] 전자의 견해에 의하면 법인의 소득에 대한 법인 과세는 당연한 것으로 볼 수 있다.[36] 반면, 후자의 견해에 의하면 법인의 소득에 대한 법인 과세는 주주에 간접적으로 과세하기 위한 편리한 수단이다.[37] 법인세를 주주에 대하여 과세하는 간접인 방법으로 보는 것이 주류적 견해이다.[38] 그 밖에도 법인은 법인 형태로 운영되는 혜택을 누리기 때문에 조세를 부담해야 한다는 견해(artificial entity defense)가 있는데,[39] 이는 상대적으로 전자의 입장에 더 가까운 것으로 보인다.

법인의 실체에 관한 문제는 옳고 그름의 문제라기보다는 관점의 차이일 수 있다. 그러나 어느 견해를 취하든 법인의 소득의 실질은 다르지 않을 것이다.[40] 세법에서는 민사법에 비하여 법적 형식보다는 경제적 실질에 상대적으로 더 무게를 둘 수밖에 없다.[41] 법인의

---

34) Arlen & Weiss, *supra* note 3, p.330; Shaviro, *supra* note 2, p.152.

35) Shaviro, *supra* note 2, p.10.

36) *Ibid*, p.11.

37) Hardman, *supra* note 3, p.513; Shaviro, *supra* note 2, p.13.

38) Avi-Yonah, Reuven S., "Corporations, Society, and the State: A Defense of the Corporate Tax", Virginia Law View Vol. 90 No. 5 (2004), p.1210.

39) *Ibid.*, p.1205; Alvin C. Warren, Jr., "Taxing Corporate Income in the U.S. Twenty Years after the Carter Commission Report: Integration or Disintegration?", Osgoode *Hall Law Journal* Vol. 26 No. 2 (1988), p.317.

40) 이창희, *supra* note 3, p.531; Polito, *supra* note 3, p.1011.

소득의 실질을 이해하게 되면 법인 과세의 본질이 무엇인지 알 수 있다. 필자는 법인 소득의 실질을 탐구함으로써 법인 과세의 본질에 관하여 필자 나름대로 하나의 결론에 이르고자 한다.

법인은 주주, 금융채권자, 근로자, 토지소유주, 거래처 등 다양한 경제주체들로부터 자본, 노동, 토지, 원재료, 전기 등 각종 생산요소를 공급받아 사업을 영위한다.[42] 그 대가로 법인은 주주를 제외한 경제주체들에게 계약에 따라 이자, 임금, 임대료, 재료비, 사용료 등을 지급한다. 주주를 제외한 위 경제주체들의 공통점은 그들이 계약상 채권자들이라는 점이다. 법인이 채권자들에게 이자, 임금, 임대료, 재료비, 사용료 등을 지급하면 한편으로는 법인의 자산을 감소시키지만, 그 반면 위 채권자들의 자산은 증가한다. 위 이자 등은 채권자들의 소득을 구성하게 되고 채권자들에 대하여는 지급 받은 이자 등에 기하여 소득세(또는 법인세)가 과세된다.

이와 같이 법인이 다양한 채권자들에게 이자 등을 지급한 후에도 법인 자산의 순증가분이 있을 경우 이는 주주가 법인에 자본을 제공한 대가로서 주주의 몫이다.[43] 다만, 법인 자산의 순증가분이 바로 주주의 소득으로 취급되어 주주에 대하여 소득세가 과세되는 것은 아니다. 법인 자산의 순자산증가분은 일단 '법인의 소득'으로 취급되어 법인에 대하여 법인세가 과세된다. 법인세법은 일정한 기간 단위로 법인의 소득을 계산하고 이에 대하여 세율을 적용하여 산출한 세액을 일정한 절차에 따라 납부하도록 하는 체계적 규범이다.

요컨대, 법인의 소득은 법인 자산의 증가분 중 주주에게 귀속될 몫이고 법인 과세는 주주에게 귀속될 몫에 대한 과세이다.

---

41) 이창희, *supra* note 29, p.38.
42) 이창희, *supra* note 3, p.548.
43) 이창희, *supra* note 3, pp.530, 550.

Ⅱ. 법인 소득에 기한 주주 과세

법인의 소득이 법인에 영원히 머무르는 것은 아니다. 주주는 별도의 절차를 거쳐 법인의 소득을 자신의 소득으로 실현한다.[44] 주주가 법인의 소득을 자신의 소득으로 실현하는 대표적인 절차가 배당이다. 또한 주주는 법인의 소득이 반영된 가액으로 주식을 처분하여 자신의 소득을 실현하기도 한다. 다만, 주주가 배당을 통해서 자신의 소득을 실현하든 또는 주식양도를 통해서 자신의 소득을 실현하든 주주의 소득은 이미 과세된 법인세만큼 줄어들게 된다.

주주가 자연인일 경우 주주에 대하여는 배당이나 주식양도 시점에 소득세가 과세된다. 주주에 대한 소득세 과세는 소득세법에 의하여 규율된다. 법인의 소득 중 주주가 배당이나 주식양도로 실현하지 않은 부분은 종국적으로 법인의 청산이나 합병 및 분할 등의 시점에 주주에게 귀속된다. 주주가 법인의 청산, 합병 및 분할 등의 시점에 실현하는 소득에 대하여는 소득세법에 의하여 소득세가 과세된다.

Ⅲ. 법인 과세와 주주 과세의 관계

법인 과세와 주주 과세는 모두 법인의 소득에 기초하고 있는 과세이면서 자기자본을 제공한 주주의 몫에 대한 과세이기도 하다. 법인 과세와 주주 과세는 선후 또는 시간적 차이가 있을 뿐 하나의 담세력에 대한 두 차례의 과세이다. 법인이 소득을 실현하였을 때 주주의 부(富)는 이미 증가한 것이고 주주에 대한 배당, 주주의 주식양도, 법인의 청산, 합병 및 분할 등으로 인하여 주주의 부가 더 증가하는 것은 아니다.[45] 다만, 법인이 소득을 실현한 시기는 주주에 대

---

44) Arlen & Weiss, *supra* note 3, p.329.
45) 이창희, *supra* note 3, p.530.

하여 직접 과세하기에 적절한 시점이 아니고, 배당, 주식양도, 청산, 합병 및 분할 등이 주주에 대하여 직접 과세하기에 적절한 시점일 뿐이다.[46] 법인 과세와 주주 과세는 모두 주주에 대한 경제적 부담으로서 주주를 가난하게 한다는 점에서 본질적으로 동일하다.

요컨대, 주주가 배당, 주식양도, 청산, 합병 및 분할 등을 통해서 법인의 소득을 자신의 소득으로 실현하였을 때 이루어지는 소득세 과세가 주주에 대한 직접적인 과세라면, 그 전에 이루어지는 법인의 소득에 대한 법인세 과세는 주주에게 귀속될 소득에 대한 과세라는 점에서 주주에 대한 간접적인 과세라고 할 수 있다. 이것이 법인 과세, 즉 법인세의 본질이다.[47] 법인 과세의 본질이 주주에 대한 과세라는 점은 법인 과세와 주주 과세 통합의 논리적 근거가 될 수 있다.

IV. 요약

법인의 소득은 종국적으로 주주에게 귀속되므로 법인세는 주주에 대한 간접적인 과세라는 법인 과세의 본질은 법인세로 인한 조세 비중립성이 낳는 경제적 왜곡을 해결하기 위해 법인 과세와 주주 과세를 통합하려는 노력을 뒷받침하는 중요한 이론적 근거가 된다.

---

46) *Ibid*, p.554.
47) 김의석, "주주 과세에 있어서 배당세액공제를 통한 조세중립성 추구의 한계와 과제", 조세법연구 제22권 제2호 (2016), p.231.

제3장
법인세 통합의 유형

이 장에서는 법인 및 주주 과세 통합의 다양한 유형, 범위, 방법에 관하여 살펴본다. 특히, 통합의 범위는 본 논문이 초점을 맞추고 있는 통합의 수준, 즉 조세중립성의 수준을 결정하는 중요한 요인으로서 바로 이어지는 제4장은 그 논의의 본격적인 출발점이다.

제1절 법인세 통합의 구분 기준

법인 및 주주 과세 통합의 다양한 형태를 구분하기 위해 유형, 범위, 방법을 기준으로 체계화 하고자 한다.

먼저, 통합의 유형은 법인 및 주주 과세 통합의 형태를 구분하는 가장 큰 틀에 관한 기준이라고 할 수 있다. 법인세를 폐지하는 유형과 존치하는 유형으로 나눌 수 있고, 법인세를 존치하는 유형은 법인세만 과세하는 유형과 종국적으로 주주 과세를 지향하는 유형으로 구분할 수 있다.

다음으로 통합의 범위는 법인세를 존치하는 유형을 전제로 하여 법인 및 주주 과세 통합이 부분적인지 아니면 포괄적인지의 구분기준이다. 법인 소득에 기한 중복과세를 어느 정도까지 조정하는지, 나아가 법인과 비법인의 과세상 차이 해소에 그치지 않고 다른 조세중립성 문제까지 해소하는지 등이다. 통합의 범위가 포괄적일수록 법인 소득에 기한 과세는 비법인 소득에 기한 과세에 가까워질 것이다. 유형과 범위는 통합의 수준과 정도를 결정한다.

마지막으로 통합의 방법은 일정한 유형과 범위의 법인 및 주주 과세 통합을 달성하기 위한 구체적인 절차 내지 수단을 말한다고 할 수 있다. 예컨대, 배당소득 이중과세 조정을 배당세액공제(imputation)에 의할 수도 있고 배당금 손금산입(dividend-paid deduction)이나 그 밖의 방법에 의할 수도 있는 것이다. 이하 자세히 살펴본다.

제2절 법인세 폐지 유형

법인세를 폐지하고 법인이 실현한 소득에 기하여 주주 과세만 하는 유형이다. 이 유형은 포괄적이고 완전한 통합(full integration)이다. 법인세를 폐지하는 것은 주주의 소득의 실현시기를 배당이나 주식 양도 시점까지 미루지 않고 법인이 소득을 실현한 시점에 주주에 대하여 과세한다는 의미일 뿐이고 법인 소득의 과세시기에 관한 실현주의를 완전히 폐기하는 것은 아니다. 이 유형은 이론적으로 완전한 조세중립성을 이룰 가능성이 높다. 이 유형에 해당하는 법인세 통합으로는 다음의 두 가지를 생각해 볼 수 있다.

I. 주식가치 상승분 과세

법인세 폐지 유형의 통합을 하기 위한 하나의 방법은 법인이 실현한 소득에 기하여 법인 과세를 하지 않고 주주의 주식 가치 상승분에 대하여 바로 주주 과세를 하는 것이다. 이 방법은 이 부분에 관한 실현주의의 포기가 필요하다.[48] 이 방법은 "Haig-Simons accrual taxation"이라고도 한다.[49]

이 방법을 적용할 경우 생각할 수 있는 결정적 어려움은 주식 가치 상승분에 대한 평가이다. 상장법인은 주식의 시가가 있지만 비상

---

48) Warren, *supra* note 15, pp.47, 49.
49) Warren, *supra* note 39, p.315.

장법인에서는 주식의 시가를 알 수가 없다. 둘을 달리 과세한다면 상장 여부에 따른 과세차이이라는 새로운 차이를 낳는다. 상장법인만 시가평가하는 것이 경제전체로 보아 효율이나 공평을 증대한다는 보장은 없다. 바꾸어 말하면 개인들에게 생기는 온갖 순자산증가 가운데 상장주식만 시가평가하고 비상장주식을 포함한 다른 거의 모든 자산은 시가평가를 안 하고 실현주의로 과세하는 것이 더 나은 세제라는 보장이 없다. 또한 주주들이 배당을 받지 않은 상태에서 소득세를 납부하여야 하는 현실적인 어려움도 있다.[50]

II. 법인 소득의 주주 배분 및 과세

이 방법은 법인이 실현한 소득에 기하여 법인 과세를 하지 않고 그 소득을 주주에게 배분(allocation of undistributed earning)하여[51] 주주에 대하여 직접 과세함으로써(pass-through) 파트너쉽(partnership) 세제와 유사한 세제를 추구하는 것이다.[52] 주주는 미국 파트너쉽(partnership) 세제에서의 파트너(partner)와 유사하게 취급된다.[53] 대표적인 예가 미국의 S-corp. 세제이다.

이 방법에 따르면 법인이 실현한 소득에 기한 과세가 비법인이 실현한 소득에 기한 과세와 완전히 동일해진다. 또한 이 방법을 적용할 경우 유보소득과 배당소득에 대한 과세상 차이, 타인자본과 자기자본에 대한 과세상 차이, 배당과 법인의 자기주식취득에 대한 과세상 차이도 해소 또는 완화할 수 있다.

---

50) *Ibid.*, p.316.
51) Warren, *supra* note 15, p.47. 배분(allocation)은 분배(distribution)와 다른 개념이다.
52) *Ibid.* Yin, *supra* note 3, p.434.
53) Emil M. Sunley, "Corporate Integration: An Economic Perspective", Tax L. Rev. Vol. 47 (1992), p.625.

다만 이 방법은 주식이 여러 종류이고 주주의 수가 많고 주식의
이전이 빈번하고 미실현이익이 형성되어 있는 법인의 자본자산이
많고 그 거래가 빈번할수록 실행하는 데 적지 않은 어려움이 따르거
나 실현 불가능하다.[54] 예컨대, 법인이 소득을 실현하면 그 소득을
다양한 종류의 주식을 보유한 주주에게 배분하면서 주주의 주식취
득가액을 상향 조정하고 소득을 분배할 때마다 주주의 주식취득가
액을 하향 조정하는 것이 필요하다. 법인이 자본자산에 장기간 형성
되어 있던 미실현이익을 실현하는 경우 법인의 자본자산 보유기간
중 주식을 취득한 주주에게 법인 소득을 배분하는 것은 쉬운 일이
아니다. 또한 주주가 법인의 자본자산에 형성된 미실현이익을 반영
하여 주식을 양도한 경우 주식양수인이 법인의 자본자산에 대하여
갖는 지분가액을 결정하여 관리하는 것 역시 어려운 일이다. 법인
손실에 대한 취급 문제도 있다.[55] 이와 같은 일들은 주주의 수가 많
고 주식의 이전이 빈번할수록 번거롭거나 실행하기 대단히 어렵고
비효율을 낳을 수 있다. 주주들이 배당을 받지 않은 상태에서 소득
세를 납부하여야 하는 어려움도 있다.[56]

제3절 법인세 존치 및 주주 비과세 유형

이 유형은 법인세를 존치하고 법인이 실현한 소득에 기하여 법인
에 대하여만 과세하는 유형이다. 이 유형은 배당소득에 대하여 이중

---

54) Alan J. Auerbach, "Who Bears The Corporate Tax? A Review of What We
    Know", *Tax Policy & The Economy* Vol. 20, (The University of Chicago Press,
    2006), p.22; Graetz & Warren, *supra* note 9, p.679; Yin, *supra* note 3, p.434.
55) Yin, *supra* note 3, p.434.
56) Warren, *supra* note 39, p.316.

과세를 하지는 않는다. 그렇지만 비법인과의 과세상 차이를 해소하는 것은 아니기 때문에 조세중립성을 성취한다고 보기 어렵다. 이 유형에 해당하는 법인세 통합의 예로서 다음 두 가지가 있다.

Ⅰ. 배당소득 과세 면제(Dividend Exemption)

이 유형은 법인세를 존치하고 법인이 실현한 소득에 기하여 법인세를 과세하고 주주의 배당소득을 비과세 하는 유형이다. 이 방법은 "Dividend Exclusion"이라고 불리기도 하는데,[57] "partial integration"에 해당한다.[58] 1992년 미국 재무부(U.S. Treasury Department)가 이 유형을 제안하였고, 2003년 미국의 George W. Bush 행정부가 이 유형을 지지하였으나 미 의회가 위 제안을 채택하지 않고 그 대신 배당소득에 대한 세율을 인하하였다.[59] 이 방안은 법인 소득에 기한 배당소득 이중과세를 피하기 위한 하나의 방법이 될 수 있다. 특히, 이 방법은 어느 법인으로부터 배당을 받는 주주가 자연인이 아니라 법인일 경우 주주인 법인의 배당소득에 대한 과세를 피하기 위한 방법으로도 사용될 수 있다.[60]

그렇지만, 이 방법은 법인의 주주와 비법인의 출자자에 대한 과세상 차이, 타인자본과 자기자본에 대한 과세상 차이, 배당과 법인의 자기주식취득에 대한 과세상 차이 등의 조세중립성 문제는 해결하지 못한다.[61] 그리고 개별 주주의 담세력에 따른 과세를 하지 못하므로 수직적 공평의 원칙에 반함은 물론이다.[62] 또한 이 방안에 의

---

57) Yin, *supra* note 3, p.432.
58) Hardman, *supra* note 3, p.517.
59) Graetz & Warren, *supra* note 9, p.678; Shaviro, *supra* note 2, p.159.
60) Douglas R. Fletcher, "The International Argument for Corporate Tax Integration", Am. J. Tax Pol'y Vol. 11 (1994), p.166.
61) Yin, *supra* note 3, p.462.

하더라도 주식양도소득은 여전히 과세되는데 주식양도소득에 대한 이러한 취급은 이 방안이 취하는 접근방법의 이론과 양립하지 않는 것처럼 보일 수 있다.[63] 이와 같이 이 방안은 배당소득과 주식양도소득에 대한 과세상 취급에 있어서 일관성을 결여하고 있고 이는 이 방안이 해결하지 못한 경제적 왜곡 대부분의 원천이라는 평가를 받는다.[64]

Ⅱ. 포괄적 사업소득세
(Comprehensive Business Income Tax)

배당소득과 이자소득 각 해당 부분을 법인 단계에서 공제하지 않고 법인의 소득을 채권자 몫의 순자산증가액(=이자)과 주주 몫의 순자산증가액의 합으로 정의하고 법인단계에서 과세하는 방안이다.[65] 1992년 미국 재무부의 제안이 그 대표격이다.[66] 이 유형은 타인자본과 자기자본에 대한 과세상 차이를 제거하는데 기여하나,[67] 주주와 채권자의 개별 담세력에 따른 과세를 할 수 없어서 수직적 공평의 이념에 반한다.

제4절 주주 과세 시 이중과세 조정 유형

이 유형은 법인세를 존치하고 법인이 실현한 소득에 기하여 종국적으로 주주에 대하여 과세하는 유형이다. 법인세를 폐지하는 유형

---

62) Polito, *supra* note 3, p1028.
63) Yin, *supra* note 3, p.451.
64) *Ibid.*, pp.468, 470.
65) 김완석·황남석, 법인세법론 (삼일인포마인, 2015), p.41; Shaviro, *supra* note 2, p.161.
66) Yin, *supra* note 3, p.502.
67) Shaviro, *supra* note 2, p.161.

의 완전통합이 실현하기 쉽지 않은 점을 고려한 것이다. 법인 소득에 기하여 주주가 실현하는 소득 중 대표적인 것은 배당소득과 양도소득이다. 이 유형은 법인과 주주에 대하여 모두 과세하면서 종국적으로 주주 과세를 지향하기 때문에 법인 과세와 주주 과세 사이에 주주 과세를 지향하는 방향으로의 조정이 필요하다. 이 유형의 법인세 통합을 법인 소득에 기한 이중과세 조정 범위와 방법을 기준으로 나누어 살펴본다. 그 전에 먼저 주식가격의 조정으로 중복과세 문제가 해결될 수 있는지 여부부터 고찰한다.

Ⅰ. 주식가격의 조정과 중복과세

법인 소득에 기한 이중과세로 인한 주주의 부담은 시장에서 비법인에 대한 지분 가격과 법인에 대한 주식가격이 조정되면 제거된다는 견해가 있다. 이 견해는 법인 소득에 기한 이중과세로 투자가 비법인의 영역으로 이동하여 비법인에 대한 지분의 수익률은 감소시키고 법인에 대한 주식의 수익률은 증가시키다가 두 수익률이 동일해지는 평형(equilibrium)에 도달하면 법인 소득에 기한 이중과세로 인한 주주의 부담이 제거된다고 한다.[68]

위 견해는 법인에 대한 주식가격은 법인 소득에 기한 이중과세로 인하여 배당을 받는 주주의 세후 소득이 줄어든다는 점을 반영하여 형성되고 비법인 영역으로의 자본 이동은 비법인 지분에 대한 수요를 증가시켜 그 지분의 가격을 상승시키기 때문에 결국 주식의 수익률과 비법인 지분의 수익률은 모두 무위험수익률 부분은 동일해지고 위험프리미엄만 달라진다는 의미로 이해된다. 그러나 위 견해에 대하여는 두 가지 이유로 이견이 있을 수 있다고 생각된다.

---

68) Griffith, *supra* note 3, p.719.

첫째, 법인에 대한 주식가격이 법인 소득에 기한 이중과세로 인하여 배당을 받는 주주의 세후 소득이 줄어드는 것을 반영하여 낮게 형성될 경우 주식을 양도하는 주주의 주식양도로 인한 소득은 주식양도소득에 대한 과세로 인하여 더 낮아질 것이기 때문에 주식양도인의 실제 수익률은 위 견해가 비법인 지분의 수익률과 평형을 이룰 것으로 예상한 주식의 수익률보다 더 낮게 될 것이다. 즉, 법인 소득에 기한 중복과세로 인한 주주의 부담이 시장에서 비법인에 대한 지분 가격과 법인에 대한 주식 가격의 조정으로 전부 제거되지 않게 될 가능성이 있다.

둘째, 기존의 비법인 지분은 한정된 자원이라고 볼 수도 있지만, 비법인이라는 기업의 유형 자체는 일반적으로 법적 요건만 충족되면 언제든 새롭게 시작할 수 있는 기업 형태이므로 통상적인 재화나 용역과 같이 한정된 자원에 해당하지 않는다. 따라서 경제학에서의 수요와 공급 법칙이 비법인이라는 기업 형태에 투자할 기회에 그대로 적용될 수 있을지 의문이다. 그러므로 위 견해가 주장하는 정도로 법인 소득에 기한 이중과세로 투자가 비법인의 영역으로 이동하여 비법인 지분에 대한 수요를 증가시켜 그 지분의 가격을 상승시킬 것이라고 단정하기 어렵다.

나아가 세후수익률이 동일해지더라도 이것은 법인세제의 비중립성에 대한 답이 아니다. 법인세 때문에 주주의 세후수익률이 채권자나 비법인출자자의 세후수익률과 같아질 때까지 주식가격이 하락했다는 말 자체가 이미 조세중립성이 깨어져서 경제적 왜곡이 생겼다는 말이다. 세부담 차이를 고려한 세후수익률이 같아졌다는 말은 세전수익률이 다르다는 말이고, 바로 그 세전수익률의 차이는 이미 그만큼 사중손실이 생겼다는 것을 말한다.[69]

---

69) 이창희, *supra* note 3, pp.32, 33.

요컨대, 주식 가격의 조정으로 법인 소득에 기한 중복과세 문제가 해결된다는 생각은 논점을 잘못 파악한 것이다. 문제는 주주가 손해를 입는다는 것이 아니라, 중복과세로 경제 전체에 걸쳐서 비효율과 불공평이 생긴다는 것이다.

II. 이중과세 조정 범위

법인의 소득에 기하여 주주가 자신의 소득을 실현하는 가장 전형적인 방법은 배당절차이다. 법인세가 과세되면 주주에게 배당할 수 있는 법인의 소득이 감소한다. 주주에게 배당되는 소득이 법인 단계와 주주 단계에서 두 차례 과세되는 것을 일반적으로 배당소득 이중과세고 부른다. 그리고 이에 대하여 이중과세 조정이 이루어지는데 이를 일반적으로 배당소득 이중과세 조정이라고 한다.

주주 과세를 지향하는 방향의 법인 및 주주 과세의 조정을 배당이 실제로 이루어지는 시점에서의 배당소득 이중과세 조정에 국한할 것인지(dividend relief) 또는 그 이외에 이중과세 조정의 범위 또는 대상을 확대하는 등의 다른 접근 방법도 필요한지, 만일 필요한 경우가 있다면 구체적으로 어떤 접근 방법이 타당한지는 본 논문의 가장 핵심적인 쟁점이다. 바로 이어지는 제4장에서 법인 소득에 기한 중복과세 유형을 분류하고 이를 기초로 배당이 실제로 이루어진 시점에서의 배당소득 이중과세 조정 외의 다른 접근 방법도 필요한지 여부를 먼저 검토하고자 한다. 그리고 제7장 제1절 II, III에서 다른 접근 방법에 관하여 구체적으로 검토한다.

제4장에서 다른 접근 방법의 필요성 여부를 자세히 검토겠지만, 그러한 필요성을 시사하는 것이 법인세 완전통합에 해당하는 카터 제안(Carter Proposal)이다. 1966년 캐나다의 Kenneth Carter가 이끄는 'The Royal Commission on Taxation (Carter Commission)'은 완전한 통

합(Full Integration)에 해당하는 방안(Carter Proposal)을 제안하였다.[70] 위 방안은 법인이 실현한 소득에 기한 법인과세와 파트너십 과세를 합한 것이다. 법인세율은 소득세율 중 최고세율과 동일하다. 주주가 배당(distribution)을 받을 경우 배당금에 일정한 비율에 의한 법인세 금액이 가산되어 주주의 배당소득으로 소득세가 과세된다. 한편, 법인은 유보소득을 주주에게 배분(allocation)할 선택권을 갖는데, 배분된 금액은 실제로 배당된 소득과 동일한 방법으로 주주의 소득에 포함되어 소득세가 과세된다. 이미 납부된 법인세는 주주를 위하여 납부된 것으로 취급된다. 즉, 배당소득과 배분된 법인의 유보소득에 대한 주주 과세에 있어서 배당세액공제(imputation)를 적용한다. 배당세액공제 금액이 주주의 소득세보다 클 경우 주주에게 환급된다. 한편, 법인이 유보소득을 주주에게 배분할 경우 주주의 주식취득가액은 상향 조정된다. 따라서 이미 배분된 법인의 유보소득은 추후 주주의 주식양도 시 양도소득으로 과세되지 않는다.[71] 요컨대, Carter 제안은 주주에게 실제로 배당을 하지 않았는데 '유보소득 배분'을 매개로 하여 배당소득 이중과세 조정을 할 수 있도록 한 예로서, 이러한 접근 방법이 제안되었다는 사실 자체가 법인세 통합을 위하여 실제 배당 시점에서의 이중과세 조정 외의 다른 접근 방법의 필요성을 시사하는 것이다. 한편, Carter 제안과 비슷한 접근 방법으로서 1993년 American Law Institute의 Warren 연구보고서가 제안한 '배당재투자계획'(Dividend Reinvestment Plan, 즉 DRIP)이 있다. 위 배당재투자계획(DRIP)에 관하여는 제7장 제1절 중 'Ⅱ. 유보소득 중복과세 사례'에서 자세히 살펴본다.

---

70) Boris I. Bittker, "Income Tax Reform in Canada: The Report of the Royal Commission on Taxation", *The University of Chicago Law Review* Vol. 35 (1968), p.651; Fletcher, *supra* note 60, p.167.

71) Fletcher, *supra* note 60, pp.167, 172, 173.

그런데 본 논문은 주주가 배당절차 외에 주식을 양도하여 자신의 소득을 실현하기도 한다는 점에 주의를 기울여서 Carter 제안이나 배당재투자계획과는 다른 접근 방법, 즉 주식양도소득 이중과세 조정을 제안하고자 한다. 법인이 실현한 소득에 기하여 법인세가 과세되고 법인의 유보소득이 반영된 주주의 주식양도소득에 대하여 소득세가 과세되는 것을 이중과세라고 부르든[72] 부르지 않든 용어가 중요한 것은 아니다. 중요한 것은 배당의 경우와 마찬가지로 법인세가 과세되면 주주의 주식양도소득에 반영될 수 있는 법인의 소득이 감소하고 결국 주주의 주식양도소득이 감소할 가능성이 있다는 점이다.[73] 바로 이러한 현상에 주목할 필요가 있다. 법인의 유보소득이 반영된 주주의 주식양도소득에 대하여서까지 이중과세 조정의 범위 또는 대상을 확대할 것인지는 법인 및 주주 과세 통합의 수준을 결정하는 중요한 요인이 될 수 있다. 주식양도 부분까지 고려하면 통합의 수준, 즉 조세중립성이 제고될 가능성이 높아진다. Carter 제안 중 "법인이 유보소득을 주주에게 배분(allocation)하고 배분된 금액이 배당(distribution)된 소득과 동일한 방법으로 주주의 소득에 포함되어 소득세가 과세되도록 하면서 배당소득 이중과세 조정을 하는 부분"은 유보소득에 기한 중첩적 과세를 피하고 주식양도소득 이중과세 조정과 유사한 결과를 가져올 수 있는 제안이라고 볼 수 있다.[74] 본 논문이 제안하는 주식양도소득 이중과세 조정에 의한 접근 방법 관하여도 역시 제7장 제1절 중 'Ⅱ. 유보소득 중복과세 사례'에서 상세하게 살펴본다.

한편, 배당소득 이중과세 조정을 과세된 법인세 일부에 대하여 하는 경우가 있지만 법인세 전액에 대하여 할 수도 있다. 어떤 경우인

---

72) 예컨대, Ballard, etc., *supra* note 3, pp.153, 154; Yin, *supra* note 3, p.444.
73) Ballard, etc., *supra* note 3, p.154.
74) Bittker, *supra* note 70, p.651.

지에 따라 통합의 수준, 즉 조세중립성의 수준에 영향을 줄 것이다.

III. 법인세와 배당소득세의 이중과세 조정 방법

법인이 실현한 소득에 기한 법인 과세와 그 소득을 주주가 분배 받는 시점의 주주과세를 조정하기 위한 방법으로 배당세액공제 (imputation), 배당금 손금산입(dividend-paid deduction) 등이 있다. 위 방법은 "partial integration"이라고 부르기도 한다.[75] 실상 완전통합 (full integration)과 부분통합(partial integration)이라는 용어는 문헌에 따라서 문맥에 따라서 용례 차이가 있다. 때로는 가령 배당세액공제 방법에서 법인세 부담액 가운데 주주 단계에서의 공제율이 100%인 가 아닌가라는 뜻으로 쓰이기도 하고, 때로는 '법인 소득의 주주 배 분' 유형처럼 비법인과의 과세차이를 완전히 해소하는가 아닌가라 는 뜻으로 쓰이기도 한다. 이 항에서는 후자의 뜻이다.

1. 배당세액공제(Imputation)

배당세액공제는 과세된 법인세를 주주가 자신의 소득세의 일부 로서 이미 납부한 것으로 간주하고 주주에게 환원하여 법인 과세와 주주 과세를 조정한다. 법인세를 주주에게 배분하여 주주의 소득금 액에 가산하여 소득세를 산출한 후 소득세 산출세액에서 주주에게 배분된 법인세를 차감하여 주주가 납부해야 할 세액을 결정한다.[76] 배분된 법인세 금액이 소득세 산출세액보다 크면 주주는 환급을 받 을 수 있다.[77] 일반적으로 이 방법은 주주가 법인의 소득을 배당으

---

75) Hardman, *supra* note 3, pp.516, 517.
76) Shaviro, *supra* note 2, pp.159, 160.
77) Fletcher, *supra* note 60, p.168.

로 실현할 때 법인 과세와 주주의 배당소득 이중과세를 조정하는 방법으로 널리 이용되고 있다. 이 방법은 "Shareholder-credit"으로 칭하여지기도 하는데,[78] 조세중립성과 수직적 공평이 조화를 이룰 수 있게 한다.[79]

이 방법은 제2차 세계대전 후 서유럽에서 발전되기 시작하였고 독일, 프랑스, 영국이 이 방법의 변형된 형태를 도입하였던 바 있다.[80] 그런데, 유럽연합 사법재판소(Court of Justice of European Union)가 판결에서 이 방법이 유럽연합조약 위반이라고 시사한 후, 2003년 유럽국가들은 이 방법을 폐지하였다.[81] 한편, 미국에서는 1992년 Treasury Report에서 배당세액공제 방법에 관하여 분석하였으나 추천하지는 않았고, 1993년 American Law Institute의 Warren 연구보고서에서 이 방법을 제안하였다.[82] 캐나다와 호주 및 뉴질랜드는 배당세액공제 방법을 채택하였다.[83]

배당세액공제의 기본 틀은 법인세를 주주가 납부하여야 할 세금의 선납으로 여기는 것이다. 각 주주가 받는 배당금에 비례하여 배당소득가산 금액을 더해서(gross-up) 소득금액을 결정하고 배당세액공제를 하는 것이다. 배당금에 비례한 배당소득가산은 법인이 실현한 소득의 일부로 납부된 법인세를 나머지 잉여금처럼 주주에게 지분비율에 따라 배당한 것처럼 취급하기 위한 것이다. 법인세를 주주의 지분비율에 따라 배분하는 것은 법인세가 과세되지 않았다면 법

---

78) Graetz & Warren, *supra* note 9, p.679; Yin, *supra* note 3, p.436.
79) 이창희, *supra* note 3, p.554; Fletcher, *supra* note 60, p.176.
80) Hugh. J. Ault, "International Issues in Corporate Tax Integration", *Law & Pol'y Int'l Bus.*, Vol. 10 (1978), pp.462, 466, 472, 474; Graetz & Warren, *supra* note 9, p.679.
81) Graetz & Warren, *supra* note 9, p.679.
82) *Ibid*, p.678; Yin, *supra* note 3, p.436.
83) Shaviro, *supra* note 2, p.160.

인세 역시 주주의 지분비율에 따라 주주에게 배당되어 소득세법에 따라 과세될 것이기 때문이다. 그리고 배당금에 비례한 배당세액공제는 납부된 법인세를 주주에게 지분비율에 따라 배당하고 주주가 배당받은 법인세를 소득세 납부하는 데 사용하는 번거로움을 피하고 납부된 법인세를 주주가 지분비율에 해당하는 만큼 소득세 납부하는 데 사용한 것으로 간주하는 것이다.

2. 배당금 손금산입(Dividend-Paid Deduction)

이 방법은 법인이 실현한 소득 중 주주에 대한 배당금을 차감하여 법인의 소득금액을 계산한다. 그 결과 법인이 실현한 소득 중 주주에게 배당되는 부분에 대하여는 주주의 소득세로 과세하고 법인에 유보되는 나머지 부분에 대하여만 법인세가 과세된다.[84]

이 방법의 주된 장점 중 하나는 이자와 배당 사이의 과세상 차이를 제거한다는 점이다.[85] 이 방법을 적용하면 배당세액공제를 적용할 경우보다 과세되는 법인세 금액이 감소한다. 따라서 이 방법은 법인세의 실효세율을 감소시키는 효과가 있다.[86] 이 방법을 적용할 경우 법인이 실현한 소득을 전액 배당하면 법인세는 과세되지 않게 되므로 법인세 과세로 인한 조세비중립성 문제는 존재하지 않게 된다. 다만, 이 방법에 의하더라도 유보소득은 여전히 이중과세 될 가능성이 있다.[87] 예컨대, 법인에 결손이 발생한 과세기간에 그 이전 과세기간에 실현된 잉여금을 기초로 배당하는 경우이다.

이 방법은 배당세액공제에 비하여 덜 사용되는데, 그 주된 이유

---

84) Polito, *supra* note 3, p.1027; Shaviro, *supra* note 2, p.160.
85) Polito, *supra* note 3, p.1027.
86) Graetz & Warren, *supra* note 9, p.684.
87) Polito, *supra* note 3, p.1028.

중 하나는 법인에 결손이 생겼을 때 배당할 경우 법인세가 환급되지 않으면 위 방법이 의미를 갖지 못하게 되기 때문이다.[88] 미국 재무부는 이 방법을 적용하면 비거주자나 배당소득세가 면제되는 주주들의 조세 부담까지 자동으로 감소한다는 이유로 이 방법을 거부하였는데,[89] 이러한 측면 역시 이 방법이 배당세액공제보다 덜 사용되는 이유이다.[90]

---

88) Shaviro, *supra* note 2, p.161.
89) Graetz & Warren, *supra* note 9, p.684.
90) 이창희, *supra* note 3, p.555.

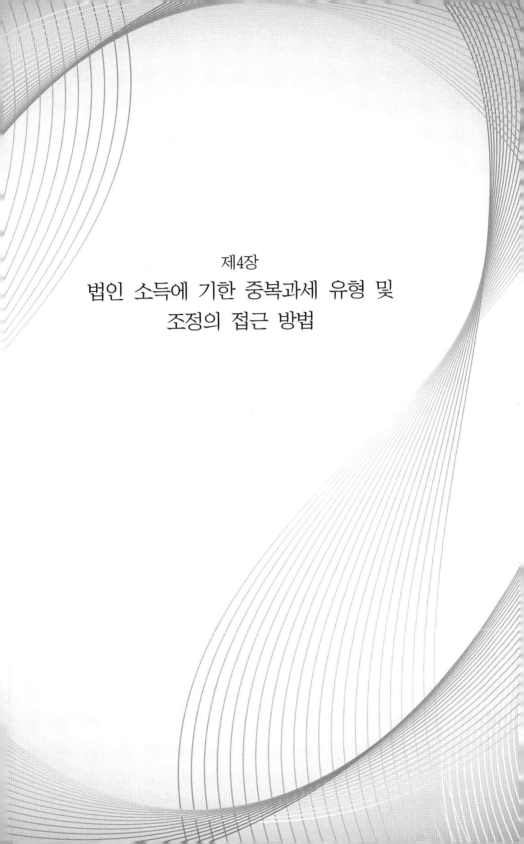

제4장

법인 소득에 기한 중복과세 유형 및
조정의 접근 방법

　법인세 존치 및 주주 과세 지향 유형에서 가장 중요한 것은 종국적으로 주주 과세를 지향하는 방향으로 법인 과세와 주주 과세를 조정하는 것이다. 이를 위하여 제1절 및 제2절에서 법인의 소득에 기하여 어떤 과세가 중첩적으로 이루어지는지 분석하고자 한다. 위 두 절에서는 배당소득 이중과세 외에도 배당소득 이중과세와 개념적으로 구분할 수 있는 중복과세 유형이 두 가지 더 있음을 확인한다. 이어서 제3절에서는 일반적으로 알려진 배당 시점에서의 배당소득 이중과세 조정이 중복과세의 세 가지 유형 모두에서 비법인과의 과세상 차이를 해소하고 조세중립성을 유지하기에 충분한지 그렇지 않으면 각각의 유형에서 중복과세 조정을 위한 별도의 접근 방법이 필요한지 살펴본다.

제1절 중복과세의 유형

　법인 소득에 기한 중복과세에는 법인세와 배당소득세가 이중과세 되는 유형이 있고 법인세와 주식양도소득세 및 배당소득세가 중복과세 되는 유형이 있다. 후자는 다시 유보소득에 기한 중복과세와 미실현이익에 기한 중복과세로 세분된다.

　법인 과세와 별도로 배당소득을 과세한다는 말은 법인 소득에 기하여 두 차례 과세가 이루어진다는 말이다. 나아가 법인 단계에서 실현된 소득이든 미실현이익이든 법인 단계의 소득은 주식의 가치를 올리게 마련이므로 주주가 주식을 양도할 경우 양도소득이 그만큼 증가한다는 점과 주식양수인에 대한 배당까지 고려하면 법인 소득에 기하여 세 차례 과세가 일어난다.[91] 이를 구별하기 위하여 배당소득의 경우는 "이중과세"라는 용어를 사용하고, 유보소득 및 미실현이익은 "중복과세"라는 용어를 사용한다.

Ⅰ. 법인세와 배당소득세의 이중과세

(i) 법인이 실현한 소득에 대하여 법인세가 과세되고, (ii) 그 소득을 주주에게 배당할 때 법인의 소득 실현 시점 이전부터 계속 주주의 지위를 유지해온 주주(A)의 배당소득에 대하여 소득세가 과세되는 유형이다.

Ⅱ. 법인세, 주식양도소득세, 배당소득세의 중복과세

1. 유보소득에 기한 중복과세

법인 단계에서 이미 실현되어 법인세가 과세된 소득을 법인이 유보해 둔 상황에서 주주가 주식을 양도한다면 어떤 결과가 생기는가? (i) 법인이 실현한 소득에 대하여 법인세가 과세되고, (ii) 주주(B)가 법인의 소득을 반영한 가액으로 주식을 양도할 때 B의 주식양도소득에 대하여 소득세가 과세되고, (iii) 법인이 법인의 위 소득을 주식양수인인 새로운 주주(C)에게 배당할 때 C의 배당소득에 대하여 소득세가 과세된다.[92] 이미 실현되어 법인세도 과세되었고 상법상 배

---

91) 법인의 소득에 기하여 법인세, 배당소득세, 주식양도소득세 등 세 가지 별개의 과세가 이루어진다는 견해로서, Griffith, *supra* note 3, p.718.

92) Warren 교수 역시 법인의 이익잉여금(즉, 법인의 유보소득)이 반영된 주식양도소득에 대하여 주주 과세를 하면 "double taxation" 또는 어떤 경우 "multiple taxation" 문제를 발생시킨다고 밝히고 있다. 다만, "multiple taxation" 문제가 생기는지 여부는 부분적으로는 추후 주식양수인이 제3자에게 주식을 양도할 때 주식양도손실을 세금 보전에 활용할 수 있는지 여

당도 가능한 소득이지만 그냥 유보하였다는 뜻에서 이 상황의 중복 과세를 "유보소득에 기한 중복과세"라고 부르기로 한다.

2. 미실현이익에 기한 중복과세

법인단계에서 자산의 가치가 증가한 경제적 소득이 있지만 아직 실현되지 않아 법인세가 과세되지 않았고 상법상 배당가능이익에도 잡히지 않은 상황에서 주주가 주식을 양도한다면 어떤 결과가 생기는가? (i) 주주(D)가 미실현이익을 반영한 가액으로 주식을 양도할 때 D의 주식양도소득에 대하여 소득세가 과세되고, (ii) 법인이 그 미실현이익을 소득으로 실현할 때 법인세가 과세되고, (iii) 법인이 실현된 그 소득을 주식양수인인 새로운 주주(E)에게 배당할 때 E의 배당소득에 대하여 소득세가 과세되는 유형이다. 앞의 유보소득 중복과세와 다른 점은 주주(D)에 대한 과세가 법인세 과세보다 먼저 일어난다는 점이다.

III. 각 유형 간 차이점

위 세 가지 중복과세 유형의 차이점을 명확히 하는 것은 논지 전개에 있어 매우 중요하다. 그 차이점은 다음과 같다.

첫째, 배당소득 이중과세 유형은 법인 소득에 기하여 주주가 자신의 소득을 실현하기 위한 수단으로서 배당만 고려한 것, 곧 주식양도를 아직 고려하지 않은 가장 단순한 모델이다. 유보소득 중복과세 유형과 미실현이익 중복과세 유형은 주식양도와 배당을 모두 고려한 것이다.

부에 달려 있다고 한다. The ALI, *supra* note 3, p.699; Graetz & Warren, *supra* note 9, p.688; Warren, *supra* note 15, p.130.

둘째, 유보소득 중복과세 유형에서 주식양도소득은 법인의 유보소득(retained earning)이 반영된 경우이고, 미실현이익 중복과세 유형에서 주식양도소득은 법인의 미실현이익이 반영된 경우이다. 법인세가 이미 과세되었는지 여부에 있어서 차이가 있다.

셋째, 배당소득 이중과세 유형과 유보소득 중복과세 유형은 주주에 대한 배당 또는 주식양도가 이루어지기 전에 법인의 실현이익에 법인세가 과세되었다는 점은 같다. 미실현이익 중복과세 유형은 아직 법인세가 과세되지 않은 법인의 미실현이익이 주주의 양도소득에 반영되어 과세된 뒤 나중에 법인세가 과세되어 중복과세가 이루어지는 유형이다. 따라서 배당소득 이중과세 유형과 유보소득 중복과세 유형은 법인의 소득에 기한 중복과세 문제가 반드시 발생한다. 그러나 미실현이익 중복과세 유형에서는 주주(D)가 법인의 미실현이익을 반영한 가액으로 주식을 양도한 후 법인의 미실현이익이 소멸하거나 감소할 경우 중복과세 문제가 전부 또는 일부 생기지 않는다. 즉, 미실현이익 중복과세는 적어도 법인이 미실현이익을 실현하기 전까지는 가능성으로 존재하다가 법인이 미실현이익을 소득으로 실현하면 현실화 하게 된다.

넷째, 배당소득 이중과세 유형에서는 법인이 실현한 소득이 그 시점에 주주(A)의 경제적 부 내지 순자산을 증가시킨다. 곧 주식의 가치가 그만큼 오른다. 유보소득 중복과세 유형에서는 법인이 실현한 소득이 역시 그 시점의 주주(B)의 순자산을 증가시키고, 오른 주가로 주식을 매매하는 만큼 주식양수인인 새로운 주주(C)의 주식취득가액에 반영된다. 미실현이익 중복과세 유형에서는 법인에 형성된 미실현이익이 그 시점의 주주(D)의 순자산을 증가시키고 그 미실현이익이 주식양수인인 새로운 주주(E)의 주식취득가액에 반영된다.

다섯째, 배당소득 이중과세는 법인세와 배당소득세 간 조정이 필요하고, 유보소득 중복과세 및 미실현이익 중복과세는 법인세와 주식양도소득세 및 배당소득세 간 조정이 필요하다.

제2절 중복과세의 유형별 사례

법인 소득에 기한 중복과세의 세 가지 유형에 관한 각 사례에서 법인과 비법인의 과세효과를 분석, 비교한다. 논의의 단순화를 위해서 유보소득 중복과세 및 미실현이익 중복과세 사례에서 법인의 주식가치는 법인에 유보된 소득 또는 미실현이익만 반영하는 것으로 가정한다.

I. 배당소득 이중과세 사례

이 사례는 기업이 소득을 실현한 후 그 소득을 실현 시점의 출자자에게 분배하는 배당소득 이중과세 유형의 사례이다. 즉, "기업의 소득실현 -> 출자자(A)에 대한 배당" 사례이다. 주주 변동이 없는 단순한 모델이다.

1. 사례

A는 100을 출자하여 기업 P를 세워 사업을 시작하였다. Year 1에 P는 소득 100을 실현하였으나 A에게 분배(distribution)하지 않았다.[93] Year 2에 P는 위 소득을 A에게 분배하였다. 소득세율은 30%, 법인세율은 20%로 가정한다.

---

93) 분배(distribution)는 배분(allocation)과 의미상 구별된다.

2. 비법인 및 법인에 대한 과세효과

(1) P가 비법인일 경우

P가 소득 100을 실현한 시점에 A는 소득세 30의 납세의무가 있다. P가 소득을 A에게 분배하는 시점에 A는 소득세 납세의무가 없다.

(2) P가 법인일 경우

P가 소득 100을 실현한 시점에 P는 법인세 20의 납세의무가 있다. P가 나머지 소득 80을 A에게 분배하는 시점에 A는 배당소득에 대한 소득세 24의 납세의무가 있다.

3. 과세효과의 비교

(1) 총 과세금액

P가 실현한 소득 100을 기초로 한 총 과세금액은 P가 비법인인 경우 A의 소득세 30이고, P가 법인인 경우 P의 법인세 20 및 A의 배당소득세 24의 합계 44이다. 법인인 경우 총 과세금액이 비법인인 경우보다 더 크다.

(2) 출자자 자산의 변동

A의 자산은 P가 비법인인 경우 100에서 170으로 증가하고, P가 법인인 경우 100에서 156으로 증가한다. 법인의 주주의 자산의 증가폭이 비법인의 경우보다 더 적다.

(3) 요약

비법인의 경우 P가 실현한 소득 100에 대하여 소득세 30이 과세되어 국가에 귀속되고, 나머지 70은 A에게 귀속된다. 반면, 법인의 경우 P가 실현한 소득 100에 대하여 법인세와 배당소득세 합계 44가 과세되어 국가에 귀속되고 나머지 56이 A에게 귀속된다. 출자자가 기업의 형태로 법인을 택한다면 비법인을 택할 경우보다 덜 부유해 진다는 의미이다.

II. 유보소득 중복과세 사례

이 사례는 기업이 소득을 실현하고 출자자가 그 소득이 반영된 가액으로 지분을 양도한 후 기업이 그 소득을 지분양수인에게 분배하는 유보소득 중복과세 유형의 사례이다. 즉, "기업의 소득실현 -〉 출자자(B)의 지분양도 -〉 지분양수인(C)에 대한 배당" 사례이다.[94] C가 주식을 다시 양도하는 경우 생기는 효과는 제3절 II에서 살펴본다.

1. 사례

B는 100을 출자하여 기업 P를 세워 사업을 시작하였다. Year 1에 P는 소득 100을 실현하였으나 B에게 분배(distribution)하지 않았다. Year 2에 B는 자신의 지분을 C에게 양도하였다. Year 3에 P는 위 소득을 C에게 분배하였다. 소득세율은 30%, 법인세율은 20%라고 가정한다.

---

94) 법인이 실현한 소득에 기하여 법인 단계에서 과세하고 법인의 유보소득이 반영된 주주의 주식양도 시 다시 과세하는 것은 소득에 대하여 한 번 과세한다는 원칙에서 벗어난 것이라는 견해로서, Polito, *supra* note 3, p.1042. 이와 유사한 견해로서, Yin, *supra* note 3, pp.451, 472 ("Taxing a seller of stock on gain attributable to accumulated fully-taxed income or ... would produce double taxation in the absence of a benefit to the buyer that is transferred to the seller in the share price.").

2. 비법인 및 법인에 대한 과세효과

P가 소득을 실현한 시점, B가 C에게 지분을 양도한 시점, P가 C에게 소득을 분배한 시점에서의 각 과세효과에 관하여 살펴본다. 법인소득에 기한 과세에 있어 배당소득 이중과세 조정과 같은 조정은 없는 것으로 가정한다. 주주 B의 C에 대한 주식양도가액 역시 그러한 가정에 기초하여 결정된 것으로 본다.

(1) P가 비법인일 경우
1) P가 소득을 실현한 시점

B는 소득 100에 대하여 소득세 30의 납세의무를 진다.[95] B의 지분가액은 100에서 200으로 상향 조정된다.[96]

2) B가 C에게 지분을 양도한 시점

B는 소득세 납세의무가 없다. 이미 B의 지분가액은 200으로 상향 조정되었고 B가 C에게 양도한 가액 역시 200으로 결정될 것이어서[97]

---

95) 사례에서 P의 소득 100을 분배(distribution)하지 않았기 때문에 B는 P로부터 분배된 소득으로 자신의 소득세를 납부하는 것이 아니라 B 자신이 원래 가지고 있던 돈으로 소득세를 납부하게 된다. 따라서 B가 C에게 지분을 양도할 때 B의 P에 대한 지분가액은 P의 순자산가치인 200이다.

96) 만일 비법인기업의 출자자 B가 소득세 30을 납부하기 위해 비법인기업으로부터 분배를 받으면 비법인기업의 순자산은 170이므로 B의 지분가액은 170으로 상향조정된다. 그러나 이 논문에서는 법인기업의 경우 주주 B가 주식을 양도하기 전에 법인으로부터 배당을 받지 않는 것과 균형을 맞추기 위해 비법인기업의 출자자 B가 비법인기업으로부터 소득을 분배받지 않고 자신의 돈으로 소득세를 납부하는 것으로 가정하기 때문에 비법인기업의 순자산은 200이고 그래서 출자자 B의 비법인기업에 대한 지분가액을 200으로 조정한 것이다. 어느 경우든 비법인기업의 출자자 B의 세후소득은 170이다.

97) P의 순자산 가치는 200이다. 또한 C는 B의 지분을 양수한 후 비법인기업

B가 지분양도로 인하여 실현한 소득이 없기 때문이다.

3) P가 C에게 소득을 분배한 시점

C는 소득세 납세의무가 없다. P가 C에게 소득 100을 분배하는 것은 C가 자기자본을 반환받는 것과 동일하기 때문이다. 다만, C의 지분가액은 분배받은 만큼 하향조정 되어 다시 100으로 된다.

(2) P가 법인일 경우
1) P가 소득을 실현한 시점

P는 소득 100에 대하여 법인세 20의 납세의무가 있다. 이 시점에 B는 소득세 납세의무가 없고 주식취득가액에 대한 조정도 없다.

2) B가 C에게 주식을 양도한 시점

B는 주식양도소득에 대한 소득세 납세의무가 있다. B의 주식취득가액은 100이므로 양도가액이 얼마인지에 따라 양도소득금액이 결정될 것이다. C가 주식을 양수할 당시 법인의 순자산은 180이지만 C는 주식양수 후 법인으로부터 80을 배당받으면 소득세 24를 납부하여야 한다. 그 결과 C는 주식을 양수한 시점보다 배당받은 시점에 자산이 더 줄어드는데 C는 이러한 점을 고려하여 B의 주식을 156에 양수하려 할 것이다.[98] 따라서 주식양도가액은 156으로 결정될 것이다.[99] 그 결과 B는 주식양도소득 56을 실현한다. 따라서 B는 양도소

으로부터 재산을 분배받더라도 소득세를 납부하지 않기 때문에 C가 B의 지분을 양수하면서 비법인기업으로부터 기대하는 순자산의 가치는 200이다.

98) Polito, *supra* note 3, p.1047; 유사한 취지의 예로서 임상엽, 기업인수세제의 논리와 구조에 관한 연구-중립성의 추구와 그 한계를 중심으로-, 박사학위논문, 서울대학교 (2013), p.188.

99) 주식양도소득은 법인에 유보된 소득, 소득 기대치의 변경, 인플레이션 등 다양한 요인에 의해 결정된다(Gravelle, *supra* note 3, p.126; Yin, *supra* note

득세 16.8의 납세의무가 있다.

3) P가 C에게 소득을 분배한 시점

C는 소득세 24의 납세의무가 있다. 배당소득 80을 실현하기 때문이다. C가 배당을 받더라도 주식취득가액 156은 조정되지 않는다.

3. 과세효과의 비교

P가 실현한 소득 100을 기초로 한 총 과세금액 및 B와 C의 자산의 변동을 비교한다.

(1) 총 과세금액

P가 실현한 소득 100을 기초로 한 총 과세금액이다. 비법인인 경우 B의 소득세 30이 전부이다. 법인인 경우 P의 법인세 20, B의 주식양도소득세 16.8, C의 배당소득세 24 등 총 60.8이다. 법인인 경우 총 과세금액이 비법인인 경우보다 더 크다.

(2) 출자자 자산의 변동

출자자의 자산의 변동 내용이다. P가 비법인인 경우 B의 자산은 100에서 170으로 증가하고 C의 자산은 변동 없이 200이다. P가 법인인 경우 B의 자산은 100에서 139.2로 증가하고 C의 자산은 변동 없이 156이다.[100] 주주 자산의 증가폭이 비법인의 출자자의 경우보다 더 적었다.

3, p.472). 그렇지만 분석의 편의상 법인의 잉여금 및 여기에서 언급하는 것 이외의 다양한 요인은 고려하지 않기로 한다. 또한 그렇게 해야 비법인기업 출자자 B의 지분 양도 당시 그 가치를 평가할 때 그런 다양한 요인을 모두 고려하지 않은 것과 균형을 이룰 수 있다.

100) B의 자산을 "지분을 양수한 최초 시점에 180이었고 배당을 받고 소득세를 납부한 후 156으로 감소한 것"으로 볼 여지도 있다.

(3) 요약

비법인의 경우 P가 실현한 소득 100에 기하여 단 한 차례 B에 대한 소득세 과세가 이루어져 30이 국가에 귀속되고, 나머지 70이 B에게 귀속되었다. 반면, 법인의 경우 P가 실현한 소득 100에 기하여 P의 법인세, B의 양도소득세, C의 배당소득세가 중첩적으로 과세되어 60.8이 국가에 귀속되고 나머지 39.2가 B에게 귀속되었다. 출자자가 기업의 형태로 법인을 선택한다면 비법인을 선택할 경우보다 덜 부유해진다는 의미이다.

III. 미실현이익 중복과세 사례

이 사례는 기업에 미실현이익이 형성된 상태에서 출자자가 그 미실현이익이 반영된 가액으로 지분을 양도한 후 기업이 미실현이익을 소득으로 실현하고 지분양수인에게 그 소득을 분배하는 미실현이익 중복과세 유형의 사례이다. 즉, "기업의 미실현이익 형성 -> 출자자(D)의 지분양도 -> 기업의 미실현이익 실현 -> 지분양수인(E)에 대한 배당" 사례이다.[101]

1. 사례

D는 100을 출자하여 기업 P를 세워 사업을 시작하였다. P는 사업

---

[101] 법인의 미실현이익이 반영된 주주의 주식양도 시 과세하고 그 후에 법인이 자산을 양도하여 그 미실현이익을 실현할 때 다시 과세하는 것은 소득에 대하여 한 번 과세한다는 원칙에서 벗어난 것이라는 견해로서, Polito, *supra* note 3, p.1042. 이와 유사한 견해로서, Yin, *supra* note 3, p.472 ("... taxing stock gain attributable to unrealized corporate asset gain would create the potential for double taxation when the corporate-level gain is later realized.").

용 고정자산으로 사용하기 위하여 토지를 100에 매입하였다. Year 1 에 위 토지의 가치가 100 증가하였다. Year 2에 D는 자신의 지분을 E에게 양도하였다. Year 3에 P는 제3자에게 위 토지를 200에 매도하였다. Year 4에 P는 소득을 E에게 분배하였다. 소득세율은 30%, 법인세율은 20%라고 가정한다.

2. 비법인 및 법인에 대한 과세효과

D가 E에게 지분을 양도한 시점, P가 토지를 처분한 시점, P가 E에게 소득을 분배한 시점에서의 각 과세효과에 관하여 살펴본다. 미실현이익은 소멸하거나 감소하지 않고 전액 실현되는 것으로 가정하고 지분(주식)양도가액이 그러한 가정에 기초하여 결정되는 것으로 본다.

(1) P가 비법인일 경우
1) D가 E에게 지분을 양도한 시점

D는 소득세 30의 납세의무가 있다. D의 지분취득가액은 100이고 지분양도가액은 200으로 결정되어 지분양도소득 100을 실현하기 때문이다. E의 지분취득가액은 200이고, 토지의 장부가액은 200으로 상향 조정된다.

2) P가 토지를 매도한 시점

E는 소득세 납세의무가 없다. 토지의 장부가액과 양도가액 모두 200이어서 양도차익은 존재하지 않기 때문이다.

3) P가 E에게 소득을 분배한 시점

E는 소득세 납세의무가 없다. P가 E에게 소득 100을 분배하는 것

은 E가 자기자본을 반환받는 것과 동일하기 때문이다. 다만, E의 지분가액은 100으로 하향 조정된다.

(2) P가 법인일 경우

1) D가 E에게 주식을 양도한 시점

D는 주식양도소득세 16.8의 납세의무가 있다. D의 주식취득가액은 100이고 주식양도가액은 156으로 결정될 것이므로[102] 양도소득 56을 실현하기 때문이다.

2) P가 토지를 매도한 시점

P는 법인세 20의 납세의무가 있다. 토지의 취득가액은 100이고 양도가액은 200이어서 양도로 인한 소득 100을 실현하기 때문이다.

3) P가 E에게 소득을 분배한 시점

E는 소득세 24의 납세의무가 있다. 배당소득 80을 실현하기 때문이다.

3. 과세효과의 비교

P에 형성된 미실현이익 100을 기초로 한 총 과세금액 및 D와 E의 자산의 변동을 비교한다.

---

102) D가 주식을 양도할 당시 주식 가치는 156으로 평가할 수 있다. 그 이유는 법인의 자본금 100에 토지의 가치증가분 100을 더한 후 E가 주식양수 후 법인의 위 미실현이익을 토지 처분 및 배당 등의 절차를 거쳐 자신의 소득으로 실현하는 과정에서 과세되는 법인세 20 및 소득세 24를 차감하기 때문이다.

(1) 총 과세금액

P의 미실현이익 100을 기초로 한 총 과세금액이다. P가 비법인인 경우 D의 소득세 30이 전부이다. P가 법인인 경우 D의 주식양도소득세 16.8, P의 법인세 20, E의 배당소득세 24 등 총 60.8이다. 법인인 경우 총 과세금액이 비법인인 경우보다 더 크다.

(2) 출자자 자산의 변동

출자자 자산의 변동 내용이다. P가 비법인인 경우 D의 자산은 100에서 170으로 증가하고[103] E의 자산은 변동 없이 200이다.[104] P가 법인인 경우 D의 자산은 100에서 139.2로 증가하고[105] E의 자산은 변동 없이 156이다.[106] P가 법인인 경우의 주주 자산의 증가폭이 비법인인 경우보다 더 적었다.

(3) 요약

P가 비법인인 경우 미실현이익 100에 기하여 단 한 차례 D에 대한 소득세가 과세되어 30이 국가에 귀속되고, 나머지 70은 D에게 귀속되었다. 반면, P가 법인인 경우 법인의 미실현이익 100에 기하여 D의 양도소득세, P의 법인세, E의 배당소득세가 중첩적으로 과세되어 60.8이 국가에 귀속되고 나머지 39.2가 D에게 귀속되었다. 출자자가 기업의 형태로 법인을 선택한다면 비법인을 선택할 경우보다 덜 부

---

103) 비법인기업 출자자 D의 자산은 P를 세운 최초 시점에 100이었고 지분을 양도한 후 170으로 증가한다.
104) 비법인기업 출자자 E의 자산은 지분을 양수한 최초 시점에 200이었고 분배를 받은 후에도 여전히 200이다.
105) 주주 D의 자산은 P를 설립한 최초 시점에 100이었고 지분을 양도하고 소득세를 납부한 후 139.2로 증가한다.
106) 주주 E의 자산은 "주식을 양수한 최초 시점에 200이었고 토지가 처분되어 법인세가 과세되고 배당을 받아 소득세가 과세된 후 156으로 감소한 것"으로 볼 여지도 있다.

유해진다는 의미이다. 이 결과는 앞 II의 유보소득 중복과세와 완전히 같아 보이지만 실상 차이가 있다. 법인세가 과세되는 시기가 유보소득 중복과세에서는 Y 1이고 미실현이익 중복과세에서는 Y 3이라는 차이가 있다. 다만, 여기에서의 논점은 각 경우 법인과 비법인의 차이이다.

IV. 요약

위 세 가지 사례들을 통해 다음 두 가지 점을 분명히 확인할 수 있다. 첫째, 기업의 소득에 기한 총 과세금액은 위 세 가지 사례에서 공통적으로 법인의 경우가 비법인의 경우보다 더 크다. 둘째, 비법인의 소득에 기한 총 과세금액은 세 가지 사례에서 동일하지만, 법인의 소득에 기한 총 과세금액은 유보소득 중복과세 사례 및 미실현이익 중복과세 사례의 경우가 배당소득 이중과세 사례의 경우보다 더 크다.

위 두 가지 사실을 정리하면 "(i) 세 가지 각 사례의 비법인 소득에 기한 총 과세금액 〈 (ii) 배당소득 이중과세 사례의 법인 소득에 기한 총 과세금액 〈 (iii) 유보소득 중복과세 사례 및 미실현이익 중복과세 사례의 법인 소득에 기한 총 과세금액"임을 알 수 있다.[107]

위 "(i) 〈 (ii) 〈 (iii)"과 같이 되는 이유는 비법인이 실현한 소득에 기하여는 한 차례만 과세되지만 법인이 실현한 소득에 기하여는 두 차례 또는 세 차례 과세되기 때문이다. 구체적으로, "(i) 〈 (ii)"는 법인 소득에 기하여 법인세 외에 그 소득이 배당될 때 주주 A의 배당소득(distributed dividend)에 대하여 소득세가 과세되기 때문이다. "(i) 〈 (iii) (유보소득 중복과세 사례)"는 법인 소득에 기하여 법인세 외에 그 소

---

107) 비법인기업의 경우 '배당소득 이중과세 사례' 사례와 '유보소득 중복과세 사례'의 총 과세금액이 동일한 반면, 법인기업의 경우 '배당소득 이중과세 사례' 사례와 '유보소득 중복과세 사례'의 총 과세금액이 다르다.

득이 반영된 주식양도 시 주주 B의 주식양도소득에 대한 소득세 및 그 소득이 배당될 때 주주(주식양수인) C의 배당소득에 대한 소득세가 과세되기 때문이다.[108] "(i) 〈 (iii)(미실현이익 중복과세 사례)"는 법인 소득에 기하여 법인세 외에 그 소득이 실현되기 전 미실현이익 상태에서 그 미실현이익이 반영된 주식양도 시 주주 D의 주식양도소득에 대한 소득세 및 그 미실현이익이 실현된 후 배당될 때 주주(주식양수인) E의 배당소득에 대한 소득세가 과세되기 때문이다.

제5장에서는 현행 배당세액공제가 (i)과 (ii)의 차이 및 (i)과 (iii)의 차이를 부분적으로 해소한다는 점을 확인한다. 그리고 제6장 및 제7장에서는 배당세액공제의 한계를 극복하고 조세중립성을 제고하기 위한 새로운 모색을 하고자 한다.

제3절 배당소득 이중과세 조정의 정당성 및 한계

법인 소득에 기한 중복과세의 세 가지 유형 중 배당소득 이중과세 유형에서는 법인 소득에 기하여 법인세, 배당소득세의 순으로 과세된다. 유보소득 중복과세 유형에서는 법인세, 주식양도소득세, 배당소득세의 순으로 과세된다. 미실현이익 중복과세 유형에서는 주식양도소득세, 법인세, 배당소득세의 순으로 과세된다. 위 세 가지 유형의 공통점 중 하나는 법인세와 배당소득세가 과세된다는 점이다.

이 절에서는 법인 소득에 기한 중복과세 조정을 위하여 위 세 유형 모두에 대하여 배당소득 이중과세 조정으로 충분한지, 그렇지 않으면 유보소득 중복과세 및 미실현이익 중복과세 유형에 대하여는 배당소

---

108) Leonard E. Burman, T*he Labyrinth of Capital Gains Tax Policy*, (Brookings Institution Press, 1999), pp.68, 76; Graetz & Warren, *supra* note 9, p.688.

득 이중과세 조정 외의 별도의 접근 방법이 필요한지 살펴본다.

Ⅰ. 배당소득 이중과세 사례

　배당소득 이중과세 유형은 법인 소득에 기하여 법인세와 배당소득세가 과세되는 유형이다. 위 유형에서는 주주가 배당을 받는 시점에 배당소득에 대하여 과세하면서 법인세와 배당소득세 간 조정, 즉 배당소득 이중과세 조정으로 비법인과의 과세상 차이를 해소하고 조세중립성을 유지하기에 충분하다. 법인세가 과세된 소득은 모두 바로 배당한다고 전제하므로 유보 여부에 따른 차이는 법인과 비법인 사이에서 따질 이유가 없다. 이점에 관하여는 의문이 없고 이견을 찾기 어렵다. 배당소득 이중과세 조정을 위한 구체적인 방법으로 예컨대, 배당세액공제(Imputation)를 적용할 수 있을 것이다.

Ⅱ. 유보소득 중복과세 사례

　앞서 살펴본 유보소득 중복과세 사례는 법인 단계, 주식양도소득 단계, 배당소득 단계라는 3중 과세의 가능성을 보여준다. 그러나 이것은 정당한 문제제기인가? 비법인과의 과세상 차이를 해소하고 조세중립성을 유지하기 위하여 유보소득이 주주 C에게 배당될 때 C의 배당소득 이중과세 조정을 하는 것으로 충분한가, 그렇지 않으면 그 외에 별도의 접근 방법을 강구할 필요가 있는가? 이 문제는 주식양도소득에 대한 세제에 달려 있다.

1. 배당소득 이중과세 조정에 기초한 접근 방법

　유보소득 중복과세 사례에서 두 가지 조건이 충족되면 배당소득 이중과세 조정으로 비법인과의 과세상 차이가 해소될 가능성이 있다. 두 가지 조건은 유보소득 중복과세 사례에서 (i) 주주 B로부터 주식을 양수한 주주 C가 주식 취득 후 배당을 받을 때 배당소득에 대하여 과세하면서 이중과세 조정을 해 주고, (ii) 그 후 C가 주식을 제3자에게 양도할 경우 발생하는 주식양도차손을 제한 없이 활용하여 C의 소득세 부담을 줄이거나 소득세를 환급받을 수 있도록 해 주는 것이다.[109]

위 (i), (ii) 조건이 충족되면 C가 B로부터 주식을 양수할 당시 법인의 순자산가액이 180에 불과하더라도 C는 B에게 주식양수대금으로 최대 200까지 지급할 수 있다. 그 이유는 다음과 같다. 먼저, C는 주식 취득 후 법인으로부터 80을 배당받을 때 이중과세 조정을 하여 소득세 10을 추가로 납부하면 되므로 C는 배당으로 세후소득 70을 얻는다.[110] 그리고 C가 배당을 받은 후 제3자에게 주식을 100에 양도할 경우 양도대금 100을 얻고 주식양도차손 100이 발생하는데 주식양도차손에 대하여 소득세(세율 30%)를 C에게 환급해 주면 C는 소득세 30을 환급받게 된다. 위와 같이 C는 B로부터 주식을 200에 취득하더라도 세후배당소득 70, 주식양도대금 100, 소득세 환급액 30 등 합계 200을 기대할 수 있다. 따라서 C는 비록 법인의 순자산이 잉여금 80을 포함하여 180에 불과하지만 B에게 최대 200을 지급하고 주식을 양수할 수도 있다.

C가 B로부터 주식을 200에 취득하면 B의 주식양도소득은 100이 되어 B는 소득세 30의 납세의무가 있고 결과적으로 B의 주식 보유

---

109) 이창희, *supra* note 3, p.554; "Whether there is multiple taxation would depend in part on the availability of offsetting capital losses in the future." Graetz & Warren, *supra* note 9, p.688.

110) 배당소득 80에 대하여 뒤에서 자세히 살펴볼 Full Imputation에 의하여 법인세 전액에 대한 이중과세 조정을 하면 C가 추가적으로 납부할 소득세는 10이고 C의 세후소득은 70이 될 것이다. (80 + 20) x 0.3 - 20 = 10.

및 양도로 인한 세후소득은 70이 된다. 주주 B의 세후소득과 비법인 기업의 출자자 B의 세후소득은 70으로 동일하다.

요컨대, 위 (i), (ii) 조건이 충족된다면 법인의 유보소득이 주주에게 배당되는 시점에 가서 배당소득 이중과세 조정을 해 주면 조세중립성 유지에 충분하고 그 외에 유보소득 중복과세에 대하여 별도의 선제적인 조정 방법을 강구할 필요가 없게 될 가능성이 있다. 위 가능성이 항상 실현된다면 법인 과세와 주주 과세의 통합 문제에 있어서 유보소득 중복과세는 배당소득 이중과세와 구분하여 별도로 논할 실익이 없게 된다.

2. 배당소득 이중과세 조정의 한계

그러나 위와 같은 분석이 전제한 주식양도소득 세제는 현실의 세제와 다르고 다를 수밖에 없다.

첫째, 위와 같은 접근 방법이 실효성을 기하기 위해서는 C가 주식을 취득한 후 즉시 배당을 받고 바로 이어서 제3자에게 주식을 양도한 후 지체 없이 주식양도차손을 활용하여 제한 없이 다른 소득세 부담을 감소시키거나 소득세를 환급받을 수 있어야 한다. 이는 현실적으로 매우 이례적인 일이다. 이와 같은 일련의 과정에 시간적인 간격이 크면 클수록 C에게는 취득가액 200과 법인의 순자산가치 180의 차액에 대한 이자 부담이 늘어나게 된다.[111] 세제를 평가함에 있어서 올바른 결론에 이르기 위해서는 이자와 시간적인 측면은 고려하지 않을 수 없는 요인이다.

둘째, 위와 같은 접근 방법이 실효성을 기하기 위해서는 C가 주식 취득 후 받는 배당은 법인의 잉여금 중 자신의 지분에 해당하는

---

111) Warren, *supra* note 15, p.121.

전액이어야 한다. 그런데 주주가 법인의 잉여금 중 자신의 지분에 해당하는 금액을 전액 배당받는 것은 청산 시점에서나 있을 수 있는 이례적인 일이다. 배당에 관한 구체적 내용이나 청산에 관한 의사결정은 주주총회에서 이루어지는데 C가 1인 주주 또는 대주주가 아니라 소수주주일 경우는 위 조건을 임의로 실현하기 어렵다.

셋째, 만일 C가 대주주일 경우 법인을 청산하여 법인의 잔여재산 중 자신의 지분 상당액을 전액 분배받을 수 있고 현행 소득세법상 의제배당소득이 0이 되어 별도의 소득세 부담이 없다고 하더라도, C는 잔여재산을 분배받은 후 주식을 양도할 기회가 없어서 주식양도차손이 인정되지 않으므로 다른 소득세 부담을 감소시키거나 소득세를 환급받을 수 있는 기회는 없게 된다. C가 200에 주식을 취득한 후 바로 법인을 청산할 경우 C는 잔여재산으로 180을 분배받을 수 있을 뿐이고 주식양도차손을 활용할 수 없게 된다.

넷째, 위와 같은 접근 방법이 실효성을 기하기 위해서는 C가 배당을 받은 후 제3자에게 양도하는 주식은 B로부터 양수한 주식 전부여야 한다. 만일 C가 불가피하게 주식을 일부씩 나누어서 양도하게 되면 주식양도차손을 일부씩만 인식하게 되므로 종국적으로 어느 시점에 가서는 주식 전부를 제3자에게 양도하더라도 누진세율에 기초하고 있는 소득세법 하에서 C가 주식양도차손으로 인하여 감소하는 다른 소득세 금액이나 환급세액은 30이 되지 않을 가능성이 있다.

다섯째, 주주에게 주식양도차손이 발생할 경우 제한 없이 주주의 소득세 부담을 감소시켜 주거나 주주에게 소득세를 환급하는 것은 이례적인 일이다. 주식양도차손이 소득세 부담의 감소를 위해 부당하게 이용될 수 있으므로 입법상 제한을 두는 것이 일반적이다.[112] 현행 세법도 주식양도손실의 제한 없는 활용이나 소득세의 무제한

---

112) Burman, *supra* note 108, pp.11, 21.

환급을 인정하고 있지 않다. 미국 세법 역시 I.R.C. Section 1211에 일정한 제한을 두고 있다.[113]

여섯째, 주식양도차손을 통하여 소득세 부담을 감경시키는 것은 자본자산이 많은 사람일수록 활용할 기회가 많고 자본자산이 적으면 활용할 기회가 사실상 많지 않다. 즉, 상대적으로 부유하지 못한 사람들에게는 불리한 방법이다.

일곱째, 위와 같은 접근 방법이 실효성을 기하기 위해서는 C의 배당소득에 대한 소득세율과 C의 주식양도차손에 적용되는 소득세율 또는 환급세율이 동일해야 한다. C는 배당소득 100에 대하여 소득세 30을 납부하고 주식을 양도한 후 주식양도차손 100에 대하여 소득세 30을 환급받아야 하는 것이므로 배당소득에 적용되는 소득세율과 주식양도차손에 적용되는 소득세율이 동일해야 한다. 그런데, 통상소득에 관한 소득세율과 자본이득에 관한 소득세율이 동일한 것 역시 일반적인 경우는 아니다.

여덟째, 만일 불가피하게 C의 주식 양수 후 배당, 제3자에 대한 주식 양도, 주식양도차손의 활용에 이르는 과정에 시간적인 간격이 존재한다면 그 사이에 세율의 변경이 없어야 하고 주식양도차손의 활용에 전혀 제한을 두지 않는 세법에도 변경이 없어야 한다. 세법의 변경 여부 역시 세제를 평가함에 있어서 올바른 결론에 이르기 위해서 고려하지 않을 수 없는 요인이다.

위와 같은 여러 가지 현실적인 제약과 제한 때문에 유보소득(retained earning)에 기한 중복과세 문제가 배당소득(distributed dividend) 이중과세의 조정만으로 완전히 해결될 가능성은 크지 않다. 특별한 경우가 아니라면 주주 C가 앞서 살펴본 여러 가지 제약과 제한으로 인한 위험을 전부 떠안은 채 주주 B를 위하여 이타적으로 거래할 가

---

113) Warren, *supra* note 15, p.121.

능성은 적다. C는 오히려 그러한 위험을 주식양수도가액에 반영하여 B에게 떠넘기려 할 가능성이 많다. 합리적인 경제인이라면 누구나 위험을 예견하고 이를 피하기 위한 수단을 강구하기 위하여 적극적으로 행동한다고 보는 것이 적절하고 그러한 전제에서 세제를 설계하는 것이 타당하다.

요컨대, 유보소득 중복과세 문제를 배당소득(distributed dividend) 이중과세의 조정으로 해결하려는 접근 방법은 이론적 측면에서의 장점에도 불구하고 위와 같이 많은 제약과 제한 때문에 실효성이 충분한 견해로 보기 어렵다. '제7장 제1절 II. 유보소득 중복과세 사례'에서 자세히 살펴보는 바와 같이 Carter Commission과 ALI가 모두 배당이 실제로 이루어지는 시점에서의 배당소득 이중과세 조정과는 별도로 유보소득 중복과세 문제가 해결되는 효과를 갖는 별도의 방안을 제시한 것도 배당소득 이중과세 조정만으로는 법인 소득에 기한 중복과세 조정에 한계가 있다는 점을 인식하였기 때문일 것이다.114)

3. 별도의 접근 방법의 필요성

법인에 유보된 소득이 배당되는 시점에 배당을 받는 주주(C)의 배당소득에 대하여 이중과세 조정을 하는 것으로는 비법인과의 과세상 차이를 해소하고 조세중립성을 유지하기 어렵다. 따라서 주식양도소득 단계의 중복과세까지 고려해서 유보소득 중복과세 조정이 충분히 이루어져 비법인과의 과세상 차이가 완전히 해소될 수 있도록 유보소득 중복과세에 대한 별도의 접근 방법을 탐구할 필요가 있다. 그 구체적인 내용은 '제7장 제1절 II. 유보소득 중복과세 사례'에서 살펴본다. 그 부분에서 주주 C와는 별개로 주주 B가 독자적으로

---

114) Bittker, *supra* note 70, p.651.

이용할 수 있는 적극적이고 선제적인 접근 방법을 찾고자 한다.

III. 미실현이익 중복과세 사례

먼저, 법인에 형성된 미실현이익에 기한 중복과세가 필연적인지 검토한다. 이어서 미실현이익 중복과세 사례에서 비법인과의 과세상 차이를 해소하고 조세중립성을 유지하기 위하여 법인이 미실현이익을 실현한 후 E에게 배당할 때 E의 배당소득 이중과세 조정을 하는 것으로 충분한지, 그렇지 않으면 그 외에 별도의 접근 방법을 강구할 필요가 있는지 검토한다.

1. 중복과세가 될 가능성

법인이 실현하여 법인세가 과세된 소득은 추후 주주 과세와 중복과세 문제를 일으킨다. 법인이 실현한 소득은 법인이 청산되기 전까지 주주에게 배당되거나 주주의 주식양도소득에 반영되거나 또는 청산 시점에 주주에게 분배되는데, 배당과 주식양도 및 청산 시에 주주 과세가 이루어지기 때문이다.

그러나 법인에 형성된 미실현이익은 추후 필연적으로 주주 과세와 중복과세 문제를 일으키는 것은 아니다. 법인의 미실현이익은 주주가 미실현이익을 반영한 가액으로 주식을 양도한 후 법인이 그 미실현이익을 실현하기 전에 소멸할 가능성이 있다. 이와 같이 법인에 미실현이익이 형성된 상태에서 주주가 그 미실현이익을 반영한 가액으로 주식을 양도하더라도 그 시점에 이중과세 문제가 생기는 것은 아니고 추후 중복과세가 될 가능성이 있을 뿐이다.

법인의 미실현이익에 기한 중복과세의 경우 위와 같은 특수성이 있다고 하여 미실현이익에 기한 중복과세 문제를 논할 필요가 없다고 단정하는 것은 적절하지 않다. 주주의 주식양도 후 법인이 미실현이익을 실현하면 그 시점부터 법인의 미실현이익에 기한 중복과세 문제가 현실화 되는 것이다. 법인의 미실현이익에 기한 중복과세 문제가 현실화 되면, 조세중립성을 유지하기 위해서는 중복과세 조정이 필요하다. 문제는 미실현이익 중복과세를 조정하기 위한 접근 방법이다.

2. 배당소득 이중과세 조정에 기초한 접근 방법

미실현이익 중복과세 사례에서 법인이 미실현이익을 실현한 후 소득을 주주 E에게 배당하는 시점에 E의 배당소득 이중과세를 조정하면 비법인과의 과세상 차이가 해소되는지 검토한다. 이는 앞서 유보소득 중복과세의 경우에 살펴본 바와 유사한 내용의 검토이다. 만일 E의 배당소득 이중과세 조정으로 충분하다면 미실현이익 중복과세 문제는 배당소득 이중과세 문제와 구별하여 논할 필요가 없는 것이고, 반대로 충분하지 않다면 미실현이익 중복과세 문제는 배당소득 이중과세 조정이 아닌 별도의 접근 방법으로 해결하여야 할 것이다.

미실현이익 중복과세 사례에서 세 가지 조건이 충족되면 배당소득 이중과세 조정으로 비법인과의 과세상 차이가 해소될 가능성이 있다. 세 가지 조건은 앞서 살펴본 미실현이익 중복과세 사례에서 (i) 주주 D가 주주 E에게 주식을 양도한 후 법인이 미실현이익을 실현하여야 하고, (ii) E가 법인이 실현한 소득에 기하여 배당을 받을 때 배당소득에 대하여 과세하면서 이중과세 조정을 해 주고, (iii) 그 후 E가 주식을 제3자에게 양도할 경우 발생하는 주식양도차손을 제한 없이 활용하여 E의 소득세 부담을 줄이거나 소득세를 환급받을 수 있도록 해 주는 것이다.

위 세 가지 조건이 충족되면 E는 D에게 주식양수대금으로 최대 200까지 지급할 수 있다. 그 이유는 다음과 같다. 먼저, E는 주식취득

후 미실현이익을 실현한 법인으로부터 80을 배당받을 때 이중과세 조정을 하여 소득세 10을 추가로 납부하면 되므로 E는 배당으로 인한 세후소득 70이 생긴다.[115] 그리고 E가 배당을 받은 후 제3자에게 주식을 100에 양도할 경우 양도대금 100이 생기고 주식양도차손 100이 발생하는데 주식양도차손에 대하여 소득세(세율 30%)를 E에게 환급해 주면 E는 소득세 30을 환급받게 된다. 위와 같이 E는 D로부터 주식을 200에 취득하더라도 세후배당소득 70, 주식양도대금 100, 소득세 환급액 30 등 합계 200을 기대할 수 있다. 따라서 E는 최대 200을 지급하고 주식을 양수할 수도 있다.

E가 D로부터 주식을 200에 취득하면 D의 주식양도소득은 100이 되어 D는 소득세 30의 납세의무가 있고 결과적으로 D의 주식 보유 및 양도로 인한 세후소득은 70이 된다. 주주 D의 세후소득과 비법인의 출자자 D의 세후소득은 70으로 동일하다.

요컨대, 위 (i), (ii), (iii) 조건이 충족된다면 법인의 미실현이익이 실현된 후 주주에게 배당되는 시점에 가서 배당소득 이중과세 조정을 해 주면 조세중립성 유지에 충분하고 그 외에 미실현이익 중복과세에 대하여 별도의 선제적인 조정 방법을 강구할 필요가 없게 될 가능성이 있다. 위 가능성이 항상 실현된다면 법인 과세와 주주 과세의 통합 문제에 있어서 미실현이익 중복과세는 배당소득 이중과세와 구분하여 별도로 논할 실익이 없어진다.

3. 배당소득 이중과세 조정의 한계

위와 같은 접근 방법은 세법상 그리고 현실적으로 여러 가지 제

---

115) 배당소득 80에 대하여 뒤에서 자세히 살펴볼 Full Imputation에 의하여 법인세 전액에 대한 이중과세 조정을 하면 D가 추가적으로 납부할 소득세는 10이고 D의 세후소득은 70이 될 것이다. (80 + 20) x 0.3 - 20 = 10.

약과 제한에 부딪힐 수밖에 없다. 조건 (iii)으로 인한 여러 가지 제약과 제한은 앞서 유보소득 중복과세와 관련하여 살펴본 바와 같다. 여기서는 미실현이익 중복과세의 추가적인 조건인 (i)로 인한 제약과 제한 두 가지를 추가적으로 살펴본다.

첫째, 배당소득 이중과세 조정에 의한 접근 방법이 실효성을 기하기 위해서는 법인의 미실현이익이 주주 E가 D로부터 주식을 취득한 후 법인이 미실현이익을 실현하기 전까지 소멸하지 않고 존재하여야 한다. 만일 E가 주식을 취득한 후 법인의 미실현이익이 전부 또는 일부 소멸한다면 E가 법인으로부터 받을 수 있는 배당의 세후소득은 70에 미치지 못하게 된다. 그렇게 되면 E가 주식취득 후 제3자에게 주식을 다시 양도하면서 발생하는 주식양도차손에 관하여 소득세 환급이 이루어진다고 가정하여도 E가 D로부터 취득한 주식으로 인하여 기대하는 자산의 가치가 200에 미치지 못하게 된다. 이러한 점은 E가 취득한 주식의 가치가 200이 되지 않을 가능성이 있다는 것을 의미한다. E는 D로부터 주식을 매입함에 있어서 이러한 위험을 고려하여 주식양도가액을 정하려 할 것이다.

둘째, 위와 같은 접근 방법이 실효성을 기하기 위해서는 주주 D로부터 주식을 양수한 주주 E는 주식취득 후 지체없이 법인이 미실현이익을 실현하도록 하여야 한다. 그런데 E가 1인 주주 또는 대주주가 아니라 소수주주일 경우는 법인이 위와 같은 의사결정을 하도록 영향을 미치기 어렵다.

위와 같은 여러 가지 현실적인 제약과 제한 때문에 미실현이익에 기한 중복과세 문제가 배당소득 이중과세의 조정만으로 완전히 해결될 가능성은 크지 않다. 요컨대, 미실현이익 중복과세 문제를 배당소득 이중과세의 조정으로 해결하려는 접근 방법은 이론적 측면에서의 장점에도 불구하고 위와 같이 많은 제약과 제한 때문에 실효성이 충분한 견해로 보기 어렵다.

4. 별도의 접근 방법의 필요성

미실현이익 중복과세 사례에서 법인에 형성된 미실현이익이 실현된 후 주주에게 배당되는 시점에 배당을 받는 주주(E)의 배당소득에 대하여 이중과세 조정을 하는 것으로는 비법인과의 과세상 차이를 완전히 해소하고 조세중립성을 유지하기 어렵다. 따라서 미실현이익 중복과세 조정을 충분히 하기 위해서는 배당소득 이중과세 조정 외에 별도의 접근 방법을 탐구할 필요가 있다. 다만, 배당 시점에서의 이중과세 조정 외의 실현 가능한 별도의 접근 방법이 실제로 존재하는지 여부는 별개의 문제이다. 그 구체적인 내용은 '**제7장 제1절 Ⅲ. 미실현이익 중복과세 사례**'에서 살펴본다.

Ⅳ. 요약

비법인과의 과세상 차이가 발생하는 법인 소득에 기한 중복과세 유형은 배당소득 이중과세, 유보소득 중복과세, 미실현이익 중복과세 등 세 가지이다.

그 중 배당소득 이중과세는 주주가 법인의 소득을 배당절차를 통해서만 주주 자신의 소득으로 실현하는 경우를 전제로 한다. 따라서 배당소득 이중과세는 법인이 주주에게 배당하는 시점에 이중과세 조정을 통하여 비법인과의 과세상 차이를 해소할 수 있다.

그러나 유보소득 중복과세 및 미실현이익 중복과세는 주주가 법인의 소득을 배당절차뿐만 아니라 주식양도를 통해서도 주주 자신의 소득으로 실현하는 경우를 전제로 한다. 유보소득 중복과세 및 미실현이익 중복과세는 법인이 주주에게 배당하는 시점에서의 배당소득 이중과세 조정만으로는 비법인과의 과세상 차이를 완전히 해소할 수 없다. 유보소득 중복과세 및 미실현이익 중복과세의 경우 비법인과의 과세상 차이를 완전히 해소하고 조세중립성을 유지하기 위해서는 배당소득 이중과세 조정 외에 주식양도까지 고려한 별도의 접근 방법이 필요하다. 그 구체적인 접근 방법과 실현가능성에 관하여는 제7장 제1절 Ⅱ 및 Ⅲ에서 살펴본다.

현실에서는 위 세 가지 유형이 모두 존재한다. 따라서 법인 소득에 기한 과세에 있어서 비법인과의 과세상 차이를 해소하고 조세중립성을 유지하기 위해서는 배당소득 이중과세, 유보소득 중복과세, 미실현이익 중복과세를 모두 고려한 포괄적 조정이 필요하다. 그 자세한 내용에 관하여는 제7장 제2절에서 자세히 살펴본다.

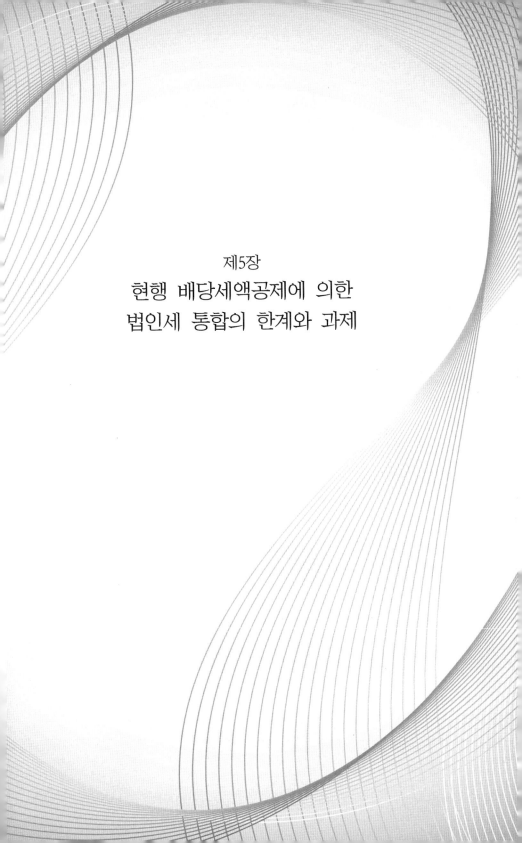

제5장
현행 배당세액공제에 의한
법인세 통합의 한계와 과제

본 장에서는 제4장에서의 논의를 기초로 현행 법인 및 주주 과세 통합 세제의 핵심인 배당세액공제에 관하여 분석 및 평가한다. 먼저, 제1절에서는 현행 세법의 법인세 통합의 유형, 범위, 방법에 관하여 알아본다. 제2절에서는 법인 소득에 기한 중복과세의 세 가지 유형의 각 사례에 현행 배당세액공제에 의하여 배당소득 이중과세 조정을 하였을 때 비법인과의 과세상 차이가 완전히 해소되는지 살펴본다. 제3절에서는 의제배당소득 이중과세 조정 등 현행 배당세액공제의 적용으로 인한 기타 조세중립성 문제를 살펴본다.

제1절 현행 세법의 법인세 통합

현행 세법은 법인 및 주주 과세 통합에 관한 몇 가지 규정을 두고 있다. 그 중 대표적인 규정은 소득세법상 거주자의 배당소득 과세에 적용되는 배당세액공제이다. 그 외에도 법인세법에 배당금 손금산입(소득공제)과 수입배당금 익금불산입이 있고, 조세특례제한법에 동업기업과세특례도 있다.

Ⅰ. 관련 세법 규정

1. 배당세액공제

현행 소득세법상 배당세액공제에 의한 이중과세 조정은 주주가 법인으로부터 받은 배당금에 11%를 가산한 금액을 배당소득금액으로 하여 소득세를 산출한 다음 위 배당소득가산 금액을 세액공제 하여 배당소득 이중과세 조정을 한다.116) 이는 Imputation에 의한 배당소득 이중과세 조정 방법이다.

현행 소득세법상 배당소득가산 및 배당세액공제 비율은 11%인데, 이는 법인세가 10%의 세율로 과세된 것을 전제로 한다. 따라서 법인세가 10%를 초과하는 세율로 과세되었을 경우는 과세된 법인세 중 일부에 대하여만 배당소득가산 및 세액공제 된다. 이는 금융소득 분리과세 문제와 관련되어 있다.117) 이런 점에서 현행 배당세액공제는 법인세부담 전체를 빼주는 것이 아니라는 뜻에서 "Partial Imputation"이라고 말할 수 있다. 배당세액공제액이 법인세부담 전체에 해당하더라도 비법인과 차이가 남는다는 점에서는 배당세액공제라는 제도 자체가 부분통합(partial integration)이라고 부르는 용례도 있는 점은 이미 보았다. 아무튼 법인세 부담을 줄여주는 그 한도에서 현행 배당세액공제는 조세중립성에 기여한다.

공평의 관점에서 보자면 배당세액공제라는 제도는 주주의 배당소득을 다른 소득과 합산하여 누진세율을 적용할 수 있게 한다. 따라서 현행 배당세액공제는 개별 주주의 담세력에 따른 과세를 가능하게 하여 주주들 사이의 수직적 공평을 꾀하기에 유리하다. 다른 한편, 배당세액공제는 법인세 부담의 제거라는 효과가 주주에게 그대로 돌아가도록 하는 방식이다. 주주 사이의 공평이 아니고 주주와 노동자 등 기타 생산요소 제공자 사이의 공평이라는 관점에서 볼 때 법인세 부담의 제거라는 효과가 전액 주주에게 돌아가도록 하는 것이 과연 옳은가는 의문의 여지가 있다. 이 점은 법인세의 전가, 귀착이라는 어려운 문제와 관련되어 있다. 이에 관하여는 제9장 제2절 II에서 살펴본다.

---

116) 소득세법 제17조 제3항, 제56조.
117) 이창희, *supra* note 3, p.555.

2. 지급배당금 손금산입(소득공제)

현행 법인세법에 의하면 자산유동화에관한법률에 따른 유동화전문회사 등 배당을 목적으로 하는 투자기구적 성격이 강한 일정한 법인이 소득의 90% 이상을 배당할 경우 그 소득을 법인의 소득금액에 포함되지 않는다.[118] 그러한 법인으로는 유동화전문회사 외에도 자본시장과금융투자업에관한법률에 따른 투자회사, 기업구조조정투자회사법에 따른 기업구조조정투자회사 등이 열거되어 있다.

위와 같은 배당금 소득공제는 배당금 손금산입 방법에 의한 배당소득 이중과세 조정에 해당한다. 법인이 실현한 소득 중 배당하는 부분에 대하여는 법인세가 과세되지 않으므로 그 한도에서 조세중립성에 기여한다.

3. 수입배당금 익금불산입

현행 법인세법에 의하면 다른 법인에 대한 일정한 출자비율을 갖춘 법인이 그 다른 법인으로부터 받은 배당금 중 일정한 비율은 그 법인의 소득금액에 포함되지 않는다.[119] 내국법인 일반에 적용되는 경우와 내국법인 중 금융지주회사 등 특정 지주회사에 적용되는 경우가 있다. 법인세법은 내국법인 및 지주회사의 출자비율과 수입배당금의 익금불산입률에 관하여 매우 세부적인 규정을 두고 있다. 일반적으로는 출자비율이 높으면 높을수록 수입배당금의 익금불산입률도 높아진다.

이 규정을 적용하면 어느 법인이 다른 법인에 일정한 비율 이상의 출자를 하여 배당을 받을 경우 그 법인에 대하여 과세하지 않고

---

118) 법인세법 제51조의2.
119) 법인세법 제18조의2, 3.

법인 소득의 종국적인 귀속 주체인 자연인 주주에 대하여 과세할 수 있게 된다. 그 결과 법인 간 지배종속관계가 존재할 경우 자연인 주주의 소득이 감소하는 것을 방지할 수 있다.

4. 동업기업과세특례

조세특례제한법에서는 인적 성격이 강하거나 인적용역을 주로 제공하는 일정한 법인이 실현한 소득에 기하여 법인세를 과세하지 않고 그 구성원에 대하여 직접 과세하는 동업기업 과세에 관하여 규정하고 있다.[120] 동업기업과세특례가 적용되는 법인의 예로는 상법에 따른 합명회사 및 합자회사, 변호사법에 따른 법무법인 등이 있다.[121]

동업기업과세특례가 적용되는 법인이 실현한 소득에 기한 과세는 비법인 소득에 기한 과세와의 차이를 해소할 가능성이 높다. 그러한 법인이 실현한 소득에 대하여는 법인세가 과세되지 않기 때문이다. 그러한 점에서 동업기업과세특례는 조세중립성에 기여한다.

Ⅱ. 현행 법인세 통합의 유형, 범위, 방법

현행 법인 및 주주 과세 통합 관련 세제 중 배당세액공제가 가장 일반적으로 적용되는 규정이고, 나머지는 그 적용이 제한적이다. 따라서 현행 통합 세제의 성격을 규명함에 있어서 그 나머지 규정들을 근거로 하기에는 적절하지 않고 통합 세제의 가장 중심에 있는 배당세액공제를 기초로 현행 통합 세제의 성격을 분석 및 평가하는 것이 타당하다. 그러할 때 현행 법인세 통합 세제는 주주 과세 시 이중과세 조정 유형으로서 배당세액공제(Imputation) 방법에 의한 배당소득

---

120) 조세특례제한법 제100조의14 이하.
121) 조세특례제한법시행령 제100조의15.

이중과세 조정을 그 범위로 하는 부분통합이라고 말할 수 있다.

제2절 배당세액공제에 의한 이중과세 조정의 한계

현행 배당세액공제를 배당소득 이중과세 사례, 유보소득 중복과세 사례, 미실현이익 중복과세 사례에 적용하여 법인 소득에 기한 이중과세를 조정할 경우 비법인과의 과세상 차이를 해소하는 데 한계가 있다.

Ⅰ. 배당소득 이중과세와 배당세액공제율

배당소득 사례는 "A가 100을 출자하여 기업 P를 세우고 사업을 시작한 후, Year 1에 P가 소득 100을 실현하였으나 A에게 분배하지 않았고, Year 2에 P가 소득을 A에게 분배"한 사례였다. 소득세율은 30%, 법인세율은 20%로 가정한다. 위 사례에서 P가 비법인인 경우 출자자 A의 세후소득은 70인 반면, P가 법인인 경우 주주 A의 세후소득은 56에 그친다.

주주 A의 배당소득에 대한 과세에 있어서 현행 배당세액공제에 의하여 배당소득가산 및 배당세액공제 비율 11%를 적용하여 이중과세 조정을 하면 A가 납부하여야 할 소득세는 17.84이고,[122] 따라서 A의 세후소득은 62.16이다. 이 금액 역시 P가 비법인인 경우 출자자 A의 세후소득인 70에 미치지 못한다. 배당세액공제에 의한 이중과세 조정으로 과세상 차이가 좁혀지기는 하였지만, 차이가 여전히 존재한다.

---

122) (80 + 8.8) x 30% - 8.8 = 17.84.

배당세액공제에 의한 배당소득 이중과세 조정에도 불구하고 이와 같은 과세상 차이가 존재하는 이유는 배당소득가산 및 배당세액공제 비율이 11%이기 때문이다. 위 11%는 법인세가 10%의 세율로 과세되었다는 것을 전제로 한 수치이다. 그 결과 만일 실제로는 법인세가 10%를 초과하는 세율로 과세된 경우라면 실제 과세된 법인세 중 일부는 주주의 배당소득에 포함되지 않게 되고 세액공제가 미흡하게 되어 이중과세 조정은 불완전하게 된다. 위 사례에서 실제로 배당소득 사례에서 과세된 법인세는 20인데, 배당소득가산 및 배당세액공제 된 법인세는 배당금 80의 11%인 8.8에 불과하다.

요컨대, 배당소득 이중과세 사례에서 현행 배당세액공제에 의한 배당소득 이중과세 조정을 할 경우 비법인과의 과세상 차이를 해소하는 데 한계가 있다. 그 이유는 이중과세 조정을 함에 있어서 실제 과세된 법인세를 전액 배당소득가산 및 배당세액공제 하지 않고 실제 과세된 법인세에 미치지 못하는 금액을 배당소득가산 및 배당세액공제 하기 때문이다.

II. 유보소득 중복과세 사례

유보소득 중복과세 사례에서도 현행 배당세액공제에 의한 배당소득 이중과세 조정을 할 경우 비법인과의 과세상 차이를 해소하는 데 한계가 있다. 그 이유 중 일부는 현행 배당세액공제에서 배당소득가산 및 배당세액공제 비율이 11%로 고정되어 있는 점에서도 찾을 수 있다.

나아가 가사 법인세 부담 전체를 반영하여 배당소득가산과 배당세액공제 비율을 정하더라도 비법인과의 차이가 남는다. 앞서 제4장 제3절 II에서 살펴본 바와 같이 유보소득 중복과세의 경우 배당 시점에서 배당소득 이중과세 조정에 의한 접근 방법으로 비법인과의 과

세상 차이를 해소하는 데 한계가 있기 때문이다. 유보소득 중복과세
는 주주가 법인의 소득을 배당절차뿐만 아니라 주식양도를 통해서
도 주주 자신의 소득으로 실현하는 경우를 전제로 한다. 따라서 법
인의 유보소득에 기하여 이루어지는 중복과세는 법인세와 배당소득
세 외에도 주식양도소득세가 있다. 위 세 가지의 중첩적 과세가 비
법인과의 과세상 차이를 가져오는 원인이다. 그런데 배당세액공제
는 법인이 주주에게 배당하는 시점에서의 법인세와 배당소득세의
이중과세를 조정하는 장치이다. 배당세액공제만으로는 법인 소득에
기하여 주식양도소득세와 배당소득세가 중첩적으로 과세되는 문제
를 해결할 수 없다.

Ⅲ. 미실현이익 중복과세 사례

미실현이익 중복과세 사례는 앞의 Ⅱ와 같다.

Ⅳ. 요약

현행 배당세액공제는 배당소득 이중과세, 유보소득 중복과세, 미
실현이익 중복과세 모두에서 비법인과의 과세상 차이를 해소하는
데 한계가 있다. 다만, 비법인과의 과세상 차이의 정도와 원인에 있
어서 유보소득 중복과세와 미실현이익 중복과세는 서로 유사하고,
배당소득 이중과세와는 구별된다.

제3절 조세중립성 관점에서의 배당세액공제의 그 밖의 한계

Ⅰ. 의제배당소득 이중과세 조정

1. 의제배당소득에 대한 배당세액공제의 적용

현행 소득세법상 배당소득에는 일반적인 배당 외에 배당으로 의제하는 소득이 포함된다.[123] 소득세법은 배당으로 의제하는 소득을 열거하고 있다.[124] 소득세법은 의제배당소득에 대하여 과세하면서 그 중 법인의 자본감소, 청산, 합병 및 분할의 경우 주주의 의제배당소득에 대하여는 일반적인 배당의 경우와 마찬가지로 배당세액공제에 의한 이중과세 조정을 하도록 하고 있다.[125] 이하에서는 법인의 자본감소, 청산, 합병 및 분할의 경우 주주의 의제배당소득에 대한 과세 시 배당세액공제에 의한 이중과세 조정으로 인하여 생기는 문제점과 한계에 관하여 살펴본다.

2. 법인 자본감소의 경우

현행 소득세법에서 법인의 자본감소 시 주주의 의제배당소득은 감자대가에서 주식취득가액을 차감한 금액이고 의제배당소득 전액에 대하여 배당세액공제에 의한 이중과세 조정을 한다.[126] 현행 배당세액공제에 의한 이중과세 조정을 할 경우 다음과 같은 문제가 있다.

---

123) 소득세법 제17조 제1항 제3호, 제2항.
124) 소득세법 제17조 제2항.
125) 소득세법 제17조 제3항 단서, 제56조.
126) 소득세법 제17조 제2항 제1호, 제3항 단서, 제56조.

(1) 법인의 자기자본 반영 부분에 대한 이중과세 조정

일반적으로는 주식을 원시취득 한 주주라면 주주의 주식취득가액은 원칙적으로 자본금 및 자본잉여금(자본준비금) 가운데 자기 몫과 같을 것이고, 감자대가와 주식취득가액의 차액은 법인이 번 돈(미국식 용어로 earnings and profits, 우리 법으로는 이익잉여금 = 이익준비금 + 배당가능이익)이므로 이를 배당소득으로 과세하는 것에 무리가 없다. 그러나 가령 주주가 자신의 주식취득가액을 초과하는 발행가액에 의한 법인의 신주발행 시 신주를 인수하지 않은 적이 있어(즉, 비례적 이익을 주장하지 않은 경우) 주식취득가격이 감자 시 1주당 법인의 자본금 및 자본잉여금의 합계액보다 낮다면 주주의 의제배당소득금액에는 법인의 자본금 및 자본잉여금이 일부 반영되어 있을 수 있다.[127] 그 부분은 법인의 자기자본으로서 법인세가 과세되지 않은 부분이다. 그러한 경우 현행 소득세법에 따라 의제배당소득금액 전액에 대하여 배당세액공제에 의한 이중과세 조정을 하면 의제배당소득금액 중 법인의 자기자본이 반영된 부분에 대하여도 이중과세 조정이 이루어지는 문제가 발생한다.[128]

(2) 법인의 미실현이익 반영 부분에 대한 이중과세 조정

주주에게 지급되는 감자대가가 감자 당시 1주당 자본금, 자본잉여금, 이익잉여금의 합계액을 초과하는 경우 주주의 의제배당소득금액에는 미실현이익이 일부 반영되어 있을 수 있다. 그런데 현행 소득세법에 따라 의제배당소득금액 전액에 대하여 배당세액공제에 의한 이중과세 조정을 하면 의제배당소득금액 중 법인세가 아직 과세되지 않은 미실현이익이 반영된 부분에 대하여 미리 이중과세 조

---

127) 그러한 취지로서, 이창희, *supra* note 3, p.617.
128) 김의석, "의제배당 과세에 있어서 적정 배당세액공제", 조세법연구 제22권 제1호 (2016), p.85.

정이 이루어지는 문제가 발생한다. 만일 법인이 추후 그 미실현이익을 실현하고 실현된 소득이 배당될 때 주주의 배당소득에 대하여 배당세액공제에 의해 이중과세 조정을 하면 이중과세 조정이 과다하게 이루어지는 문제도 발생한다.

3. 법인 청산과 합병 및 분할의 경우

현행 소득세법에서 법인 청산 시 주주의 의제배당소득은 잔여재산분배액에서 주식취득가액을 차감한 금액이다. 비적격합병 시 주주의 의제배당소득은 합병으로 취득하는 재산가액에서 주식취득가액을 차감한 금액이다. 비적격분할의 경우도 마찬가지이다. 위 각 경우에 주주의 의제배당소득 전액에 대하여 배당세액공제에 의한 이중과세 조정을 한다.[129] 현행 배당세액공제에 의한 이중과세 조정을 할 경우 다음과 같은 문제가 있다.

(1) 법인의 자기자본 반영 부분에 대한 이중과세 조정

법인 청산, 합병 및 분할 시 주주의 의제배당소득에 대하여 현행 배당세액공제에 의한 이중과세 조정을 하면 법인의 자본감소의 경우에 관하여 살펴본 것처럼 경우에 따라 주주의 의제배당소득금액 중 법인의 자기자본이 반영된 부분에 대하여 이중과세 조정이 이루어지는 문제가 발생한다.[130]

(2) 이중과세의 과소 조정

주주가 주식을 취득하는 시점이 법인 청산, 합병 및 분할 시점에 가까우면 가까울수록 주식취득가액이 높을 가능성이 있다. 만일 주

---

129) 소득세법 제17조 제2항 제3호, 제4호, 제6호, 제3항 단서, 제56조.
130) 김의석, *supra* note 128, pp.91, 95.

식취득가액이 높을 경우 주주의 의제배당소득금액이 줄어들고 그 결과 배당세액공제 금액이 줄어들게 된다(전체적으로는 세부담이 줄어들 것이다). 그러면 법인 청산, 합병 및 분할 시점 이전의 법인의 각 사업연도에 이미 과세된 법인세 및 위 각 시점에 법인에 형성되어 있는 (주주의 주식 취득 시점 전후에 걸쳐서 형성된) 미실현이익에 대하여 과세되는 법인세가 충분히 이중과세 조정되지 않을 가능성이 있다.[131]

II. 법인의 비과세소득 및 세액공제와 배당소득 이중과세 조정

1. 법인의 비과세소득 및 세액공제와 주주의 배당소득 과세

법인이 실현한 소득에 법인세법상 비과세소득이 포함되어 있거나 법인세 결정세액 계산 과정에서 세액공제가 이루어진 경우 주주의 배당소득 과세 시 주주에게도 비과세 또는 세액공제를 허용할 것인지의 문제가 있다. 그 허부의 문제는 제8장 제1절에서 생각하기로 한다. 여기에서는 어떤 이유로 주주의 배당소득 과세 시 비과세 또는 세액공제가 허용되지 않는 경우에 현행 배당세액공제를 그대로 적용하여 배당소득 이중과세 조정을 하면 다음과 같이 과다한 이중과세 조정(superintegration)이 이루어질 가능성이 있다는 점만 확인하고자 한다.

---

131) 현행 법인세법은 법인 청산, 합병 및 분할 시 법인이 미실현이익을 실현하는 것으로 보고 법인세를 과세한다. 법인세법 제4조 제1항 제2호, 제79조 제1항, 제44조 제1항, 제46조 제1항.

2. 법인의 비과세소득과 배당세액공제의 적용

예컨대, 법인이 실현한 소득 100 중 비과세소득 70을 제외한 과세대상 소득 30에 법인세율 20%가 적용되어 법인세 산출세액이 6이라고 가정한다. 법인의 소득 100 중 법인세 6을 제외한 94를 주주에게 배당하고 배당소득에 대하여 과세하면서 현행 배당세액공제에 의한 배당소득가산 및 배당세액공제 비율인 11%를 적용하여 이중과세 조정을 하면 배당소득가산 및 배당세액공제 금액은 10.34이다. 이 금액은 실제 과세된 법인세 6을 초과하는 금액이다. 위 배당소득가산 및 배당세액공제 금액을 주주에 대한 배당금에 가산하면 104.34가 되는데, 이 금액은 법인이 실현한 소득을 초과한다.

이와 같이 법인이 실현한 소득에 비과세소득이 포함되어 있을 때 어떤 이유로 주주의 배당소득 과세 시 주주에게 비과세가 허용되지 않는 경우 현행 배당세액공제를 그대로 적용하여 배당소득 이중과세 조정을 하면 과다한 이중과세 조정(superintegration)이 이루어질 가능성이 있다.132)

3. 법인의 세액공제와 배당세액공제의 적용

예컨대, 법인이 실현한 소득 100에 법인세율 20%가 적용되어 계산된 법인세 산출세액 20에서 15가 세액공제 되어 법인세 결정세액이 5라고 가정한다. 법인의 소득 100 중 법인세 5를 제외한 95를 주주에게 배당하고 배당소득에 대하여 과세하면서 현행 배당세액공제에 의한 배당소득가산 및 배당세액공제 비율인 11%를 적용하여 이중과세 조정을 하면 배당소득가산 및 배당세액공제 금액은 10.45이

---

132) Warren, *supra* note 15, p.62.

다. 이 금액은 실제 과세된 법인세 5를 초과하는 금액이다. 위 배당소득가산 및 배당세액공제 금액을 주주에 대한 배당금에 가산하면 105.45가 되는데, 이 금액은 법인이 실현한 소득을 초과한다.

이와 같이 법인세 결정세액 계산 과정에서 세액공제가 이루어졌을 때 어떤 이유로 주주의 배당소득 과세 시 주주에게 세액공제가 허용되지 않는 경우 현행 배당세액공제를 그대로 적용하여 배당소득 이중과세 조정을 하면 과다한 이중과세 조정(superintegration)이 이루어질 가능성이 있다.

III. 그 밖의 조세중립성 문제

유보소득과 배당소득에 대한 과세상 차이, 타인자본과 자기자본에 대한 과세상 차이를 가져오는 중요한 원인 중 하나는 법인 소득에 기한 법인세 과세로 인하여 주주에게 배당되는 소득이 이중과세된다는 점이다. 앞서 살펴본 바와 같이 현행 배당세액공제는 배당소득 이중과세를 일부 조정한다. 따라서 그 한도에서 현행 배당세액공제는 유보소득과 배당소득에 대한 과세상 차이, 자기자본과 타인자본에 대한 과세상 차이 완화에 기여한다.

제4절 요약 - 새로운 모색의 필요성

법인세 통합은 단지 배당소득 이중과세 조정이 아니라 배당소득 이중과세 조정을 포함하는 보다 넓은 개념이다. 그런데 현행 배당세액공제는 배당 시점에서의 배당소득 이중과세 조정(dividend relief) 방법이다. 그 결과 현행 배당세액공제는 그 정당성과 장점에도 불구하고 법인 소득에 기한 중복과세 조정을 포함하여 여러 측면에서의 조세중립성 추구에 있어서 한계와 문제점을 가지고 있다.[133] 그러한 한계와 문제점을 최대한 극복하고 비록 완전하지는 않지만 조세중립성을 더 제고할 수 있는 법인세 통합 방안을 새롭게 모색할 필요가 있다. 다만, 그러한 통합 방안은 일단 조세중립성에 초점을 두어 탐구하더라도 종국적으로는 세제 전체의 관점에서 다시 평가해 볼 필요가 있다.

---

133) 김의석, *supra* note 47, pp.239, 260.

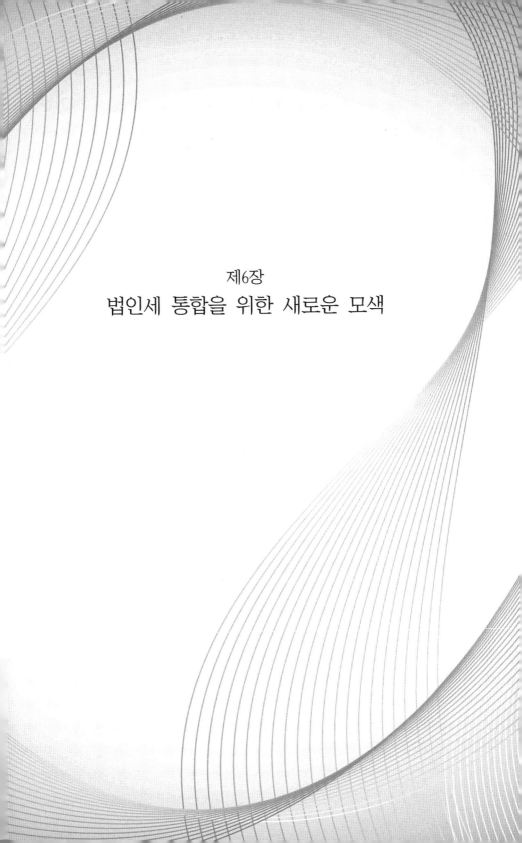

제6장

법인세 통합을 위한 새로운 모색

이 장은 법인 및 주주 과세 통합을 위한 새로운 모색의 총론에 해당한다. 제1절과 제2절에서는 '법인세 존치 및 주주 과세 지향'을 새로운 법인세 통합 방안의 기본 구조로 설정한다. 제3절에서는 조세 중립성의 제고를 새로운 통합 방안의 방향으로 제시한다. 이 장에서의 논의를 기초로 제7장 및 제8장에서 각 쟁점별로 구체적인 내용에 관하여 자세히 살펴본다.

제1절 법인 과세의 원칙과 예외

새로운 법인세 통합 방안은 법인의 각 사업연도소득에 대하여 법인세를 과세한다. 그러나 법인의 청산소득에 대하여는 법인세를 과세하지 않고, 합병 또는 분할 시 피합병법인 또는 분할법인이 실현한 소득에 대하여도 법인세를 과세하지 않는다.

Ⅰ. 법인의 각 사업연도소득

법인의 각 사업연도소득에 대한 법인세 과세는 조세중립성, 주주 간 소득재분배, 법인세 귀착 관점에서의 다양한 문제점에도 불구하고 유지하는 것이 바람직하다.134) 주주 간 소득재분배와 법인세 귀착 관련하여서는 제9장 제2절에서 자세하게 살펴본다.

법인 과세로 인한 많은 문제들을 해결 또는 완화하는 하나의 방법은 법인 소득에 기한 과세에 있어서 법인세를 폐지하고 조합세제

---

134) Jane G. Gravelle & Thomas L. Hungerford, *Corporate Tax Reform: Issues for Congress*, (Congressional Research Service, 2011), p.43.

와 같은 비법인의 소득에 기한 과세체계("flow-through")를 전면적으로 도입하는 것이다. 이는 법인 소득에 기한 과세체계 중 주주 과세가 기반하고 있는 실현주의, 즉 주주가 법인의 소득을 배당, 주식양도 등 별도의 방법을 통해 자신의 소득으로 실현한다는 의미의 실현주의를 비법인의 소득에 기한 과세체계에서의 실현주의 수준으로 수정한다는 것을 의미하는 것이기도 하다.135)

그러나 비법인의 소득에 기한 과세체계를 크고 작은 모든 법인에 예외 없이 실현하는 것은 '제3장 제2절 법인세 폐지 유형'에서 본 바와 같이 현실적으로 어렵고 적절하지도 않다.136) 법인세 폐지는 필연적으로 매우 복잡한 소득세제를 낳을 것이다. 법인세 폐지는 그로 인하여 편리함을 느끼는 사람들도 있겠지만 과세관청과 납세자 양측의 많은 사람들을 불편하게 할 것이다. 만일 주주들이 법인의 소득을 아직 분배받지 못한 상태에서 배분된 소득에 대하여 과세될 경우 주주들이 유동성 부족으로 주식을 처분해야 할지 모른다.137) 한편, 법인세를 폐지하고 비법인의 소득에 기한 과세체계를 전면적으로 도입하는 것이 위와 같은 문제점이 있다고 하여 법인세를 폐지하되 법인 소득에 기한 과세를 주주에 대한 배당이나 주주의 주식양도 시점까지 미루는 것은 법인 과세로 인한 다양한 측면의 조세중립성 문제에 대하여 아무런 해결책이 되지 못한다.

이와 같은 이유로 법인이 소득을 실현한 시점과 법인 소득의 배당 시점 또는 주주의 주식양도 시점 사이에 법인 소득에 기한 법인 과세는 불가피하다. 그리고 법인세의 존재로 인한 편의성 등 적극적인 순기능은 간과할 수 없는 부분도 있다. 또한 세수(revenue)라는 현

---

135) Shaviro, *supra* note 2, p.153.
136) Graetz & Warren, *supra* note 9, p.679; Polito, *supra* note 3, p.1030; Shaviro, *supra* note 2, p.154; Warren, *supra* note 15, p.123; Yin, *supra* note 3, p.437.
137) Polito, *supra* note 3, p.1031.

실적인 측면도 고려하지 않을 수 없다.[138] 법인세 폐지는 거대 법인
의 소득에 기한 주주 과세와는 별도로 법인 과세를 당연시하는 보편
적 인식에도 부합하지 않는다.

요컨대, 조세중립성 관점에서의 다양한 문제에도 불구하고 원칙
적으로 법인의 각 사업연도 소득에 대한 법인세 존치는 불가피하다
고 할 것이다. 이는 법인 소득에 기한 주주 과세에 있어서 배당이나
주식양도 등을 별도의 소득 실현 시점으로 하는 현재의 실현주의 수
준을 유지하는 것이 불가피하다는 것을 의미하는 것이기도 하다.

Ⅱ. 법인 청산, 합병 및 분할 시 미실현이익

법인 청산, 합병 및 분할 시 법인의 자산에 존재하는 미실현이익
에 대한 법인 과세는 반드시 유지할 필요는 없는데,[139] 그 이유는 다
음과 같다.

첫째, 법인 청산, 합병 및 분할 시 법인의 미실현이익에 기한 주
주 과세가 위 각 시점 또는 그 이전에 모두 이루어지기 때문에 위 각
시점에서의 미실현이익에 기한 법인 과세는 불필요하다.[140] 현행 법
인세법에서는 법인 청산 시 법인의 해산에 의한 잔여재산의 가액에
서 법인의 해산등기일 현재의 자기자본의 총액(자본금과 잉여금의

---

138) Kimberly A. Clausing, "Who Pays The Corporate Tax in A Global Economy?", *National Tax Journal* Vol. 66 No 1 (2013), p.174.

139) 김의석, "법인세의 경제적 귀착 관점에서 본 배당소득에 대한 이중과세 조정", 조세법연구 제21권 제2호 (2015), p.185; 김의석, "법인 합병에 있어서 미실현이익에 대한 주주 과세의 강화", 조세법연구 제21권 제3호 (2015), p.370.

140) 김의석, "법인세의 경제적 귀착 관점에서 본 배당소득에 대한 이중과세 조정", 조세법연구 제21권 제2호 (2015), p.185; 김의석, "법인 합병에 있어서 미실현이익에 대한 주주 과세의 강화", 조세법연구 제21권 제3호 (2015), p.364.

합계액)을 공제한 부분에 대하여 법인세를 과세한다.[141] 그리고 법인 합병 시 비적격합병의 경우 피합병법인이 합병법인에 자산을 양도하고 합병법인으로부터 받은 자산의 양도가액에서 피합병법인의 순자산장부가액을 차감한 부분에 대하여 법인세를 과세한다.[142] 분할의 경우도 합병과 유사하다.[143] 이와 같은 법인 청산, 합병 및 분할 시 법인세 과세대상은 각 시점에 법인의 자산에 존재하는 미실현이익이다. 그런데 법인의 청산, 합병 및 분할 시 법인의 미실현이익 중 그 시점의 주주들의 주식취득 이전에 법인에 이미 형성되어 있던 부분은 그 주주들에게 주식을 양도하였던 이전 주주의 주식양도소득에 반영되어 이미 과세되었고, 나머지 미실현이익 부분은 법인 청산, 합병 및 분할 시 법인에 유보되는 부분 없이 전액 바로 그 시점의 주주들의 의제배당소득에 반영되어 과세되기 때문이다. 그럼에도 불구하고 법인의 청산, 합병 및 분할 시 법인의 미실현이익에 대하여 법인세를 과세하면 주주의 의제배당 소득에 대하여 과세를 하면서 이중과세를 조정해야 하는데,[144] 그런 번거로움을 감수하면서까지 법인세를 군이 유지할 필요가 없다. 법인의 청산, 합병 및 분할 시점에 법인세를 과세하지 않으면 주주의 의제배당소득에 대하여 과세하면서 이중과세 조정이 필요 없게 된다.

둘째, 법인의 합병 및 분할 시 법인세 과세는 전가 및 귀착으로 인한 소득재분배의 우려가 있다.[145] 법인의 합병 및 분할 시 법인세 과세가 반드시 필요한 것이 아니라면 법인세 귀착 관점에서 보더라도 법인세를 과세하지 않는 것이 법인세 귀착으로 인한 주주와 기타 생산요소

---

141) 법인세법 제4조 제1항, 제79조 제1항.
142) 법인세법 제44조 제1항.
143) 법인세법 제46조 제1항.
144) 소득세법 제17조 제3항 단서, 제56조.
145) 김의석, "법인 합병에 있어서 미실현이익에 대한 주주 과세의 강화", 조세법연구 제21권 제3호 (2015), p.361.

제공자들 사이의 소득재분배 문제를 피할 수 있는 방법이다.146)

　이와 같은 이유로 제7장 제3절, 제4절, 제5절에서 설계한 세 가지 과세체계에서는 법인의 청산, 합병 및 분할 시 법인세를 과세하지 않는다는 전제에서 설계하였다. 다만, 법인 청산, 합병 및 분할 시 법인세를 과세하지 않는 세제를 설계하기 위해서는 주주의 주식양도소득에 대한 과세가 충실하게 이루어지도록 세제를 정비하는 것이 선행되어야 한다.147) 만일 법인 청산, 합병 및 분할 시 법인세 과세를 하지 않으면 그 시점에 가까운 시점에 주식을 취득한 주주일수록 주주의 주식취득가액이 높아질 것이므로 의제배당소득에는 법인의 청산, 합병 및 분할 시 존재하는 미실현이익이 일부만 반영된다. 그와 같이 법인의 청산, 합병 및 분할 시점의 주주의 의제배당소득에 반영되지 않은 그 시점의 법인의 미실현이익은 그 주주에게 주식을 양도한 과거 주주의 주식양도소득에 반영되어 과세 되었어야 하는 것이다. 그런데 만일 주주의 주식양도소득에 대한 과세가 충실히 이루어지지 않는 세제라면, 전체적으로 법인 소득에 기한 주주 과세가 충분히 이루어지지 않게 될 가능성이 있다. 이는 세수(revenue)에도 부정적인 영향을 미칠 것이다. 따라서 법인 청산, 합병 및 분할 시 법인세 과세를 하지 않기 위해서는 주주의 주식양도소득에 대한 과세를 충분히 정비하는 것이 선행되어야 한다.

Ⅲ. 법인세율

　법인세 존치를 전제로 법인 및 주주 과세의 통합을 추구할 경우 적합한 법인세율을 찾는 것은 쉬운 일이 아니다. 법인세율이 높으면

---

146) *Ibid.*, p.370.
147) 김의석, "법인세의 경제적 귀착 관점에서 본 배당소득에 대한 이중과세 조정", 조세법연구 제21권 제2호 (2015), p.186.

높은대로 또는 낮으면 낮은대로 문제점이 발생하기 때문이다.

이어서 보는 바와 같이 법인 소득에 기하여 종국적으로 주주 과세를 지향한다면 법인세율은 최고 소득세율 이하로 정하는 것이 바람직하다. 만일 법인세율이 최고 소득세율보다 높다면 주주 과세를 지향하는 법인세 통합 유형에서는 이중과세 조정을 위하여 모든 주주에게 법인세를 환급해 주어야 한다.

법인세율을 최고 소득세율 이하로 정하더라도 비교적 높은 수준이라면 낮은 경우보다 법인세 귀착의 관점에서는 덜 바람직하다. 법인세 귀착으로 인하여 발생할 가능성이 있는 폐해의 규모가 증가하기 때문이다.

그러나 법인세율을 지나치게 낮추면 법인세율보다 높은 소득세율을 적용받는 주주들은 법인에 소득을 계속 유보해둠으로써 법인을 소득세율의 적용을 미루려는 수단으로 활용하려고 할 수 있다. 법인세율이 낮으면 낮을수록 유보소득과 배당소득에 대한 과세상 차이를 활용하려는 동기 부여는 더 커질 것이다.[148] 이러한 점은 비법인의 출자자와의 사이에 또 다른 측면의 과세상 차이를 생기게 할 것이고 타인자본과 자기자본의 선택에 관한 의사결정에도 영향을 줄 수 있는데, 이는 조세중립성에 반한다. 세수(revenue)에 미치는 부정적인 영향도 있을 것이다.

결국 법인세 통합을 추구함에 있어서 법인세율은 최고 소득세율 이하로 정하되 구체적인 세율은 다양한 경제적 효과를 고려한 후에 이루어져야 할 선택의 문제이다.

---

148) Clausing, *supra* note 138, p.174.

제2절 주주 과세의 지향

새로운 법인세 통합 방안은 법인 소득에 기한 법인 과세를 원칙적으로 유지하면서 종국적으로는 주주 과세를 지향한다. 주주 과세를 지향한다는 것은 과세된 법인세를 종국적으로는 환원하여 법인 과세와 주주 과세의 이중과세를 조정한다는 의미이다.

I. 의의 및 가치

법인 소득에 기한 과세에 있어서 종국적으로 주주 과세를 지향하다 함은 법인 소득에 기한 과세에 있어서 일단 법인세를 과세하더라도 최종적으로는 법인 소득에 대한 각 주주의 지분에 기초하여 각 주주의 담세력에 따른 과세가 이루어지도록 하는 것을 의미한다. 조세중립성 및 공평의 관점에서 볼 때 법인 소득에 기하여 종국적으로 주주 과세를 지향하는 법인세 통합 유형이 종국적으로 법인 과세를 지향하는 법인세 통합 유형보다 더 바람직하다.

먼저, 주주 과세를 지향하는 유형은 조세중립성을 추구하기에 더 적합하다. 법인과 비법인에 대한 과세상 차이 그리고 타인자본과 자기자본에 대한 과세상 차이를 해소하거나 완화하는데 유리하기 때문이다.

다음으로, 주주 과세를 지향하는 유형은 주주 간 소득재분배로 인한 불공평을 해소하거나 완화할 수 있다. 법인 과세를 지향하는 유형이 법인세 과세로 인한 주주 간 소득재분배가 초래하는 불공평의 문제를 그대로 가지고 있는 반면, 주주 과세를 지향하는 유형은 법인 과세의 영향을 제거하거나 감소시킬 수 있기 때문이다. 제9장 제2절 I에서 자세하게 살펴본다.

또한 주주 과세를 지향하는 유형은 법인세 귀착으로 인한 주주와 기타 생산요소 제공자 사이의 소득재분배로 인한 불공평의 규모를 줄일 수 있는 기회를 제공한다. 과세되는 법인세 금액을 줄일 수 있는 배당소득 이중과세 조정 방법인 배당금 손금산입이 그러한 경우이다. 그러나 법인 과세를 지향하는 유형은 그러한 여지가 전혀 없다. 제9장 제2절 II에서 자세하게 살펴본다.

그 밖에도 주주 과세를 지향하는 유형은 법인 소득에 기한 공평한 과세를 실현하기에 유리하다. 개별 주주의 배당소득의 담세력에 따른 과세를 할 수 있고 개별 주주에게 배당소득 외에 다른 소득이 있다면 배당소득과 그 다른 소득을 합산하여 과세할 수 있기 때문이다.

요컨대, 법인 소득에 기한 법인세를 존치하더라도 위와 같은 다양한 이유 때문에 종국적으로는 주주 과세를 지향하는 유형을 법인세 통합의 기본 구조로 할 필요가 있다.

II. 과세된 법인세의 환원

법인세를 존치하면서 종국적으로 주주 과세를 지향하기 위해서는 법인세 과세의 영향을 제거하여 법인세가 과세되지 않은 것과 동일한 상태로 돌아가야 한다. 법인세의 환원은 법인 및 주주 과세의 이중과세를 주주 과세를 지향하는 형태로 조정하기 위해 필요하다. 세액공제(Imputation)에 의한 환원과 '법인세 법인 환급'에 의한 환원을 제안한다.

1. 세액공제(Imputation)에 의한 환원

세액공제에 의한 환원은 과세된 법인세를 주주가 납부한 것으로 간주하여 주주에게 환원하는 방법이다. 세액공제는 법인세를 환원

하는 가장 보편적인 방법이다. 세액공제에 의한 법인세 환원은 법인
세가 주주가 실현하는 소득의 일부가 됨과 동시에 주주가 납부한 소
득세의 일부가 된다는 의미를 갖는다.

　한편, 세액공제에 의한 이중과세 조정의 범위이다. 새로운 방안에
서는 법인이 소득을 주주에게 배당하는 시점뿐만 아니라 주주가 주
식을 양도하여 주식양도소득을 실현하는 시점에서도 세액공제에 의
하여 주주에게 법인세를 환원하고자 한다. 이는 제7장 제2절에서 살
펴볼 법인 소득에 기한 중복과세의 포괄적 조정을 통해 조세중립성
을 제고하기 위함이다. 제7장 제3절에서 배당(주식양도)세액공제(Full
Imputation)를 적용하여 중복과세에 대한 포괄적 조정을 하는 과세체
계를 제안한다.

2. '법인세 법인 환급'에 의한 환원

　'법인세 법인 환급'에 의한 환원은 과세된 법인세를 법인에 실제
로 환급하여 환원하는 방법이다.[149] 법인이 법인세를 환급받을 수
있다면 법인세를 납부하더라도 회계적으로는 자산의 대체로 처리할
수 있고 그렇게 하면 법인세 납부가 법인의 당기순이익에 영향을 주
지 않게 된다.[150] 법인에 환급된 법인세는 결국 주주에게 배당되어
주주의 배당소득으로 과세될 것이고, 아직 환급되지 않은 법인세에
대한 환급채권은 주주의 주식양도차익에 반영되어 주주의 주식양도
소득으로 과세될 것이다.

---

149) 김의석, "주주 과세의 조세중립성 제고－배당소득 이중과세 및 유보소득
　　과세이연을 중심으로－", 한양대학교 법학논총 제35권 제4호 (2018),
　　p.236; 김의석, "주주 간 소득재분배 관점에서 본 배당소득 이중과세 조
　　정", 한양대학교 법학논총 제36권 제3호 (2019), p.64
150) 차) 법인세 환급채권 00, 대) 현금 00

　한편, '법인세 법인 환급'에 의한 이중과세 조정의 범위이다. 새로운 방안에서는 법인이 소득을 주주에게 배당하는 시점뿐만 아니라 주주가 주식을 양도하여 주식양도소득을 실현하는 시점에서도 '법인세 법인 환급'에 의하여 주주에게 법인세를 환원하고자 한다. 이는 제7장 제2절에서 살펴볼 법인 소득에 기한 중복과세의 포괄적 조정을 통해 조세중립성을 제고하기 위함이다. 제7장 제4절에서 '법인세 법인 환급'을 적용하여 중복과세에 대한 포괄적 조정을 하는 과세체계를 제안한다.

Ⅲ. '배당금 손금산입'에 의한 법인 과세의 최소화

　새로운 방안에서는 환원해야 하는 법인세 금액 자체를 줄이기 위해 법인 및 주주 과세의 이중과세를 조정하는 방법으로 '배당금 손금산입'을 적용할 것을 제안한다. 법인이 실현한 소득 중 배당되는 부분에 대하여는 법인세 과세 없이 주주에 대한 소득세만 과세하고 유보되는 부분에 대하여 법인세를 과세하면 법인세를 환원하는 절차를 줄일 수 있다. 법인 결손이 발생한 과세기간의 배당 시 배당금 손금산입 방식을 적용하면서 과거 과세기간의 법인세를 법인에 환원해 준다면 위 방식도 자족성을 갖게 되고 앞서 언급한 '법인세 법인 환급' 방식과 실질적으로 차이가 거의 없게 된다. 법인 결손이 발생한 과세기간의 배당 시 법인세를 법인에 환원해 주지 않으면 배당금 손금산입 방식은 세액공제 또는 법인세 법인 환급 방법과 병행하여 활용되어야 한다. 제7장 제5절에서 '배당금 손금산입'을 적용하여 중복과세에 대한 포괄적 조정을 하는 과세체계를 제안한다.

제3절 조세중립성의 제고

본 논문에서 모색하는 법인 및 주주 과세 통합의 주된 방향은 현행 통합 세제보다 조세중립성 수준을 제고하는 것이다. 법인 및 주주 과세가 완전한 통합에 가까워질수록 그 한도에서 경제적 효율성은 더 증가하게 될 것이다.[151] 완전한 통합이 이루어지면 법인 소득에 기하여 주주가 얻는 모든 형태의 자본 소득은 배당소득인지, 유보소득에 기한 것인지 등에 관계없이 조세부담이 동일해질 것이다.[152] 조세중립성의 수준을 제고할 수 있는 구체적인 방법은 각 쟁점별로 제7장 및 제8장에서 살펴보기로 하고 여기에서는 그 내용을 개관하고자 한다.

I. 중복과세 조정 범위의 확대

새로운 방안은 현행 배당세액공제보다 조세중립성을 제고함으로써 통합의 수준을 높이기 위해 법인 소득에 기한 중복과세 조정 범위를 확대하고자 한다. 구체적으로 중복과세를 포괄적으로 조정하고 법인세를 전액 환원하는 것이다. 그리고 중복과세 포괄적 조정의 실효성을 기하기 위하여 법인 소득에 기한 주주 과세와 비법인 소득에 기한 출자자 과세 시 적용되는 각 소득세율을 일치시킬 것을 제안한다. 중복과세 조정 범위를 확대하고 소득세율을 일치시킴으로써 법인과 비법인 사이의 과세상 차이를 제거하거나 완화할 수 있을 것이다.[153]

---

151) Ballard, etc., *supra* note 3, pp.153, 169.
152) *Ibid.*, p.166.
153) Shaviro, *supra* note 2, p.152.

1. 중복과세의 포괄적 조정

배당소득 이중과세 사례에서는 배당 시점에서의 법인세와 배당소득세의 이중과세 조정으로 비법인과의 과세상 차이를 해소할 수 있다. 그러나 유보소득 중복과세 사례와 미실현이익 중복과세 사례에서는 배당 시점에서의 배당소득 이중과세 조정으로는 비법인과의 과세상 차이를 전부 해소하기 어렵다. 이는 배당소득 이중과세 조정으로는 법인 소득에 기한 중복과세를 충분히 조정하기에 부족하다는 의미이다.

이론적으로는 법인 소득에 기한 중복과세를 충분히 조정하기 위해서 중복과세 조정의 범위를 배당소득 이중과세 조정 외에도 유보소득 중복과세 조정 및 미실현이익 중복과세 조정까지 포괄적으로 확대할 필요가 있다. 유보소득 사례에서는 동일한 법인 소득에 기하여 순차적으로 과세되는 법인세, 주식양도소득세, 배당소득세 등 삼자 간의 조정이 필요하다. 미실현이익 사례에서도 동일한 법인 소득에 기하여 순차적으로 과세되는 주식양도소득세, 법인세, 배당소득세 등 삼자 간의 조정이 필요하다. 다만, 각 유형에서 실제 적용 가능한 접근 방법을 찾을 수 있는지는 별개의 문제이다. 이 문제에 관한 자세한 내용은 제7장 제1절에서 살펴본다. 실제 적용 가능한 접근 방법을 찾을 수 있는지 여부에 따라 중복과세의 포괄적 조정 범위가 정해질 것이다. 배당소득 이중과세, 유보소득 중복과세, 미실현이익 중복과세의 포괄적 조정 범위를 획정한 후 조정 규칙을 정립하고자 한다. 중복과세의 포괄적 조정 범위와 조정 규칙에 관한 자세한 내용은 제7장 제2절에서 살펴본다.

2. 법인세 전액의 환원

과세된 법인세 중 일부만 환원하는 현행 배당세액공제보다 조세 중립성을 제고하기 위해서는 과세된 법인세를 전액 환원할 필요가 있다.154) 법인세 환원 방법이 세액공제이든 '또는 법인세 법인 환급' 이든 법인세를 전액 환원할 수 있다. 또한 주주의 배당소득에 대하여 과세하는 시점이든 또는 주식양도소득에 대하여 과세하는 시점이든 법인세를 전액 환원할 수 있다. 제7장 제1절에서는 배당소득 이중과세, 유보소득 중복과세, 미실현이익 중복과세의 각 사례에서 비법인과의 과세상 차이를 해소하기 위한 구체적인 접근 방법을 탐구하는데, 이때 법인세를 전액 환원하는 것으로 전제한다.

II. 이중과세 조정의 적정화

법인 소득에 기한 중복과세 조정 범위의 확대 외에 적정한 이중과세 조정을 위하여 살펴볼 내용은 다음과 같다.

1. 의제배당소득 이중과세 조정

현행 배당세액공제에 의한 의제배당소득 이중과세 조정의 한계와 문제점을 해결하고 의제배당소득 이중과세 조정을 적정하게 하는 것은 조세중립성 제고에 기여한다. 구체적인 내용은 제7장 제3절, 제4절, 제5절에서 각 과세체계별로 살펴본다.

---

154) 김의석, *supra* note 47, p.241.

2. 법인의 비과세소득 및 세액공제와 배당소득 이중과세 조정

법인이 실현한 소득에 법인세법상 비과세소득이 포함되어 있거나 법인세 결정세액 계산 과정에서 세액공제가 이루어진 경우 주주의 배당소득 과세 시 주주에게도 비과세 또는 세액공제가 입법상 허용되지 않는 경우와 허용되는 경우 각각 배당소득 이중과세 조정을 적정하게 하는 것은 조세중립성 제고에 기여한다. 구체적인 내용은 제8장 제1절에서 살펴본다.

III. 법인 주주와 중복과세의 포괄적 조정

앞서 언급한 중복과세 포괄적 조정의 범위와 규칙은 법인 주주의 경우에도 적용될 수 있다. 이는 법인 과세와 주주 과세 통합의 수준을 높임으로써 조세중립성 제고에 기여할 것이다. 구체적인 내용은 제8장 제2절에서 살펴본다.

IV. 기타 과세상 차이의 완화

법인 소득에 기한 중복과세의 포괄적 조정은 법인 과세로 인한 비법인과의 과세상 차이 외에도 기타 조세중립성 문제, 즉 타인자본과 자기자본에 대한 과세상 차이, 유보소득과 배당소득 및 주식양도소득에 대한 과세상 차이, 배당과 법인의 자기주식취득에 대한 과세상 차이를 완화하거나 해소하는데 기여할 가능성이 있다.[155] 중복과세의 포괄적 조정 외에 위와 같은 각 과세상 차이를 완화하거나 해소하는데 기여할 수 있는 개별 방법도 탐구하고자 한다. 구체적인 내용은 제8장 제3절에서 살펴본다.

---

155) Hardman, *supra* note 3, p.516.

제4절 요약

　본 논문에서 제안하는 새로운 법인 및 주주 과세 통합 방안은 원칙적으로 법인 소득에 기한 법인 과세를 유지하되 종국적으로 주주 과세를 지향하는 유형으로서 현행 배당세액공제보다 조세중립성을 제고하기 위한 방안이라고 요약할 수 있다. 이하 제7장, 제8장에서 조세중립성의 제고를 위한 방안들에 관하여 구체적으로 살펴본 후, 제9장에서는 그러한 결과를 공평의 가치를 포함하여 세제 전체의 관점에서 바라보면서 객관적이고 균형 잡힌 시각으로 재평가 하고 그 방안들의 한계를 확인하기로 한다.

제7장

중복과세의 포괄적 조정에 의한
조세중립성 제고

　본 장의 제1절에서는 법인세를 존치하고 주주 과세를 지향하는 법인세 통합을 전제로 하여 배당소득 이중과세, 유보소득 중복과세, 미실현이익 중복과세의 각 사례에서 중복과세를 조정하여 비법인과의 과세상 차이를 해소하기 위한 구체적인 방법들을 살펴본다. 이를 기초로 제2절에서는 중복과세의 포괄적 조정의 범위를 획정하고 포괄적 조정 규칙을 정립하고자 한다.

　위와 같이 정립된 포괄적 조정 규칙을 토대로 제3절, 제4절, 제5절에서는 법인 과세와 주주 과세의 이중과세를 조정하기 위한 방법으로서 배당(주식양도)세액공제(Full Imputation), '법인세 법인 환급', '배당금 손금산입 및 배당(주식양도)세액공제(Full Imputation) 등의 병행'을 각각 적용한 중복과세 포괄적 조정의 과세체계를 설계하고 구체적인 사례에 적용하여 과세체계가 실제로 어떻게 작동하는지 확인한다.

제1절 사례별 접근 방법

　제4장 제2절에서 살펴본 배당소득 이중과세, 유보소득 중복과세, 미실현이익 중복과세의 각 사례별로 중복과세 조정을 위하여 이론적으로 정당하고 현실적으로 적용 가능한 접근 방법을 탐구한다. 각 사례에서 법인 및 주주 과세의 이중과세를 조정하기 위하여 법인세를 환원하는 방법으로서 편의상 세액공제(Imputation) 방법을 적용하고 환원하는 법인세 금액은 과세된 법인세 전액으로 한다.

Ⅰ. 배당소득 이중과세 사례

1. 주주 A의 세후소득이 56에 그친 경위

배당소득 이중과세 사례는 "출자자 A가 100을 출자하여 기업 P를 세우고 사업을 시작한 후, Year 1에 P가 소득 100을 실현하였으나 A에게 분배하지 않았고, Year 2에 P가 소득을 A에게 분배"한 사례였다. 소득세율은 30%, 법인세율은 20%로 가정한다. 기업 P를 법인으로 전제하면 주주 A에 대한 배당은 A가 주식을 취득한 후에 법인이 실현한 소득에 기한 배당이다.

주주 A의 세후 소득이 56에 그친 것은 두 가지 요인 때문이다. 첫째, 법인세 과세이다. 법인이 실현한 소득 100에 대하여 법인세 20이 과세되어 법인의 세후 잉여금이 80이 되었다. 둘째, A의 배당소득에 대한 과세이다. A가 법인으로부터 받은 배당금 80에 대하여 소득세 24가 과세되었다. 그 결과 주주 A의 세후 소득이 56에 그치게 되었다. 주주 A의 세후소득은 비법인의 출자자 A의 세후 소득 70에 미치지 못한다.

요컨대, 법인이 소득 100을 실현하였지만 주주 A의 세후 소득이 56에 그친 것은 (i) 법인세, (ii) A에 대한 배당소득세가 이중으로 과세되었기 때문이다.

2. 비법인과의 과세상 차이 해소 방법

비법인과의 과세상 차이를 해소하는 하나의 방법은 주주 A의 배당소득에 대한 이중과세를 조정하는 것이다. 이러한 접근 방법은 제4장 제3절 Ⅰ에서 이미 언급하였다.

위 사례에서 주주 A가 받은 배당금은 80이다. 법인세 20을 전액 배당세액공제 방법으로 A에게 환원하여 이중과세를 조정하면 A가 납부하여야 할 소득세는 10이다.[156] 그 결과 주주 A의 세후 소득은 70이 된다. 이 금액은 비법인의 출자자 A의 세후 소득 70과 동일하다.

3. 요약

배당소득 이중과세 사례의 경우 과세된 법인세를 전액 주주 A에게 환원하여 A의 배당소득 이중과세를 조정하면 비법인과의 과세상 차이가 해소되어 조세중립성을 유지할 수 있다.

Ⅱ. 유보소득 중복과세 사례

1. 주주 B의 세후소득이 39.2에 그친 경위

유보소득 중복과세 사례는 "B가 100을 출자하여 기업 P를 세워 사업을 시작한 후, Year 1에 P가 소득 100을 실현하였으나 소득을 B에게 분배하지 않고, Year 2에 B가 자신의 지분을 C에게 양도하고, Year 3에 P가 위 실현한 소득을 C에게 분배"한 사례였다. 소득세율은 30%, 법인세율은 20%라고 가정한다. 기업 P를 법인으로 전제하면 주주 C에 대한 배당은 C가 주식을 취득하기 전에 법인이 실현한 소득에 기한 배당이다.

주주 B의 세후 소득이 39.2에 그친 것은 세 가지 요인 때문이다. 첫째, 법인세 과세이다. 법인이 실현한 소득 100에 대하여 법인세 20이 과세되어 법인의 세후 잉여금이 80이 되었다. 둘째, C의 배당소득에 대한 과세이다. C는 B로부터 주식을 양수한 후 법인으로부터 잉

---

156) (80 + 20) x 30% - 20 = 10이므로 A는 10을 추가적으로 납부해야 한다.

여금 80을 전액 배당받으면 자신에 대하여 소득세 24가 과세될 것을 예견할 수 있다. 따라서 C는 B로부터 양수하는 주식 가치를 법인의 순자산가액 180에서 배당소득세 24를 차감한 156으로 보게 되므로 주식양도가액은 156으로 결정된다. 셋째, B의 주식양도소득에 대한 과세이다. B가 C에게 주식을 156에 양도하여 실현한 주식양도소득은 56이고 이에 대하여 소득세 16.8이 과세되었다. 그 결과 주주 B의 세후 소득은 39.2에 그치게 되었다.[157] 이 금액은 비법인의 출자자 B의 세후 소득 70에 미치지 못한다.

요컨대, 법인이 소득 100을 실현하였지만 주주 B의 세후 소득이 39.2에 그친 것은 (i) 법인세, (ii) B에 대한 주식양도소득세, (iii) C에 대한 배당소득세가 중복하여 과세되기 때문이다.

2. 비법인과의 과세상 차이 해소 방법

앞서 제4장 제3절 II에서 유보소득 중복과세 사례의 경우 비법인과의 과세상 차이를 전부 해소하기 위해서는 법인에 유보된 소득이 배당되는 시점에 배당을 받는 주주(C)의 배당소득에 대하여 이중과세 조정을 하는 것으로는 부족하고 유보소득 중복과세에 대한 별도의 접근 방법이 필요하다는 것을 확인하였다. 여기에서 바로 그 '별도의 방법'을 탐구하고자 한다.

---

157) 주식양수인인 C가 주식 취득 후 법인으로부터 80만큼 배당을 받을 때 배당소득세(24) 부담을 고려하여 주식을 180이 아니라 156으로 낮추어 양수하였고 C의 주식 취득 전과 주식 취득 후 배당을 받았을 때를 비교하면 C의 자산 가액이 156으로서 변동이 없기 때문에 C의 경우 경제적으로 별다른 문제가 없다. C에 문제가 있는 것이 아니라 B에 문제가 있다는 것이다.

(1) 방법의 종류와 비교

1) 방법의 종류

유보소득 중복과세 문제를 해결하기 위한 다양한 방법이 있을 수 있겠으나, 여기에서 검토하고자 하는 방법은 (i) B의 주식양도소득 비과세 및 C의 배당소득 이중과세 조정, (ii) 법인의 '간주배당 및 재투자'(Constructive Dividend and Reinvestment) 결정 시 B의 간주배당소득(constructive dividend) 이중과세 조정 및 C의 배당소득 비과세, (iii) B의 주식양도 시 간주배당소득(constructive dividend) 이중과세 조정 및 C의 배당소득 비과세, (iv) B의 주식양도소득 이중과세 조정 및 C의 배당소득 비과세 등 네 가지이다.

2) 공통점

첫째, 위 네 가지 방법은 모두 유보소득 중복과세 사례에서 비법인과의 과세상 차이를 전부 해소한다.

둘째, 위 네 가지 방법은 모두 법인 소득에 기하여 B와 C 중 한 사람에 대해서만 소득세를 과세하면서 법인세와의 이중과세 조정을 하고 나머지 한 사람에 대하여는 소득세를 과세하지 않는다.

3) 차이점

첫째, (i)은 B는 비과세하고 C에 대하여 과세하면서 법인세와의 이중과세 조정을 하는 반면, (ii), (iii), (iv)는 B에 대하여 과세하면서 법인세와의 이중과세 조정을 하고 C는 비과세 한다.

둘째, (ii), (iii)은 B에게 간주배당소득(constructive dividend)이 있는 것으로 보고 과세하는 반면, (iv)는 B의 주식양도소득에 대하여 과세한다.

셋째, (i)은 C의 배당소득 이중과세 조정으로 법인세와의 이중과세 조정을 하고, (ii)와 (iii)은 B의 '간주배당소득(constructive dividend)

이중과세 조정'이라는 새로운 이론구성이지만 역시 배당소득 이중
과세 조정의 틀 안에서 법인세와의 이중과세 조정을 하고, (iv)는 배
당소득 이중과세 조정의 틀을 벗어나 B의 '주식양도소득 이중과세
조정'이라는 새로운 이론구성으로 법인세와의 이중과세를 조정한다.

　요컨대, 법인이 실현한 소득이 종국적으로 (i)의 경우는 C의 배당
소득으로, (ii)와 (iii)의 경우는 B의 간주배당소득(constructive dividend)
으로, (iv)의 경우는 B의 주식양도소득에 반영되어 각각 과세되는 차
이가 있다. 이하 각 방법에 대하여 분석 및 평가하고자 한다.

(2) B의 주식양도소득 비과세 및 C의 배당소득 이중과세 조정

1) 의의

　이 방법은 B의 주식양도소득을 비과세 하고 C의 배당소득에 대하
여 과세하면서 법인세와의 이중과세를 조정한다. "주식양도소득 비
과세"의 의미는 주식양도차익 중 법인의 유보소득이 반영된 부분이
주식양도소득에 포함되지 않도록 하는 것을 의미한다.[158] B의 주식

---

158) 주식양도소득을 일반적으로 비과세 하는 것은 주식양도소득 중 법인의
　　유보소득 이외에 중복과세 문제가 없는 요인이 반영된 부분까지 모두 소
　　득세 과세에서 누락될 수 있는 문제점이 있다. 주식의 가치는 법인의 유
　　보소득, 미실현이익, 기타 다양한 요인에 의하여 결정된다. 이는 주주의
　　주식양도차익은 법인의 유보소득 외에도 미실현이익, 기타 다양한 요인
　　이 반영될 수 있음을 의미한다. 예컨대, 그러한 다양한 요인은 주식양도
　　당시에는 회계장부에 아직 기록되지 않은 요인일 수 있다. 또한 기업가
　　치가 상승한 법인의 증자 시 어떤 주주가 신주를 인수하지 않아 다른 주
　　주 또는 제3자가 이를 인수한 경우에는 신주를 인수하지 않은 주주가 추
　　후 주식을 양도할 경우 주식양도차익에 법인의 자본금 및 자본잉여금 증
　　가분이 반영될 수도 있다. 주주의 주식양도소득 중 유보소득 반영 부분
　　은 나중에 주식양수인에 대한 배당 시 중복과세 되지만 미실현이익 반영
　　부분은 중복과세 될 가능성이 있을 뿐이고 기타 요인을 반영하는 부분은
　　중복과세 문제가 발생하지 않거나 중복과세로 이어질지 매우 불투명한
　　부분이다. 따라서 주주의 주식양도소득 중 법인의 유보소득 외에 미실현

양도 시점의 법인의 유보소득 중 B의 주식 보유기간에 실현된 부분
을 주식양도차익에서 차감하면 될 것이다.

이 방법은 결국 유보소득에 기한 중복과세 문제를 C의 배당소득
에 대한 과세만으로 해결하려는 방법이다.[159) B의 C에 대한 주식양
도가액이 주식양수 후 C가 부담할 소득세 금액을 반영하여 결정될
가능성이 높다는 측면에서 본다면 실질적으로는 B가 C의 소득세를
부담하는 것이라고도 볼 수도 있다. 한편, 이 방법은 바로 이어서
'Ⅲ. 미실현이익 중복과세 사례'에서 보듯이 미실현이익 중복과세 문
제에도 고려할 수 있는 방법이기도 하다. 이 방법은 비법인과의 과
세상 차이를 전부 해소하지만 이론적으로는 몇 가지 문제점이 있다.
구체적으로 살펴본다.

2) 과세상 차이의 전부 해소

배당소득 과세 시 법인세 전액에 대하여 이중과세 조정되면 C는
주식취득 후 법인으로부터 80을 배당받을 경우 추가로 납부할 소득
세를 10으로 예상하게 된다. 따라서 C는 법인의 순자산가치를 170으
로 평가할 것이므로 B의 C에 대한 주식양도가액은 170으로 결정될

이익과 기타 다양한 요인을 반영하는 부분까지 비과세할 정당한 이유를
찾기 어렵다. 또한 주식양도소득의 일반적인 비과세는 근래에 주식양도
소득에 대한 과세를 확대해야 한다는 견해가 증가하고 있는 경향[오 윤,
"자본이득과세제도 개선방안", 조세학술논집 제28권 제2호 (2012), p.177;
홍범교·이상엽, 금융투자소득 과세제도의 도입에 관한 연구, (한국조세
재정연구원, 2013), p.81]에도 부합하지 않는다.
159) 현행 소득세법의 경우 주식양도소득에 대하여 전면적으로 소득세를 과
세하는 것이 아니라 일부 주식의 양도에 대하여만 소득세를 과세하고 나
머지 주식양도소득에 대하여는 비과세 하고 있다. 그러한 세제의 본래의
주된 입법목적은 주식시장 활성화에 있다고 생각된다. 그러한 입법목적
과는 상관없이 현행 소득세법은 결과적으로는 위 방안을 취하는 것과 동
일한 상태에 이르게 되는 경우가 많이 있다.

것이다. 그 결과 B는 주식양도소득 70을 실현하게 되고 주식양도소득이 비과세 되면 B의 주식 보유 및 양도로 인한 세후소득은 70이 된다. 이 금액은 비법인에서 출자자 C에게 지분을 양도한 출자자 B의 지분 보유 및 양도로 인한 세후소득 70과 동일하다. 비법인과의 과세상 차이는 전부 해소되고 조세중립성이 유지된다.

3) 분석 및 평가

이 방법은 이론적 측면에서 다음과 같은 문제점들을 가지고 있다. 첫째, 법인의 소득 80에 기한 B의 세후소득이 B 자신의 주식양도소득의 담세력이 아니라 C의 배당소득의 담세력에 의해 결정될 가능성이 높다. 소득에 관한 누진세제 하에서 B와 C에게 각각 법인의 소득 80에 기한 주식양도소득과 배당소득 외에 다른 소득이 있는지 여부에 따라 B의 주식양도소득의 담세력과 C의 배당소득의 담세력은 다를 수 있다. 그런데 이 방법을 적용하면 C의 배당소득의 담세력이 B의 주식양도가액 결정에 영향을 미치게 되고 결국 B의 주식양도소득을 결정하게 된다.

둘째, 법인 소득에 기한 주주 과세가 이연된다. B가 주식을 양도하여 법인의 소득 80에 기한 자신의 소득을 실현하는 시점에도 소득세는 과세되지 않는다. 그 시점까지 과세되는 것은 법인세뿐이다. 법인 소득에 기한 주주 과세는 C에 대한 배당 시점까지 이연된다.

셋째, 만일 법인의 청산 시점까지 법인이 C에게 배당하지 않으면 청산 시점에 C의 의제배당소득은 10에 불과하고 이에 대하여 배당세액공제를 적용하면 C가 납부해야 할 소득세가 없게 된다. 즉, 법인 소득에 기한 주주 과세가 전혀 이루어지지 않고 법인세만 과세되는 결과가 발생할 수도 있다. 이는 법인 소득에 기하여 주주 과세를 지향하는 통합의 모습이 아니다.

넷째, 'B의 주식양도소득 비과세' 방법은 누진세제를 통한 공평과세에 부합하지 않는 결과를 낳을 수도 있다. 만일 B의 주식양도소득에 법인의 유보소득뿐만 아니라 기타 요인(예컨대, 법인의 자본잉여금 증가분)도 반영되어 있을 경우 B의 주식양도소득 중 유보소득 반영 부분을 제외하고 기타 요인 반영 부분에 대해서만 과세한다면 B가 주식양도로 실현한 전체 양도소득의 담세력에 비하여 낮은 세율로 과세될 가능성이 있다.

(3) 법인의 '간주배당 및 재투자'(Constructive Dividend and Reinvestment) 결정 시 B의 간주배당소득(Constructive Dividend) 이중과세 조정 및 C의 배당소득 비과세

1) 의의

이 방법은 Warren 교수가 법인의 유보소득 중복과세 문제를 해결하기 위하여 제안한 '간주배당 및 재투자'(Constructive Dividend and Reinvestment) 방안에 기초하고 있다.160) 위 제안은 간략하게 DRIP (Dividend Reinvestment Plan)이라고 줄여 칭하여지기도 한다.161)

재투자계획(DRIP)은 법인이 간주배당(constructive dividend) 결정으로 주주에게 유보소득(retained earning)을 실제로 배당하는 것은 아니지만 배당한 것으로 간주하고 그 배당금을 주주로부터 출자 받은 것으로 처리할 수 있도록 한다.162) 그 과정에서 (i) 배당 간주 금액을 주주(사례의 B)의 배당소득으로 과세하면서 법인세와의 이중과세를 조정하고, (ii) 출자 간주 금액만큼 주식취득가액을 상향 조정하여 주주(B)가 주식을 양도하더라도 배당받은 것으로 처리된 금액은 주식양도소득에 포함되지 않도록 하고,163) (iii) 배당 및 출자 간주 금액은

---

160) The ALI, *supra* note 3, p.699; Graetz & Warren, *supra* note 9, p.688; Warren, *supra* note 15, p.126; Yin, *supra* note 3, p.444.

161) Graetz & Warren, *supra* note 9, p.688.

162) *Ibid.*, p.688.

'이미 과세된 배당 계정'(previously taxed dividend account)에 기록하고 법인이 주주(C)에게 실제로 배당할 경우 위 계정의 금액에 달할 때까지는 배당소득으로 과세하지 않고 주주(C)의 주식취득가액을 하향 조정한다.[164] 이와 같은 방법은 1966년 Carter Commission에서 제안한 방법과 유사하다.[165]

재투자계획(DRIP)의 가장 큰 특징은 유보소득을 배당된 것으로 간주함으로써 법인에 유보된 소득에 기한 과세가 중복하여 이루어지는 문제를 배당소득 이중과세 조정의 틀 안에서 해결하려는 방법이다. Warren 자신도 DRIP을 "distribution-related integration"(배당 관련 통합)이라고 칭하였고 이 방법이 실행가능성이 있다고 증명되면 추후 배분(allocation) 방안을[166] 채택할 수 있음을 시사하면서 간주배당(constructive dividend)이 배분(allocation)으로 가는 "potential bridge"라고 표현하고 있다.[167] 재투자계획(DRIP)은 유보소득과 배당소득의 과세상 차이를 해소할 수 있는 하나의 방법이 될 수 있기도 하다. 법인의 유보소득을 실제로 배당하지 않고 주주에게 배당소득세를 과세하면 주주에게 큰 부담이 될 수 있지만 재투자계획(DRIP)은 배당소득세 부담을 법인의 재원으로 이행할 수 있게 한다.[168]

'법인의 간주배당 및 재투자(Constructive Dividend and Reinvestment) 결정 시 B의 간주배당소득(Constructive Dividend) 이중과세 조정 및 C의 배당소득 비과세' 방법은 결국 법인의 유보소득에 기한 중복과세 문제를 B의 간주배당소득(constructive dividend)에 대한 과세만으로

---

163) Proposal 5 a.
164) Proposal 5 b.
165) Bittker, *supra* note 70, p.651.
166) 제3장 제2절 II에서 살펴본 '법인 소득의 주주 배분 및 과세' 유형을 의미하는 것으로 이해된다.
167) Warren, *supra* note 15, p.49.
168) Proposal 1 d, 5 a.

해결하려는 방법이다. 이 방법은 비법인과의 과세상 차이를 전부 해소하지만 이론적 측면에서 수직적 공평에 반하는 경우가 있고 적용 측면에서는 재투자계획(DRIP)을 선택적으로 운용하는 한 별다른 어려움은 없지만 실효성 측면에서 여러 가지 문제점이 있다. 미국 재무부가 2003년 이 방법을 추천하였으나 미 의회가 거부하였다.[169] 구체적으로 살펴본다.

2) 과세상 차이의 전부 해소

법인이 B에게 80을 배당한 것으로 간주한다. B의 배당소득에 대하여 과세하면서 법인세 전액에 대하여 이중과세 조정을 하면 B가 추가적으로 납부하여야 할 소득세는 10이다.[170] 그리고 B가 법인에 80을 출자한 것으로 처리하므로 B의 주식취득가액은 180으로 상향 조정된다. 한편, 80은 'previously taxed dividend account'에 기록되는데, C는 B로부터 주식을 취득한 후 법인으로부터 80을 배당받더라도 과세되지 않을 것이다. 따라서 C는 법인의 순자산가치를 180으로 평가할 것이므로 B와 C의 주식양도가액은 180으로 결정될 것이다. B가 C에게 주식을 180에 양도할 경우 B에게는 양도소득이 없어 과세되지 않는다. 따라서 B의 주식 보유 및 양도로 인한 세후 소득은 70이다. 이 금액은 비법인의 출자자 B의 지분 보유 및 양도로 인한 세후 소득과 동일하다. 비법인과의 과세상 차이는 전부 해소되고 조세중립성이 유지된다.

3) 분석 및 평가

이 방법을 이론적 측면, 적용 측면, 실효성 측면에서 분석한다. 이 방법은 이론적 측면에서 문제점이 있고 실효성 측면에서 많은 의문

---

169) Graetz & Warren, *supra* note 9, p.688.
170) (80 + 20) x 0.3 - 20 = 10.

을 갖게 한다.

① 이론적 측면

재투자계획(DRIP)에 기초한 이 방법의 주요 요소는 (i) B에 대한 간주배당소득(constructive dividend) 과세 및 이중과세 조정, (ii) B의 주식취득가액 상향 조정, (iii) C의 배당소득 비과세 및 주식취득가액 하향 조정이다. (ii)와 (iii)은 (i)에 의해 간주배당소득(constructive dividend)으로 과세된 부분이 중복하여 과세되는 것을 방지한다. 이러한 과정과 결과에 이론적으로 특별한 문제는 없다. 다만, 이 방법을 적용하면 주주(B)의 주식양도차익 중 법인의 유보소득이 반영된 부분은 배당소득으로 과세하고 법인의 미실현이익이 반영된 부분은 주식양도소득으로 과세된다. 이와 같은 과세는 누진세율에 의한 소득세제 하에서 수직적 공평에 반한다고 볼 수 있다.

현행 소득세법상 법인 잉여금의 자본전입에 의한 의제배당소득 과세는 이 방법의 (i), (ii), (iii)과 다소 차이가 있으면서도 유사한 결과에 이를 수 있다.[171] 먼저, 법인에 유보된 이익잉여금의 자본전입 시 무상주가 발행되고 무상주의 액면가 상당액의 의제배당소득에 대하여 배당소득 과세 및 이중과세 조정이 이루어진다.[172] 다음으로, 이익잉여금의 자본전입 시 의제배당소득금액인 무상주의 액면가가 무상주 1주당 취득가액으로 인정되므로 무상주를 양도할 때 '이익잉여금의 자본전입시 과세된 의제배당소득금액'이 중복하여 과세되지 않는다. 또한 법인의 자본 감소 시 의제배당소득금액을 계산할 때 무상주의 취득가액이 차감되므로 '이익잉여금의 자본전입 시 과세된 의제배당소득금액'이 중복하여 과세되지 않는다.

---

171) 상법 제461조 제1항, 소득세법 제17조 제1항 제3호, 제2항 제2호 본문.
172) 상법 제461조 제2항, 소득세법 제17조 제3항 단서, 제56조, 소득세법 시행령 제27조 제1항, 제1호 가.목.

② 적용 측면

법인 유보소득의 주주에 대한 배분 문제를 일단 논외로 한다면 이 방법의 적용 자체에 큰 어려움이 있을 것으로는 생각되지 않는다. B의 간주배당소득(constructive dividend)에 일반적인 배당소득 이중과세 조정과 마찬가지로 배당세액공제를 적용하는 것에 특별한 문제가 없다. C의 배당소득 비과세를 위하여 계정(previously taxed dividend account)이 필요한데 법인 차원에서 하나의 계정만 있으면 충분하므로 계정 관리에 큰 어려움이 없다.

③ 실효성 측면

이 방법은 실효성에 의문을 갖게 하는 여러 가지 제약이 있다. 첫째, 법인이 유보소득에 대하여 항상 간주배당(constructive dividend) 결정을 하지 않으면 이 방법은 실효성을 기하기 어렵다. 그런데 Warren의 제안에 따르면 간주배당(constructive dividend) 결정은 법인의 재량(elective)이다. 즉, 법인의 의무가 아니기 때문에 법인이 할 수도 있고 하지 않을 수도 있다.[173] 이 점에서 이 방법은 법인이 실현한 소득이 전액 강제적(mandatory)으로 배분되고 출자자가 분배(distribution) 여부에 관계없이 자신의 재원으로 소득세를 부담하는 법인 소득의 배분(allocation) 방법과 다르다. 법인이 간주배당(constructive dividend) 결정을 하지 않으면 주식을 양도하는 개별 주주는 유보소득에 기한 중복과세의 불이익을 당할 수도 있다.[174] 이

---

173) "In lieu of a qualified dividend of money or property, a corporation may declare a constructive dividend to its shareholders, followed by a constructive capital contribution of the proceeds." (Proposal 5 a.). The ALI, *supra* note 3, pp.692, 699; Graetz & Warren, *supra* note 9, p.688; Warren, *supra* note 15, pp.117, 125.

174) 현행 세법상 법인이 이익잉여금을 자본전입 할 경우 주주가 의제배당으로 과세되는데, 상법상 법인의 이익잉여금의 자본전입에 관한 의사결정

방법은 선택적이라는 점에서 부분적인 해결방법에 불과하다.175) 한편, 만일 이 방법의 실효성을 높이기 위해 재투자계획(DRIP)이 강제적으로 이루어지도록 한다면(a mandatory DRIP) 이 방법은 파트너쉽 세제와 같은 '법인 소득의 배분(allocation) 및 과세' 방안과 사실상 다를 바 없게 되어 '법인 소득의 배분 및 과세' 방안과 마찬가지로 적용상 많은 어려움에 부딪히게 될 것이다.176)

둘째, 법인의 유보소득 전액에 대하여 간주배당(constructive dividend) 결정을 하지 않으면 이 방법은 실효성을 기하기 어렵다. 법인이 유보소득 일부에 대하여만 간주배당(constructive dividend) 결정를 하면 유보소득에 기한 중복과세를 완전히 조정하지 못하여 비법인과의 과세상 차이는 완전히 해소되지 못한다.

셋째, 법인이 소득을 실현한 후 바로 유보소득에 대하여 간주배당(constructive dividend) 결정을 하지 않으면 이 방법은 실효성을 기하기 어렵다. 만일 법인이 소득을 실현한 후 간주배당(constructive dividend) 결정을 하기 전에 주주가 주식을 양도하면 그 주주는 유보소득이 반영된 주식양도소득에 대하여 중복하여 과세되고 주식양수인의 주식취득가액에는 법인의 유보소득이 반영된 상태가 된다. 그런데 그 후에 법인이 간주배당(constructive dividend) 결정을 할 경우 주식양수인은 간주배당(constructive dividend) 소득에 대하여 과세되는 불합리한 결과가 발생한다.

넷째, 법인이 간주배당(constructive dividend) 결정을 할 경우 법인 또는 주주의 조세부담이다. 만일 간주배당소득(constructive dividend)

역시 주주 개인에 의해서 좌우될 수 있는 것이 아니라 이사회 또는 주주 총회가 결정한다(세법 제17조 제1항 제3호, 제2항 제2호, 상법 제461조 제1항).

175) Yin, *supra* note 3, p.470.
176) *Ibid.*, pp.470, 471.

에 대한 소득세를 법인이 법인의 재원으로 납부하도록 하거나 또는 법인세를 납부하면 간주배당소득(constructive dividend)에 대한 소득세를 납부한 것으로 취급하기 위하여 법인세율과 소득세율을 동일하게 한다면 법인의 조세부담이 가중될 수 있다.177) 반대로 만일 간주배당소득(constructive dividend)에 대한 소득세를 주주가 납부하도록 한다면 주주는 현금유동성 문제를 안게 될 수 있다.

(4) B의 주식양도 시 간주배당소득(Constructive Dividend) 이중과세 조정 및 C의 배당소득 비과세

1) 의의

이 방법은 Warren 교수가 법인의 유보소득 중복과세 문제의 해결방법 중 하나로서 언급한 "주주의 주식양도 시 법인의 유보소득 중 주주의 지분비율에 해당하는 부분이 그 주주에게 간주배당소득(constructive dividend)으로 발생한 것으로 보고 주식취득가액을 상향 조정하는 방안"에 기초하고 있다.178) 이 방법은 (i) B의 주식양도 시 B에게 법인의 잉여금 중 B의 지분비율에 해당하는 간주배당소득(constructive dividend)이 발생한 것으로 보고 B에 대하여 소득세를 과세하면서 법인세와의 이중과세 조정을 하고, (ii) B의 주식취득가액을 상향 조정하여 간주배당소득(constructive dividend)으로 과세된 금액은 주식양도소득에 포함되지 않도록 하고, (iii) C가 주식 양수 후 배당을 받을 때 과세하지 않고 C의 주식취득가액을 하향 조정한다.

이 방법 역시 앞서 살펴본 재투자계획(DRIP)과 마찬가지로 배당을

---

177) Warren의 제안은 법인세율이 주주의 최고 소득세율과 동일하다는 전제에 기초하고 있고 법인세를 납부하면 배당소득원천세(dividend withholding tax)를 납부한 것으로 보도록 하고 있으므로 법인이 간주배당(constructive dividend) 의사결정을 하면서 유보소득 전액을 간주배당 하기로 결정을 하더라도 법인의 배당원천세 부담이 가중되는 것은 아니다.

178) Warren, *supra* note 15, p.125.

매개로 한 이중과세 조정(distribution-related integration) 방법에 해당한다. 다만, 재투자계획(DRIP)은 개별 주주의 주식양도와 상관없이 법인이 주주 전원에 대하여 간주배당(constructive dividend) 결정을 하는 것인 반면, 이 방법은 개별 주주가 주식을 양도할 때 그 주주에 대하여 간주배당소득(constructive dividend)이 있는 것으로 보는 차이점이 있다.

이 방법은 결국 법인의 유보소득에 기한 중복과세 문제를 B의 간주배당소득(constructive dividend)에 대한 과세만으로 해결하려는 방법이고, 그 점에서는 바로 앞서 살펴본 법인의 'Constructive Dividend and Reinvestment 결정 시 B의 Constructive Dividend 소득 이중과세 조정 및 C의 배당소득 비과세' 방법과 동일하다. 이 방법은 비법인과의 과세상 차이를 전부 해소하지만 이론적 측면에서는 수직적 공평에 반하는 경우가 있고 적용 측면에서 몇 가지 어려움이 예상된다. 구체적으로 살펴본다.

2) 과세상 차이의 전부 해소

B의 주식양도 시 법인의 유보소득 80 중 B의 지분비율에 해당하는 80이 B에게 배당된 것으로 본다. B에 대하여 소득세를 과세하면서 이중과세 조정을 하면 B는 소득세 10의 납세의무가 있다.[179] B의 주식취득가액은 180으로 상향 조정된다. 한편, C는 주식을 양수한 후 법인으로부터 80을 배당받더라도 과세되지 않는다. C는 법인의 순자산가치를 180으로 평가할 것이므로 B와 C의 주식양도가액은 180으로 결정될 것이다. B가 C에게 주식을 180에 양도할 경우 B에게는 양도소득이 없어 과세되지 않는다. 따라서 B의 주식 보유 및 양도로 인한 세후 소득은 70이다. 이 금액은 비법인의 출자자 B의 지분

---

179) (80 + 20) x 30% - 20 = 10.

보유 및 양도로 인한 세후 소득과 동일하다. 비법인과의 과세상 차이는 전부 해소되고 조세중립성이 유지된다.

3) 분석 및 평가

이 방법을 이론적 측면과 적용 측면에서 분석한다. 이 방법은 이론적 측면에서 문제점이 있고 적용 측면에서 상당한 어려움이 예상된다.

① 이론적 측면

이 방법의 주요 요소는 (i) B에 대한 간주배당소득(constructive dividend) 과세 및 이중과세 조정, (ii) B의 주식취득가액 상향 조정, (iii) C의 배당소득 비과세 및 주식취득가액 하향 조정이다. (ii) 및 (iii)은 (i)에 의해 간주배당소득(constructive dividend)으로 과세된 부분이 중복하여 과세되는 것을 방지한다. 이러한 과정과 결과에 이론적으로 특별한 문제는 없다.

다만, 이 방법을 적용하면 주주의 주식양도차익 중 법인의 유보소득이 반영된 부분은 배당소득으로 과세하고 법인의 미실현이익이 반영된 부분은 주식양도소득으로 과세된다. 이와 같이 분리된 과세는 누진세율에 의한 소득세제 하에서 수직적 공평에 반한다.

② 적용 측면

이 방법을 적용함에 있어서 다음과 같은 사항이 필요한데, 특히 세 번째 사항 때문에 적지 않은 어려움이 예상된다.

첫째, 주주의 주식양도소득 중 법인의 유보소득이 반영된 부분과 법인의 미실현이익 등 기타 요인이 반영된 부분을 구분해야 한다.[180]

---

180) Warren, *supra* note 15, p.125.

이는 주식을 양도하는 주주(B)의 간주배당소득(constructive dividend) 금액을 확정하기 위해 필요하다. 이와 같은 구분이 매우 간단한 것은 아니지만 그렇다고 하여 지나치게 어려운 것은 아니다. 법인이 각 과세기간에 실현한 유보소득 금액을 구분하여 공지하면 주식을 양도하는 주주가 주식보유기간의 유보소득 합계 금액에 자신의 지분비율을 곱하면 주식양도소득 중 법인의 유보소득이 반영된 부분을 계산할 수 있을 것이다.

둘째, 배당소득에 대한 배당세액공제 비율이 각 과세기간의 소득과 법인세 금액에 따라 달라질 경우 주식을 양도하는 주주(B)가 간주배당소득(constructive dividend)에 대한 이중과세 조정 시 적용할 배당세액공제 비율을 확인하여야 한다. 주주는 주식보유기간 법인의 소득과 그 기간의 법인세 금액 등을 이용하여 자신에게 적용될 배당세액공제 비율을 찾을 수 있다. 위 첫째 사항보다 다소 더 수고를 필요로 하는 일이다.

셋째, 이 방법을 적용함에 있어서 예상되는 가장 큰 어려움은 주식을 양도하는 주주(B)의 간주배당소득(constructive dividend) 소득으로 과세된 법인의 유보소득이 주식을 양수하는 주주(C)에게 배당될 경우 비과세 하기 위한 사후관리이다. 앞서 살펴본 재투자계획(DRIP)의 경우에는 법인이 결정한 간주배당(constructive dividend) 금액 전체를 법인 차원에서 하나의 계정(previously taxed dividend account)으로 관리하면서 그 계정에서 추후 주주들에게 배당될 때는 일률적으로 비과세 하면 큰 어려움이 없다. 즉, 재투자계획(DRIP)의 경우에는 하나의 계정(previously taxed dividend account)만 필요하다. 그러나 주주가 개별적으로 주식을 양도할 경우 그 주주에게 간주배당소득(constructive dividend)이 있는 것으로 보는 이 방법은 재투자계획(DRIP)과 같이 할 수 없다. 이 방법은 주식을 양도하는 각 주주의 간주배당소득(constructive dividend)으로 과세된 법인의 유보소득에 대

하여 위와 같은 계정(즉, 이른바 '이미 과세된 배당 계정')을 개별적
으로 관리해야 나중에 그 부분 유보소득이 주식양수인에게 배당될
때 주식양수인에 대하여 과세하지 않을 수 있다. 주주가 보유하는
주식 전부가 아니라 일부씩 쪼개어 양도할 경우 관리해야 하는 계정
은 점점 더 많아질 것이다. 그리고 주식양수도가 있을 경우 위 계정
의 잔액이 주식양도인으로부터 주식양수인에게 승계되어야 한다.
주주의 수가 많고 주식양도가 빈번할수록 이와 같은 '이미 과세된
배당 계정'을 관리하는 것은 대단히 번거로운 일일 것이다. 이것이
이 방법이 갖는 가장 큰 문제점으로 보인다.

(5) B의 주식양도소득 이중과세 조정 및 C의 배당소득 비과세

1) 의의

이 방법은 먼저 B의 주식양도소득에 대하여 과세하면서 B의 지분
에 해당하는 법인세 전액에 관한 이중과세 조정을 한다. 그리고 C가
법인으로부터 받는 배당소득(즉, 법인의 유보소득 중 B의 주식양도
소득에 반영되어 이미 과세된 부분에 기한 배당금)은 비과세 한다. C
가 법인으로부터 배당을 받으면 그 금액만큼 C의 주식 취득가액을
하향 조정한다.[181] 이 방법은 법인의 유보소득에 기한 중복과세 문
제를 B의 주식양도소득에 대한 과세만으로 해결하려는 방법이다.

이 방법의 가장 큰 특징은 B의 주식양도소득 자체에 대하여 법인세
와의 이중과세 조정을 한다는 점이다. 그러한 점에서 법인의 유보소득
이 주주에게 배당된 것으로 간주하고 배당소득 이중과세 조정을 매개
로 하여 유보소득 중복과세 문제를 해결하려는 '법인의 Constructive
Dividend and Reinvestment 결정 시 B의 Constructive Dividend 소득 이

---

181) 이러한 점 역시 비법인기업의 출자자 B로부터 지분을 양수한 C가 비법인
　　기업으로부터 소득을 분배받을 경우 그 금액만큼 C의 지분 취득가액을
　　하향 조정하는 것과 동일하다.

중과세 조정 및 C의 배당소득 비과세' 방법 및 'B의 주식양도 시 Constructive Dividend 소득 이중과세 조정 및 C의 배당소득 비과세' 방법과 이론적으로 명확히 구별된다. 이 방법은 비법인과의 과세상 차이를 전부 해소하고 이론적 측면에서 이견은 있을 수 있지만 논리적 오류를 찾기 어렵고 적용 측면에서도 특별한 어려움은 없을 것으로 생각된다. 구체적으로 살펴본다.

2) 과세상 차이의 전부 해소

C의 배당소득을 비과세하면 C는 B의 주식 가치를 법인의 순자산 가액인 180으로 평가할 것이므로 B의 주식양도가액은 180으로 결정될 것이다. B의 주식취득가액은 100이므로 B는 주식양도소득 80을 실현한다. B의 주식양도소득에 대하여 과세하면서 법인세와의 이중과세를 법인세 전액에 대하여 조정하면 B가 납부하여야 할 소득세는 10이다.[182] 따라서 B의 주식 보유 및 양도로 인한 세후소득은 70이 된다. 이 금액은 비법인의 출자자 B의 지분 보유 및 양도로 인한 세후소득 70과 동일하다. 비법인과의 과세상 차이는 전부 해소되고 조세중립성이 유지된다.

한편, C가 법인으로부터 받은 배당금 80에 대하여는 비과세한다. C가 80을 배당받으면 C의 주식취득가액을 100으로 하향 조정한다.

3) 분석 및 평가

이 방법을 이론적 측면, 적용 측면, 실효성 측면에서 분석한다. 각 측면에서 특별한 문제점이나 어려움이 있을 것으로 생각되지 않는다.

---

182) (80 + 20) x 30% - 20 = 10.

① 이론적 측면에서 본 'B의 주식양도소득 이중과세 조정'

이 방법은 법인세와 B의 주식양도소득에 대한 소득세 과세를 이중과세로 보고 이를 조정한다. 이것이 이 방법의 가장 큰 특징이다. 이와 관련하여 (i) '주식양도소득 이중과세'의 개념, (ii) B의 주식양도소득 이중과세 조정의 필요성, (iii) 주식양도소득 자체에 대한 이중과세 조정의 허용 여부, (iv) 주식양도소득 이중과세를 조정하기 위한 구체적인 방법 등 네 가지 사항에 관하여 살펴보고자 한다.

첫째, '주식양도소득 이중과세'의 개념이다. '배당소득 이중과세'는 법인이 소득을 실현한 시점에 법인세가 과세되고 그 소득이 주주에게 배당될 때 주주에 대하여 소득세가 과세되는 것을 의미한다. '배당소득 이중과세'는 주주의 입장에서 표현한 용어이고 법인의 입장에서 보면 분배되는 소득(distributed earning)의 이중과세이다. 이에 상응하여 본 논문에서 '주식양도소득 이중과세'라는 개념은 법인이 소득을 실현한 시점에 법인세가 과세되고 그 소득이 반영된 주주의 주식양도소득에 대하여 소득세가 과세되는 것을 의미하는 것으로 정의하기로 한다. '주식양도소득 이중과세'는 주주의 입장에서 표현한 용어이고 법인의 입장에서 보면 법인에 유보된 소득(retained earning)에 기한 이중과세이다. 법인세 과세로 인하여 주주에게 분배될 소득이 줄어들고 법인의 그 소득을 배당받는 주주에 대하여 소득세가 과세되면 주주의 세후 배당소득이 더 줄어드는 것처럼, 법인세 과세로 인하여 법인의 유보소득이 줄어들고 법인의 그 소득이 반영된 주주의 주식양도소득에 대하여 소득세가 과세되면 주주의 세후 주식양도소득이 더 줄어들게 된다. '배당소득 이중과세'에 상응하는 개념으로서 '주식양도소득 이중과세'는 위와 같은 사실을 표현하기 위한 용어로 사용하기로 한다. 다소 생소하기는 하지만 논리적으로 흠이 있는 것은 아니다.

둘째, B의 주식양도소득 이중과세 조정의 필요성이다. 즉, 법인세와 B의 주식양도소득세 과세 사이에서의 조정의 필요성이다. 이미 제4장 제3절 II '유보소득 중복과세 사례'에서 비법인과의 과세상 차이를 전부 해소하고 중복과세 문제를 해결하기 위해서는 유보소득이 주주 C에게 배당되는 시점에 C의 배당소득에 대한 이중과세 조정을 하고 C가 추후 주식양도차손을 활용할 수 있을 것이라고 기대하는 것으로는 부족하고 주주 C와는 별개로 주주 B가 독자적으로 이용할 수 있는 무언가 적극적이고 선제적인 방법을 찾을 필요가 있음을 논증하였다. B의 주식양도소득 이중과세 조정은 바로 그러한 방법이다.

셋째, 주식양도소득 자체에 대한 이중과세 조정의 허용 여부이다. 이는 달리 표현하면 법인 및 주주 과세의 이중과세 조정은 주주의 배당소득에 대하여만 허용되는지의 문제이다. 앞서 살펴본 '법인의 Constructive Dividend and Reinvestment 결정 시 B의 Constructive Dividend 소득 이중과세 조정 및 C의 배당소득 비과세' 방법과 'B의 주식양도 시 Constructive Dividend 소득 이중과세 조정 및 C의 배당소득 비과세' 방법은 모두 법인의 유보소득에 기한 중복과세 조정을 위하여 B가 법인에 유보된 소득을 실제로 배당받은 것은 아니지만 배당받은 것으로 간주한 다음 '배당소득 이중과세 조정' 방법을 매개로 하여(distribution-related integration) 법인 및 주주 과세의 이중과세를 조정하였다.

생각건대, 법인세를 존치하면서 주주 과세를 지향하는 유형의 법인 및 주주 과세의 이중과세 조정은 반드시 배당이 있어야 또는 배당을 매개로 하여야만 허용되는 것은 아니다. 주주가 법인의 소득에 기하여 자신의 소득을 실현할 수 있는 대표적인 두 가지 방법이 배당과 주식양도이다. 주식양도가 있어야 주주 과세를 할 수 있는 것이 아니고 주식양도는 주주 과세를 할 수 있는 하나의 시점인 것처럼, 배당이 있어야 주주 과세를 할 수 있는 것이 아니고 배당은 주주 과세를 할 수 있는 하나의 시점이다. 그리고 주주 과세를 할 수 있는 시점에 비로소 법인 및 주주 과세의 이중과세 조정도 시도할 수 있다. 즉, 배당은 주주 과세를 할 수 있는 하나의 시점이면서 동시에 법인 및 주주 과세의 이중과세 조정도 시도할 수 있는 하나의 시점이다. 배당이 있어야 법인 및 주주 과세의 이중과세 조정이 허용되는 것이 아니라, 배당 시점에 이르면 이중과세 조정을 시도할 수 있게 되는 것이다. 물론 실현주의를 폐기한다면 법인이 소득을 실현하는 시점에 배분(allocation) 방법에 의하여 주주에 대하여 직접 소득세를 과세하거나 주주의 주식가치 상승분에 대하여 소득세를 과세하는 방법과 같이 배당을 전제로 하지 않고 배당과 전혀 무관한 법인세 통합 방법도 이론적으로 생각할 수 있다. 그렇지만 그러한 법인세 통합은 매우 불편한 반면, 배당 시점에 배당소득 이중과세를 조정하는 방법의 통합은 매우 편리한 것뿐이다. 법인세를 존치하면서 주주 과세를 지향하는 법인세 통합은 반드시 배당이 있어야만 또는 배당을 매개로 하여야만 허용된다고 볼 만한 어떤 이론적인 근거도 찾기 어렵다. 오히려 법인세 통합이라는 상위 개념에서 바라본다면 배당소득 이중과세 조정은 법인 과세와 주주 과세를 부분적으로 통합하기 위한 하나의 편리한 수단에 불과하다. 배당소득 이중과세 조정은 그 자체가 목적이 아니고 통합의 전부도 아니며 단지 통합의 여러 방법 중 하나로서 다분히 기능적인 역할을 하는 것이다. B의 주식양도소득 이중과세를 조정하는 것은 유보소득 중복과세 조정을 위한 유용한 방법으로서 큰 틀에서 법인 과세와 주주 과세를 포괄적으로 통합하는 데에 기여할 수 있다. 따라서 주식양도소득 자체를 이중과세 조정하는 것이 크게 복잡하지 않고 앞서 살펴본 배당을 매개로 한 두 가지 방법(distribution-related integration)이 갖는 적용 측면이나 실효성 측면에서의 특별한 문제점이나 불편함이 없다면 배당소득 이중과세 조정에 상응하여 허용하는 것이 타당하다. 배당과 주식양도는 법인의 재무상태에 미치는 영향이 서로 다르지만 그러한 차이가 배당소득과 주식양도소득에 대한 이중과세 조정의 허부를 결정할만한 요인은 아니다. 법인 소득에 기한 중복과세를 조정하는 본래의 취지는 비법인과의 과세상 차이를 해소하기 위함이고, 그러한 과세상 차이는 주주가 배당을 받든 주식을 양도하든 동일하게 존재하기 때문이다. 요컨대, 배당은 법인 및 주주 과세의 이중과세를 조정하기 위한 요건이 아니라 이중과세를 조정할 수 있는 하나의 시점이다. 배당소득 이중과세 사례에서 배당이 배당소득 이중과세 문제를 해결하기에 적절한 시점인 것처럼, 유보소득 중복과세 사례에서 주식양도는 유보소득 중복과세 문제를 해결하기에 적절한 시점이다.

　넷째, 주식양도소득 이중과세를 조정하기 위한 구체적인 방법이다. B의 주식양도소득 이중과세를 조정하기 위한 하나의 방법은 배당소득 이중과세 조정과 마찬가지로 세액공제(Imputation)를 적용하는 것이다. 즉, 법인세가 과세되지 않았을 경우 B가 실현하였을 주식양도소득금액을 계산한 후 소득세율을 적용하여 주식양도소득세액을 산출한 다음 이미 납부된 법인세만큼 세액공제를 해 주는 것이다. 법인세가 과세되지 않았을 경우 B는 법인세에 대한 자신의 지분비율 해당금액만큼 주식양도차익을 더 실현하였을 것이다. 그러므로 법인세가 과세되지 않았을 경우 B가 실현하였을 주식양도소득은 B가 실제로 실현한 주식양도차익에 'B의 주식보유기간 중 과세된 법인세 총액 중 B의 지분비율 해당금액'(즉 Imputation 금액)을 가산한 금액이다. 그리고 B의 주식양도소득세 산출세액에서 위 금액(Imputation 금액)을 세액공제 한다. 다만, 만일 B가 주식 보유기간 동안 배당을 받으면서 배당소득 이중과세 조정을 한 경우 배당소득 이중과세 조정 시 사용된 배당소득가산 및 배당세액공제 금액(Imputation 금액)은 B의 주식양도소득 이중과세 조정을 위한 주식양도소득가산 및 주식양도세액공제 금액(Imputation 금액) 계산 시 차감한다. 세액공제(Imputation) 방법은 법인 과세와 주주 과세의 이중과세를 조정하기 위하여 법인세를 환원하는 하나의 방법으로서 위와 같이 주식양도소득 이중과세 조정 목적으로도 활용할 수 있다.

② 이론적 측면에서 본 'C의 배당소득 비과세'

이와 관련하여 (i) C의 배당소득 비과세의 이론적 정당성, (ii) C의 배당소득 비과세를 위한 구체적인 방법 등에 관하여 살펴본다.

먼저, C의 배당소득 비과세의 이론적 정당성이다. 배당소득 이중과세 사례에서 주주 A와 유보소득 중복과세 사례에서 주주 C는 배당을 받는다는 점에서는 서로 동일하다. 그러나 A가 받는 배당과 C가 받는 배당은 차이가 있다. 배당소득 이중과세 사례에서 A가 받은 배당은 A가 주식을 취득한 후에 법인이 실현한 소득에 기초한 것이다. 법인의 소득은 A의 주식취득가액에 반영되어 있지 않다. A가 주식을 보유하는 동안 법인이 소득을 실현한 시점에 A의 순자산증가가 있었지만, A의 순자산증가분에 대한 평가의 어려움과 A의 현금유동성 등 때문에 A에 대하여 과세하지 못하고 배당 시점에 과세하는 것이다. 그 반면, 유보소득 중복과세 사례에서 C가 받은 배당은 C가 주식을 취득하기 전에 법인이 실현한 소득에 기초한 것이다. 법인의 소득은 B의 주식양도가액 및 C의 주식취득가액에 이미 반영되어 있다. 따라서 C가 받는 배당의 실질은 소득이 아니라 자기자본의 회수에 가깝다. 위와 같은 차이가 있기 때문에 A가 받은 배당에 대하여 과세하는 것은 정당하고 C가 받은 배당에 대하여 과세하지 않는 것 역시 이론적으로 정당화될 수 있다.[183) 비법인의 출자자 C가 받는 배

---

183) 배당소득 사례에서 A의 경우는 주식을 보유하는 동안 법인이 소득을 실현하여 그 시점에 A의 자산(주식)이 증가하였으나 그 시점에 과세하지 않고 미루었다가 배당을 적절한 과세 시점으로 보아 배당 시점에 과세하는

당에 대하여 과세하지 않는 것도 바로 그러한 이유 때문이다.

다음으로, C의 배당소득 비과세를 위한 구체적인 방법이다. C의 주식취득 시점과 법인이 C에게 배당한 잉여금을 소득으로 실현한 시점의 선후를 비교하여 C의 배당소득 비과세 여부를 결정할 수 있다. 이를 위해서는 법인이 소득으로 실현한 잉여금을 각 과세기간별로 구분하고 잉여금을 배당으로 처분하는 순서에 관한 기준(예컨대, 후입선출법)을 정할 필요가 있다. C에 대한 배당이 C의 주식취득 시점 이전의 과세기간에 법인이 소득으로 실현한 잉여금에 기한 경우 C의 배당소득은 비과세한다.

③ 기타 이론적 측면

앞서 살펴본 대로 'B의 주식양도소득 이중과세 조정 및 C의 배당소득 비과세' 방법은 주주 B와 비법인의 출자자 B의 과세상 차이를 해소함으로써 조세중립성을 제고하는 것 외에 다음과 같은 측면에서도 조세중립성과 경제적 효율성 제고에 기여한다. 첫째, 이 방법을 적용하면 주주의 배당소득과 주식양도소득에 대한 과세에 있어서 조세중립성이 유지된다.[184] 주주가 법인의 소득을 배당받는 것과 그 소득을 반영한 가액으로 주식을 양도하는 것은 주주가 법인의 소득을 주주 자신의 소득으로 실현하기 위한 수단이라는 점에서 차이가 없다. 이 방법을 적용하면 배당소득 이중과세 사례에서 배당을 받는 주주 A와 유보소득 중복과세 사례에서 주식을 양도하는 주주 B 사이에 과세상 차이가 없다.

둘째, 이 방법은 법인이 주주에게 배당하는 소득과 법인에 유보하는 소득에 대한 과세상의 차이로 인한 경제적 왜곡 발생을 일부

것이다. 그 반면 유보소득 사례에서 C의 경우는 주식을 보유하는 동안 법인이 소득을 실현한 바 없기 때문에 C의 자산(주식)이 증가한 일이 없다.

184) 제3자 또는 법인에 주식을 양도하는 경우를 모두 포함한다.

줄일 수 있다. 법인이 배당하는 소득과 유보하는 소득에 대한 과세 상의 차이로 인하여 법인이 실현한 소득을 법인에 유보해 두려는 경 향이 있다. 유보소득 중복과세 사례에서 법인의 주주 C가 받는 배당 과 같이 주주가 주식을 취득하기 전에 법인이 실현한 소득에 기초하 여 받는 배당에 대하여 과세하지 않는다면 그러한 배당에 대하여도 과세하는 경우보다 주주는 배당으로 인한 소득세 부담을 덜 느끼게 될 것이다. 그렇게 되면 법인이 실현한 소득을 법인에 유보하려는 경향이 줄어들게 될 것이다.

셋째, 이 방법은 주식시장을 활성화시키고 자본시장의 효율성을 증가시킬 것이다. 주식양도소득에 대한 소득세율을 높이면 주식양 도거래가 줄어들게 되어 자본시장의 효율성이 감소하게 되고, 반대 로 소득세율을 낮추면 주식시장이 활성화된다.[185] 이 방법은 법인 소득에 기한 중복과세 조정을 전혀 하지 않는 경우 및 배당소득 이 중과세만 조정하는 경우에 비하여 주식양도소득에 대한 소득세 과 세에 있어서 실효세율을 낮추는 효과가 있다. 유보소득 중복과세 사 례에서 B의 주식양도소득에 대한 각 실효세율은 법인 소득에 기한 중복과세 조정을 전혀 하지 않는 경우 60.8%이고, 배당소득 이중과 세 조정만 하는 경우 51%이지만, 이 방법을 적용할 경우 30%이다.

④ 적용 측면

B의 주식양도소득 이중과세 조정을 위한 주식양도소득가산 및 주 식양도세액공제 금액(Imputation 금액)은 B의 주식 보유기간 동안 과 세된 법인세 총액을 확인하여 그 금액에 B의 지분비율을 적용하면 어렵지 않게 구할 수 있다. 또한 C의 배당소득 비과세 여부도 법인

---

185) Martin Feldstein, Joel Slemrod, & Shlomo Yitzhaki, "The Effects of Taxation on the Selling of Corporate Stock and the Realization of Capital Gains", *Quarterly Journal of Economics*, Vol. 94 No. 4 (1980), pp.779, 790.

이 잉여금을 배당으로 처분하는 순서에 관한 기준을 정하고 C의 주식취득 시점과 법인이 C에게 배당된 잉여금을 소득으로 실현한 과세기간의 선후를 확인하면 역시 어렵지 않게 결정할 수 있다. 이 방법을 적용함에 있어서 특별한 문제나 어려움이 있을 것으로 생각되지 않는다.

⑤ 실효성 측면

이 방법이 실효성을 기하기 위해서는 주식양도세율이 사업소득세율 및 배당소득세율과 동일해야 한다. 만일 주식양도소득세율이 사업소득세율보다 낮으면 주주 B의 세후소득이 비법인의 출자자 B의 세후소득보다 오히려 더 많게 되어 유보소득 중복과세와는 정반대의 과세상 차이가 발생하고, 주식양도소득세율과 배당소득세율이 동일하지 않으면 주주의 배당소득과 주식양도소득에 대한 과세에 있어서도 차이가 발생한다. 이 방법의 실효성을 위한 전제조건에 관해서는 본 장의 제2절 II에서 자세하게 살펴본다.

3. 요약

이상 살펴본 유보소득 중복과세 조정을 위한 네 가지 접근 방법 중 '(i) B의 주식양도소득 비과세 및 C의 배당소득 이중과세 조정' 방법은 B의 담세력에 따른 과세가 이루어지기 어렵고 과세이연의 가능성이 있으며 공평한 과세에 반하는 등 주로 이론적인 측면에 문제점이 있다. 그리고 '(ii) 법인의 간주배당 및 재투자(Constructive Dividend and Reinvestment) 결정 시 B의 간주배당소득(Constructive Dividend) 이중과세 조정 및 C의 배당소득 비과세' 방법은 이론적 측면에서 B의 주식양도차익 중 법인의 유보소득이 반영된 부분은 배당소득으로 나머지는 주식양도소득으로 구분하여 과세하기 때문에 수직적 공평에 반할 가능성이 있을 뿐만 아니라, 법인이 소득을 실현하면 항상 바로 유보소득 전액에 대하여 간주배당(constructive dividend) 결정을 하지 않으면 실효성을 기하기 어렵다. 현실적으로 법인이 그러한 간주배당(constructive dividend) 결정을 할 수 있을지 의문이다. 또한 '(iii) B의 주식양도 시 간주배당소득(Constructive Dividend) 이중과세 조정 및 C의 배당소득 비과세' 방법은 주주 B의 간주배당소득(constructive dividend)으로 과세된 법인의 유보소득이 주식을 양수하는 주주 C에게 배당될 경우 비과세 하기 위해 그와 같이 과세된 법인의 유보소득 부분을 사후 관리하는데 상당히 많은 어려움과 비효율이 예상된다. 마지막으로 '(iv) B의 주식양도소득 이중과세 조정 및 C의 배당소득 비과세' 방법은 이론적 측면, 적용 측면, 실효성 측면에서 특별한 문제나 어려움을 발견하기 어렵다. 다만, 이 방법은 본 장의 제2절 II에서 살펴보는 바와 같은 전제조건이 충족되어야 그 실효성을 기할 수 있다.

III. 미실현이익 중복과세 사례

1. 주주 D의 세후소득이 39.2에 그친 경위

미실현이익 중복과세 사례는 "D가 100을 출자하여 기업 P를 세워 사업을 시작하면서 토지를 100에 매입한 후, Year 1에 토지의 가치가 100 증가하였고, Year 2에 D가 자신의 지분을 E에게 양도하고, Year 3에 P가 제3자에게 위 토지를 200에 매도하고, Year 4에 P가 소득을 E에게 분배"한 사례였다. 소득세율은 30%, 법인세율은 20%라고 가정한다. 기업 P를 법인으로 전제하면 주주 E에 대한 배당은 E가 주식을 취득하기 전에 법인에 미실현이익으로 형성되어 있다가 E가 주식을 취득 한 후에 법인이 실현한 소득에 기한 배당이다.

위 사례에서 주주 D의 세후 소득이 39.2에 그친 것은 다음과 같은 이유 때문이다. 첫째, 법인세 과세이다. E는 주식을 취득한 후 법인이 미실현이익 100이 존재하는 토지를 처분하여 소득 100을 실현하면 법인세 20이 과세되어 법인의 세후 잉여금이 80이 될 것으로 예견할 수 있다. 둘째, E의 배당소득에 대한 과세이다. E는 법인의 잉여금 80을 배당받으면 배당소득세 24가 과세될 것을 예견할 수 있다. 따라서 E는 D의 주식 가치를 법인의 순자산가액 180에서 배당소득세 24를 차감한 156으로 평가하므로 주식양도가액은 156으로 결정된다.[186] 셋째, D의 주식양도소득에 대한 과세이다. D가 E에게 주식을 156에 양도하여 실현한 주식양도소득은 56이고 이에 대하여 소득세 16.8이 과세되었다. 그 결과 주주 D의 세후 소득은 39.2에 그치게 되었다. 이 금액은 비법인의 출자자 D의 세후 소득 70에 미치지 못한다.

요컨대, 법인에 미실현이익 100이 존재하는 상태에서 주주 D의 세후 소득이 39.2에 그친 것은 (i) 법인세, (ii) E에 대한 배당소득세, (iii) D에 대한 주식양도소득세가 중복하여 과세되기 때문이다.

2. 비법인과의 과세상 차이 해소 방법

앞서 제4장 제3절 III에서 미실현이익 중복과세 사례의 경우 비법인과의 과세상 차이를 전부 해소하기 위해서는 법인에 유보된 소득이 배당되는 시점에 배당을 받는 주주(D)의 배당소득에 대하여 이중과세 조정을 하는 것으로는 부족하고 미실현이익 중복과세에 대한 별도의 접근 방법이 필요하다는 것을 확인하였다.

그러한 '별도의 방법'으로서 (i) D의 주식양도소득 비과세 및 E의 배당소득 이중과세 조정, (ii) 법인세 및 E의 배당소득 비과세를 생각

---

186) 물론 주식양수도 가액은 법인의 순자산가치 외에도 다양한 요인에 의해서 결정될 수 있지만, 분석의 편의상 법인의 순자산가치만 고려한다.

해 볼 수 있다.[187] 위 두 가지 방법 모두 비법인과의 과세상 차이를 전부 해소한다. 이하 각 방법에 대하여 분석 및 평가하고자 한다.

(1) D의 주식양도소득 비과세 및 E의 배당소득 이중과세 조정
1) 의의

이 방법은 D의 주식양도소득을 비과세하고 E의 배당소득에 대하여 과세하면서 법인세와의 이중과세를 조정한다. "주식양도소득 비과세"의 의미는 주식양도차익 중 법인의 자본자산에 존재하는 미실현이익 반영 부분이 주식양도소득에 포함되지 않도록 하는 것을 의미한다.

이 방법은 결국 미실현이익 중복과세 문제를 E의 배당소득에 대한 과세만으로 해결하려는 방법이다.[188] D의 E에 대한 주식양도가액이 주식양수 후 E가 부담할 소득세 금액을 반영하여 결정될 가능성이 높다는 측면에서 본다면 실질적으로는 D가 E의 소득세를 부담하는 것이라고도 볼 수도 있다. 이 방법은 앞서 'Ⅱ. 유보소득 중복과세 사례'에서도 살펴본 방법이다. 이 방법은 비법인과의 과세상 차이를 전부 해소하지만 이론적 측면과 적용 측면에서 몇 가지 문제점이 있다. 구체적으로 살펴본다.

---

187) 미실현이익 중복과세 사례에서는 D의 주식양도소득에 대하여 세액공제 (Full Imputation)에 의한 이중과세 조정을 할 수 없다. D의 주식보유기간 동안 법인세가 과세되지 않았기 때문이다.

188) 현행 소득세법의 경우 주식양도소득에 대하여 전면적으로 소득세를 과세하는 것이 아니라 일부 주식의 양도에 대하여만 소득세를 과세하고 나머지 주식양도소득에 대하여는 비과세 하고 있다. 그러한 세제의 본래의 주된 입법목적은 주식시장 활성화에 있다고 생각된다. 그러한 입법목적과는 상관없이 현행 소득세법은 결과적으로는 위 방법을 취하는 것과 동일한 상태에 이르게 되는 경우가 많이 있다.

2) 과세상 차이의 전부 해소

배당소득 과세 시 법인세 전액에 대하여 이중과세 조정되면 E는 주식취득 후 토지의 가치증가분을 소득으로 실현한 법인으로부터 법인세 후 잉여금 80을 배당받을 경우 추가로 납부할 배당소득세를 10으로 예상하게 된다.[189] 따라서 E는 법인의 순자산가치를 170으로 평가할 것이므로 D의 E에 대한 주식양도가액은 170으로 결정될 것이다. 그 결과 D는 주식양도소득 70을 실현하게 되고 주식양도소득이 비과세 되면 D의 주식 보유 및 양도로 인한 세후소득은 70이 된다. 이 금액은 비법인의 출자자 D의 지분 보유 및 양도로 인한 세후소득 70과 동일한 금액이다. 비법인과의 과세상 차이가 전부 해소되고 조세중립성이 유지된다.

3) 분석 및 평가

이 방법을 이론적 측면과 적용 측면에서 분석한다.

① 이론적 측면

이 방법은 이론적 측면에서 다음과 같은 문제점이 있다. 첫째, 법인의 미실현이익 80에 기한 D의 세후소득이 D 자신의 주식양도소득의 담세력이 아니라 E의 배당소득의 담세력에 의해 결정될 가능성이 높다. 소득에 관한 누진세제 하에서 D와 E에게 각각 법인의 미실현이익 80에 기한 주식양도소득과 배당소득 외에 다른 소득이 있는지 여부에 따라 D의 주식양도소득의 담세력과 E의 배당소득의 담세력은 다를 수 있다. 그런데 이 방법을 적용하면 E의 배당소득의 담세력이 D의 주식양도가액 결정에 영향을 미치게 되고 결국 D의 주식양도소득을 결정하게 된다.

---

189) $(80 + 20) \times 30\% - 20 = 10.$

둘째, 법인의 미실현이익에 기한 주주 과세가 이연된다. D가 주식을 양도하여 법인의 미실현이익 80에 기한 자신의 소득을 실현하는 시점에도 소득세는 과세되지 않는다. 법인의 미실현이익에 기한 주주 과세는 E에 대한 배당 시점까지 이연된다.

셋째, 법인의 미실현이익에 기한 주주 과세가 부실해질 가능성이 있다. 주주가 법인으로부터 미실현이익에 기한 소득을 배당받지 않고 법인의 청산 직전까지 주식양도만 계속 할 경우에는 주식의 취득가액이 높아져 청산 시 주주의 의제배당소득이 줄어들게 된다. 그렇게 되면 법인의 미실현이익에 기한 과세는 충실히 이루어지기 어렵다. 미실현이익 중복과세 사례에서 E가 주식을 취득한 후 법인이 토지에 있는 미실현이익을 소득으로 실현하지 않은 채 청산하는 경우 법인의 청산소득에 대하여 법인세를 과세하지 않을 경우 E의 의제배당소득은 30이다. 결국 법인의 미실현이익은 100인데 그 중 30에 대해서만 주주 과세가 이루어지는 것이다.

넷째, 'D의 주식양도소득 비과세' 방법은 누진세제를 통한 공평과세에 부합하지 않는 결과를 낳을 수도 있다. 현실에서 주주의 주식양도소득에는 법인의 자본자산에 존재하는 미실현이익 외에도 (i) 자본금 및 자본잉여금, (ii) 기타 재무제표에 표시되지 않은 요소 등이 반영되어 있을 수 있다. 만일 D의 주식양도소득에 법인의 미실현이익뿐만 아니라 (i), (ii) 등도 반영되어 있을 경우 D의 주식양도소득 중 미실현이익 반영 부분을 제외하고 (i), (ii) 등의 반영 부분에 대해서만 과세한다면 D가 주식양도로 실현한 전체 양도소득의 담세력에 비하여 낮은 세율로 과세될 가능성이 있다.

다섯째, 법인의 미실현이익에 기한 과세가 전혀 이루어지지 않을 가능성도 있다. 주식양도소득 중 법인의 자본자산에 존재하는 미실현이익이 반영된 부분을 비과세 하는 것은 나중에 법인이 그 미실현이익을 소득으로 실현한 후 배당을 받는 수주의 배당소득에 대하여 과세할 것을 전제로 하는 것이다. 그런데, 나중에 법인이 미실현이익을 소득으로 실현할 수 있을지 여부는 확실하지 않다. 사례에서 D가 주식을 양도한 후 법인의 토지의 가치가 감소하여 미실현이익의 전부 또는 일부가 소득으로 실현되기 전에 소멸할 가능성이 있다. 만일 법인의 미실현이익이 실제로 소멸하면 법인세 과세와 배당소득 과세가 전혀 이루어지지 않게 된다. 결국, 법인의 미실현이익에 기한 과세가 전혀 이루어지지 않게 된다. 오히려 사례에서 만일 E가 제3자에게 주식을 양도하여 발생하는 양도차손으로 인하여 E의 소득세 부담이 감경되거나 소득세가 환급된다면 과세하지 않은 세금을 돌려주는 부당한 결과까지 생길 수 있다.

② 적용 측면

앞서 살펴본 사례에서는 D의 주식양도소득 중 비과세 할 금액이 얼마인지 바로 확인할 수 있다. D의 주식양도소득이 법인의 유일한 자산인 토지에 존재하는 미실현이익만 반영하는 것이라는 점을 분명히 하고 있고 미실현이익의 금액이 주어져 있기 때문이다.

그런데 현실에서 주주의 주식양도소득 중 미실현이익 반영 부분을 구분하여 특정하는 것은 매우 어려운 일이다. 주주의 주식양도소득에는 법인의 자본자산에 존재하는 미실현이익 외에도 (i) 자본금 및 자본잉여금, (ii) 기타 재무제표에 표시되지 않은 요소 등이 반영되어 있을 수 있다. 주주의 주식양도소득 중 미실현이익이 반영된 부분이 얼마인지 구분하여 특정하는 것은 매우 어려운 일이다. 법인의 미실현이익이 존재하는 자본자산이 많을수록, 주주의 수가 많고 주식양도가 빈번할수록 주주의 주식양도소득에서 법인의 자본자산에 존재하는 미실현이익을 반영하는 부분을 구분하는 것은 많은 비효율을 낳을 수 있다. 그렇다고 만일 위와 같이 구분하지 않고 주식양도소득을 전액 비과세 하면 중복과세와 무관한 (i) 및 (ii) 부분까지 비과세 하는 부당한 결과에 이를 수도 있다.

또한 미실현이익은 객관적으로 평가하기 어려울 뿐만 아니라 가변적이기 때문에 투자자마다 법인의 자본자산에 형성된 미실현이익에 대한 주관적 평가가 다를 수도 있다. 주식을 양수하려는 자가 법인의 미실현이익을 평가절하 할 수도 있다.

(2) 법인세 및 E의 배당소득 비과세

1) 의의

이 방법은 D의 주식양도소득에 대하여 과세하고 법인세와 E의 배당소득세를 비과세하는 방법이다. 결국, 이 방법은 미실현이익 중복과세 문제를 D의 주식양도소득에 대한 과세만으로 해결하려는 방법이다. 이 방법은 비법인과의 과세상 차이를 전부 해소하지만, 적용 측면에서 많은 어려움이 예상된다. 구체적으로 살펴본다.

2) 과세상 차이의 전부 해소

법인세와 E의 배당소득세가 비과세 되면 E가 주식을 취득한 후 법인의 토지에 존재하는 미실현이익의 실현 및 그 잉여금을 배당 받을 경우 기대하는 배당소득은 100이다. 따라서 E는 법인의 순자산가치를 200으로 평가할 것이므로 D의 E에 대한 주식양도가액은 200으로 결정될 것이다. 그 결과 D는 주식양도소득 100을 실현하게 되고 이에 대하여 양도소득세 30이 과세되면 D의 주식 보유 및 양도로 인한 세후 소득은 70이 된다. 그런데 이 금액은 비법인의 출자자 D의 지분 보유 및 양도로 인한 세후소득 70과 동일한 금액이다. 비법인과의 과세상 차이가 전부 해소되고 조세중립성이 유지된다.

3) 분석 및 평가

이 방법을 이론적 측면과 적용 측면에서 분석한다.

① 이론적 측면

E의 배당소득을 비과세 하는 것에 이론적으로 정당한 측면이 있다. E가 받은 배당은 실질적으로 소득이 아니라 자기자본의 회수에 해당한다. E가 받은 배당은 E가 주식을 취득한 이후에 법인이 토지의 가치증가분을 실현하여 얻은 소득을 기초로 한 것은 사실이다. 이런 점에서는 E가 받은 배당은 배당소득 사례에서 A가 받는 배당과 동일하게 보일 수는 있다. 그러나 E가 주식을 취득한 이후에 법인이 실현한 소득은 E가 주식을 취득하기 전에 이미 법인에 미실현이익으로 형성되어 있었다. 다만, 법인의 소득 실현 시점만 E가 주식을 취득한 이후일 뿐이다. 위 미실현이익은 D의 주식양도가액 및 E의 주식취득가액에 모두 반영되었다. E가 주식을 취득한 이후에 법인이나 E의 순자산의 증가가 있었던 것이 아니다. 이런 점에서 E가 받은 배당의 실질은 배당소득 사례에서 A가 받은 배당과 다르고, 오히려 유보소득 사례에서 C가 받은 배당에 가깝다. C가 받은 배당소득에 대하여 비과세 하는 것에 이론적으로 정당한 측면이 있는 것처럼, E가 받은 배당소득에 대하여 비과세 하는 것 역시 마찬가지이다. 앞서 살펴본 미실현이익 중복과세 사례에서 기업 P가 비법인일 경우 출자자 E에 대하여 과세하지 않는 것 역시 동일한 이유 때문이다.

② 적용 측면

법인세와 E의 배당소득세를 비과세 하는 것은 현실적으로 거의 불가능에 가깝다. 먼저 법인세 비과세 부분이다. 일반적으로 법인이 미실현이익이 형성된 자본자산을 처분하면 자본이득(capital gain)을 실현하게 되고 이는 과세대상 소득이다. 위 미실현이익 중복과세 사례에서는 법인이 토지를 처분하여 실현한 소득에 대하여 법인세를 과세하지 않는 것이 어렵지 않다. 법인의 소득이 법인의 유일한 자산인 토지에 존재하는 미실현이익만 반영하는 것이라는 점을 분명

히 하고 있고 소득으로 실현된 미실현이익의 금액이 주어져 있기 때
문이다. 그러나 현실에서 법인이 실현한 다양한 소득 중 자본자산의
보유기간 동안 있었던 주식양도거래를 통해 주식양도인의 양도소득
에 이미 반영되어 주식양도소득으로 과세된 미실현이익 부분을 제
외하는 것은 매우 어렵다.190) 미실현이익이 존재하는 자본자산이 수
가 많을수록, 주주의 수가 많고 주식양도거래가 빈번할수록 그러한
구분은 거의 불가능에 가깝다.

　다음으로 E의 배당소득세 비과세 부분이다. 위 미실현이익 사례
에서는 E의 배당소득을 비과세 하는 것이 어렵지 않다. E가 받은 배
당이 법인의 자본이득에 관한 것이고 그 자본이득은 E가 주식을 취
득하기 전에 법인에 형성되어 있었던 미실현이익에 기한 것이라는
점을 바로 확인할 수 있기 때문이다. 그러나 현실에서 주주가 받은
배당소득 중 주주가 주식을 취득하기 전에 법인에 미실현이익 상태
로 형성되어 있다가 주주가 주식을 취득한 후에 법인이 실현한 자본
이득에 기초한 부분을 구분하는 것은 매우 어렵다. 미실현이익 중복
과세 유형의 실제 사례에서 배당소득 비과세 방안을 적용하기 위해
서는 (i) 주주가 받은 배당이 법인의 통상소득(ordinary income)에 기
초한 것인지, 그렇지 않으면 자본이득(capital gain)에 기초한 것인지
구분해야 하고, (ii) 자본이득에 기초한 배당 중 어느 부분이 주주의
주식 취득 전에 법인에 형성되어 있던 미실현이익에 기초한 부분이
고 어느 부분이 주식 취득 후에 법인에 형성된 미실현이익에 기초한
부분인지를 구분해야 한다. 그런데 (i) 구분은 크게 어렵지 않거나 구
분을 위한 규칙을 만들 수 있다고 하더라도, (ii) 구분은 법인에 자본
자산의 수가 많을수록 거의 불가능에 가깝고 주주의 수가 많고 주식
양도가 빈번할수록 매우 비효율적이다.

---

190) Yin, *supra* note 3, p.473.

3. 요약

이상 살펴본 미실현이익 중복과세 조정을 위한 두 가지 접근 방법 중 '(i) D의 주식양도소득 비과세 및 E의 배당소득 이중과세 조정' 방법은 D의 양도소득이 E의 배당소득의 담세력에 의해 결정될 가능성, 주주 과세가 이연될 가능성, 법인의 미실현이익에 기한 과세가 전혀 이루어지지 않을 가능성 등 이론적 측면에 문제가 있다. 그 뿐만 아니라, 법인의 미실현이익이 존재하는 자본자산이 많을수록 그리고 주주의 수가 많고 주식양도가 빈번할수록 D의 주식양도소득 중 법인의 자본자산에 존재하는 미실현이익이 반영된 부분을 비과세 하는 것은 실제 적용하기 매우 어렵다. 한편, (ii) '법인세 및 E의 배당소득 비과세' 방법은 이론적으로 정당한 측면이 있으나, 미실현이익이 존재하는 법인의 자본자산이 수가 많을수록 그리고 주주의 수가 많고 주식양도가 빈번할수록 실제 적용이 거의 불가능하다.

위와 같이 미실현이익 중복과세 사례에서는 D의 주식양도소득에 대한 소득세, 법인세, E의 배당소득에 대한 소득세 중 어느 것에 대하여 비과세 하는 것은 이론적으로 문제가 있거나 비현실적이기 때문에 모두 과세할 수밖에 없다. 그렇다면 남은 것은 법인세와 주주 과세의 이중과세 조정이다. D의 주식양도소득세 과세 당시 법인세는 아직 과세되지 않은 상태이므로 법인세와 D의 주식양도소득세의 이중과세 조정은 불가능하다. 결국 미실현이익 중복과세 사례에서 할 수 있는 법인세와 주주 과세의 이중과세 조정은 법인세와 E의 배당소득세의 이중과세 조정이다.

결과적으로 미실현이익 중복과세 사례에서 비법인과의 과세상 차이를 해소하기 위해서는 D의 주식양도소득에 대하여 과세하고 E의 배당소득에 대하여도 과세하면서 배당소득 이중과세 조정을 하는 것 외에 다른 접근 방법을 찾기 어렵다. 이 접근 방법은 미실현이익 중복과세 사례에서 적용 가능한 가장 현실적인 방법이다. 다만, 이 방법을 적용할 경우 법인의 미실현이익에 기하여 주식양도소득세와 배당소득세가 중복 과세되는 것은 피하기 어렵다. 즉, 비법인과의 과세상 차이를 일부 해소하는데 그친다.

제2절 중복과세 포괄적 조정의 범위와 규칙

본 절에서는 제4장과 본 장 제1절에서의 논의를 토대로 법인 소득에 기한 중복과세의 포괄적 조정의 범위를 획정하고 조정 규칙을 정립하고자 한다. 여기에서 정립된 포괄적 조정 규칙은 이하 제3절, 제4절, 제5절에서 살펴볼 각 포괄적 조정의 과세체계의 핵심이다.

I. 포괄적 조정의 범위

1. 배당소득 이중과세의 전부 조정

법인세를 존치하면서 주주 과세를 지향하는 법인 및 주주 과세 통합을 추구할 경우 배당소득 이중과세 사례에서 법인 소득에 기한 중복과세 문제를 해결하기 위해서는 배당소득 이중과세 조정이 필요하다. 그리고 배당소득 이중과세 조정은 배당소득 이중과세 사례에서 비법인과의 과세상 차이를 전부 해소하여 조세중립성을 제고할 수 있다. 배당세액공제(Imputation), '법인세 법인 환급', 배당금 손금산입 등은 배당소득 이중과세를 전부 조정하기 위해 활용할 수 있는 적절한 방법이다.

요컨대, 법인세를 존치하면서 주주 과세를 지향하는 법인 및 주주 과세 통합을 위하여 배당소득 이중과세 조정이 필요하고 또한 전부 조정을 하기 위한 적절한 방법이 존재한다. 따라서 법인 소득에 기한 중복과세의 포괄적 조정의 범위에는 배당소득 이중과세를 전부 조정하는 것이 당연히 포함된다.

2. 유보소득 중복과세의 전부 조정

법인세를 존치하면서 주주 과세를 지향하는 법인 및 주주 과세 통합을 추구할 경우 유보소득 중복과세 사례에서 법인 소득에 기한 중복과세 문제를 해결하기 위해서는 유보소득 중복과세 조정이 필요하다. 그런데 유보소득이 주주에게 배당되는 시점에서의 배당소득 이중과세 조정으로는 유보소득 중복과세 사례에서의 비법인과의 과세상 차이를 전부 해소하기 어렵고 별도의 접근 방법이 필요하다. 주주가 법인의 유보소득이 반영된 가액으로 주식을 양도하는 시점에 주식양도소득 이중과세 조정을 하고 법인의 유보소득이 주식양수인에게 배당될 때 주식양수인의 배당소득을 비과세 하면 비법인과의 과세상 차이를 전부 해소하여 조세중립성을 제고할 수 있다. 주식양도세액공제(Imputation), '법인세 법인 환급' 등의 방법 역시 주식양도소득 이중과세를 전부 조정하기 위해 활용될 수 있다.

요컨대, 법인세를 존치하면서 주주 과세를 지향하는 법인 및 주주 과세 통합을 위하여 유보소득 중복과세 조정이 필요하고 또한 전부 조정을 하기 위한 적절하고 실현 가능한 접근 방법이 존재한다. 따라서 법인 소득에 기한 중복과세의 포괄적 조정의 범위에는 유보소득 중복과세를 전부 조정하는 것이 포함되어야 한다.

3. 미실현이익 중복과세의 일부 조정

법인세를 존치하면서 주주 과세를 지향하는 법인 및 주주 과세 통합을 추구할 경우 미실현이익 중복과세 사례에서 법인 소득에 기한 중복과세 문제를 해결하기 위해서는 미실현이익 중복과세 조정이 필요하다. 그런데 법인의 미실현이익이 실현된 후 배당되는 시점에서 주주의 배당소득 이중과세 조정으로는 미실현이익 중복과세 사례에서의 비법인과의 과세상 차이를 전부 해소하기 어렵고 별도의 접근 방법이 필요하다. 그러나 법인의 미실현이익에 기한 중복과세를 조정하여 비법인과의 과세상 차이를 전부 해소할 수 있는 적절하고 실현 가능한 접근 방법은 찾기 어렵다. 현실적으로 비법인과의 과세상 차이를 일부나마 해소할 수 있는 방법은 법인의 미실현이익이 반영된 주식양도 시점에는 아무런 조정 없이 주식양도소득 과세를 하고 법인의 미실현이익이 실현된 후 주주에게 배당되는 시점에 주주의 배당소득 이중과세 조정을 하는 것이다.

요컨대, 법인세를 존치하면서 주주 과세를 지향하는 법인 및 주주 과세 통합을 위하여 미실현이익 중복과세 조정이 필요하지만, 전부 조정을 하기 위한 적절하고 실현 가능한 접근 방법은 찾기 어렵다. 미실현이익 중복과세 조정은 법인이 미실현이익을 실현한 후 주주에게 배당하는 시점에서 주주의 배당소득 이중과세 조정을 통하여 일부 조정하는 것에 그칠 수밖에 없다. 법인 소득에 기한 중복과세의 포괄적 조정의 범위에는 미실현이익 중복과세를 일부 조정하는 것이 포함된다.

Ⅱ. 실효성을 위한 전제 조건

바로 앞서 살펴본 법인 소득에 기한 중복과세의 포괄적 조정 범위 내에서의 포괄적 조정이 실효성을 기하기 위해서는 다음 세 가지 조건이 충족되어야 한다.

1. 주식양도소득에 대한 전면적 과세

법인 소득에 기한 중복과세의 포괄적 조정이 실효성을 기하기 위해서는 원칙적으로 주식양도소득에 대한 과세가 전면적으로 이루어져야 한다. 이는 주주가 주식을 취득한 이후에 법인이 실현한 소득에 기한 배당 시 주주의 배당소득이 원칙적으로 과세되는 것에 상응하는 것이다.

2. 소득세율과 포괄적 조정

앞서 살펴본 바와 같이 '법인 소득에 기한 중복과세의 포괄적 조정의 범위'는 (i) 배당소득 이중과세의 전부 조정, (ii) '주식양도소득 이중과세 조정 및 배당소득 비과세'에 의한 유보소득 중복과세의 전부 조정, (iii) '배당소득 이중과세 조정'에 의한 미실현이익 중복과세의 일부 조정이다. 위와 같은 포괄적 조정의 범위가 현행 배당세액공제에 의한 배당소득 이중과세 조정의 범위와 가장 크게 다른 점은 바로 (ii) 부분이다. 법인 소득에 기한 중복과세 포괄적 조정의 범위를 확정하기 전에 분석하여야 할 사항이 한 가지 더 남아 있다. 위 (i), (ii), (iii)의 전제 하에서 소득세율이 법인 소득에 기한 중복과세의 포괄적 조정에 미치는 영향이다.

(1) 소득세율과 중복과세 조정의 실효성
1) 배당소득 이중과세 조정
비법인의 출자자 A의 세후소득에 영향을 미치는 세율은 A의 사업소득세율이고, 위 (i)에 의한 배당소득 이중과세 조정을 할 경우 법인의 주주 A의 세후소득에 영향을 미치는 세율은 A의 배당소득세율이다. 따라서 배당소득 이중과세 조정의 실효성을 높이기 위해서는 '사업소득세율 = 배당소득세율'이어야 한다. 사업소득과 배당소득은 모두 통상소득(ordinary income)으로서 세율 체계가 동일한 것이 일반적이다. 따라서 소득세율이 배당소득 이중과세 조정에 미치는 영향에 관하여는 특별히 논할 것이 없다.

2) 유보소득 중복과세 조정

비법인의 출자자 B의 세후소득에 영향을 미치는 세율은 B의 사업소득세율이고, 위 (ii)에 의한 유보소득 중복과세 조정을 할 경우 법인의 주주 B의 세후소득에 영향을 미치는 세율은 B의 주식양도소득세율이다. 따라서 'B의 주식양도소득 이중과세 조정 및 C의 배당소득 비과세'에 의한 유보소득 중복과세 조정의 실효성을 높이기 위해서는 '사업소득세율 = 주식양도소득세율'이어야 한다. 이하 사례에서 이러한 점("첫 번째 쟁점")을 확인하고자 한다

3) 미실현이익 중복과세 조정

비법인의 출자자 D의 세후소득에 영향을 미치는 세율은 D의 (지분)양도소득세율 뿐인데, 위 (iii)에 의한 미실현이익 중복과세를 일부 조정할 경우 법인의 주주 D의 세후소득에 영향을 미치는 세율은 D의 주식양도소득세율 및 E의 배당소득세율이다. 바로 위에서 살펴본 바와 같이 배당소득 이중과세 조정 및 유보소득 중복과세 조정의 실효성을 모두 높이기 위해서는 '사업소득세율 = 배당소득세율 = 주식양도소득세율'이어야 하는데, 이하 사례에서는 그러한 조건이 '배당소득 이중과세 조정'에 의한 미실현이익 중복과세 조정에 긍정적 또는 부정적인 영향을 미치는지, 그렇지 않으면 아무런 영향을 미치지 않고 중립적인지("두 번째 쟁점") 알아보고자 한다.

(2) 세 가지 중복과세 사례

위 "첫 번째 쟁점" 및 "두 번째 쟁점" 관련하여 살펴볼 사례의 사실관계는 앞서 소개한 배당소득 이중과세 사례, 유보소득 중복과세 사례, 미실현이익 중복과세 사례에서의 각 사실관계와 동일하다. 다만, 법인세율은 20%이고 사업소득세율과 배당소득세율은 동일하게 40%라고 가정한다. 양도소득세율이 20%, 30%, 40%인 경우로 나누어 살펴본다.

(3) 소득세율에 따른 A, B, D의 세후소득

위 사실관계에서 비법인의 출자자 A와 법인의 주주 A의 세후소득은 양도소득세율에 관계없이 항상 60이다.[191] 그리고 (i) 비법인의 출자자 B와 D의 세후소득, (ii) 배당소득 이중과세 조정만 할 경우의 주주 B와 D의 세후소득, (iii) 배당소득 이중과세 조정 및 유보소득 중복과세 조정('주식양도소득 이중과세 조정 및 배당소득 비과세')을 모두 할 경우의 주주 B와 D의 세후소득은 양도소득세율 여하에 따라 다음 표와 같다.

	비법인의 경우		배당소득 이중과세 조정만 할 경우		배당소득 이중과세 조정 및 유보소득 중복과세 조정을 모두 할 경우	
	① B의 세후소득	② D의 세후소득	③ B의 세후소득	④ D의 세후소득	⑤ B의 세후소득	⑥ D의 세후소득
사업(배당)소득세율 40%, 양도소득세율 20%	60	80	48	48	80	48
사업(배당)소득세율 40%, 양도소득세율 30%	60	70	42	42	70	42
사업(배당)소득세율 40%, 양도소득세율 40%	60	60	36	36	60	36

---

191) 사업소득세율과 배당소득세율이 동일하게 40%이기 때문이다.

(4) 분석 및 평가

위 표에 나타난 결과를 분석 및 평가하면 다음과 같다.

1) "첫 번째 쟁점"

첫째, 위 표의 ①과 ⑤를 비교하여 확인할 수 있는 것처럼 유보소득 중복과세 조정을 할 경우 주주 B의 세후소득이 비법인의 출자자 B의 세후소득(60)과 동일하게 되는 것은 사업(배당)소득세율(40%)과 주식양도소득세율이 동일한 경우이다. 이는 사업(배당)소득세율과 양도소득세율이 동일한 경우에 '주식양도소득 이중과세 조정 및 배당소득 비과세'에 의한 유보소득 중복과세 조정의 실효성이 있게 됨을 의미한다. 사업(배당)소득세율과 양도소득세율의 차이가 크면 클수록 유보소득 중복과세 조정에도 불구하고 조세중립적인 결과를 얻기 어렵다.

둘째, 사업(배당)소득세율(40%)과 양도소득세율이 동일하고 배당소득 이중과세 조정 및 유보소득 중복과세 조정이 모두 이루어진 경우에는 주주 A의 세후소득(60)과 주주 B의 세후소득 역시 동일하게 된다. 이는 그러한 경우 주주가 법인의 소득을 자신의 소득으로 실현하기 위해 배당절차를 이용하든 주식을 양도하든 조세중립성이 유지되는 것을 의미한다.

2) "두 번째 쟁점"

위 표의 ②, ④, ⑥을 통해서 알 수 있듯이 사업(배당)소득세율과 양도소득세율이 동일하든 동일하지 않든 비법인의 출자자 D의 세후소득에 대한 주주 D의 세후소득의 비율은 0.6으로 항상 일정하다. 양도소득세율을 사업(배당)소득세율의 수준으로 높일 경우 주주 D의 세후소득이 감소하기는 하나 비법인의 출자자 D의 세후소득 역시 감소하기 때문이다. 이점은 배당소득 이중과세 조정만 할 경우와 배

당소득 이중과세 조정 및 유보소득 중복과세 조정을 모두 할 경우
동일하다. 이로써 유보소득 중복과세 조정('주식양도소득 이중과세
조정 및 배당소득 비과세')의 실효성을 기하기 위하여 양도소득세율
을 사업(배당)소득세율과 동일한 수준으로 높이더라도 미실현이익
중복과세 조정에 부정적인 영향을 미치는 것은 아니라는 사실을 알
수 있다.

(5) 결론

주주 B와 D의 세후소득을 종합적으로 고려할 때 사업(배당)소득
세율(40%)과 양도소득세율(40%)이 동일한 상태에서 배당소득 이중과
세 조정 및 유보소득 중복과세 조정을 모두 할 경우가 양도소득세율
(20%)이 사업(배당)소득세율(40%)보다 낮은 상태에서 배당소득 이중
과세 조정만 하는 경우보다 전반적으로 조세중립성 수준이 더 높다.
위 "첫 번째 쟁점"에서 확인할 수 있듯이 주주 B의 세후 소득이 비법
인의 출자자 B의 세후소득(60)과 동일한 경우는 사업(배당)소득세율
과 양도소득세율이 40%로 동일한 상태에서 배당소득 이중과세 조정
및 유보소득 중복과세 조정을 모두 할 경우가 유일하고, 위 "두 번째
쟁점"에서 확인할 수 있듯이 비법인의 출자자 D의 세후 소득에 대한
주주 D의 세후 소득의 비율은 어느 경우나 0.6으로 항상 일정하기
때문이다.

요컨대, 사업소득세율과 배당소득세율 및 양도소득세율의 체계를
동일하게 하고 배당소득 이중과세 조정 및 유보소득 중복과세 조정
('주식양도소득 이중과세 조정 및 배당소득 비과세')을 모두 하면 유
보소득 중복과세로 인한 조세비중립성은 현행 배당세액공제에 의한
통합 세제보다 개선되면서도 미실현이익 중복과세로 인한 조세비중
립성은 현행 통합 세제보다 더 악화되지는 않으므로 전체적으로는
현행 통합 세제보다 조세중립성이 제고된다. 즉, 중복과세 포괄적 조

정의 실효성을 기하기 위해서는 비법인의 출자자의 사업소득과 주주의 배당소득 및 주식양도소득에 각 적용되는 세율체계가 동일해야 한다.

3. 배당소득 및 주식양도소득에 대한 과세단위의 일원화[192]

바로 앞서 사업소득세율과 배당소득세율 및 주식양도소득세율이 동일한 상태에서 배당소득 이중과세 조정과 유보소득 중복과세 조정을 모두 할 경우 현행 세제 하에서보다 조세중립성을 제고할 수 있음을 확인하였다. 그런데 위와 같은 분석은 주주가 법인의 소득을 전액 배당 또는 주식양도 중 어느 하나를 통해서 자신의 소득으로 실현하는 경우를 전제로 한 것이다. 이는 논의를 단순화하기 위한 것이었다. 그런데 현실에서 주주는 법인의 소득 중 일부는 배당으로 다른 일부는 주식양도를 통해서 자신의 소득으로 실현하기도 한다. 그와 같은 경우 중복과세 포괄적 조정의 실효성을 기하기 위해서는 어떤 조건이 충족되어야 하는지 살펴볼 필요가 있다.

비법인의 소득은 출자자에 대한 분배나 출자자의 지분양도가 없더라도 출자자가 비법인의 소득 전액을 실현한 것으로 보고 출자자에 대하여 과세할 수 있다. 이와 달리 주주는 법인의 소득을 배당이나 주식양도를 통하여 자신의 소득으로 실현하는데, 법인의 소득을 전액 배당 또는 주식양도를 통해서 실현할 수도 있지만 이와 달리 법인의 소득 중 일부는 배당받고 일부는 주식양도를 통해서 실현할

---

192) 배당소득과 주식양도소득의 과세단위를 일원화 한다는 것은 두 소득을 하나의 과세표준에 합산하여 과세한다는 취지이지, 두 소득이 개념적으로 구분되지 않는다거나 소득세법상 구분할 실익이 없다는 의미는 결코 아니다. 현행 소득세법에서도 종합소득과세표준에 다양한 유형의 소득이 합산되어 과세되는데, 그것이 소득세법상 소득 구분의 실익이 없다는 것을 의미하지는 않는다.

수도 있다. 누진세율에 의한 소득세제 하에서는 주주가 동일한 과세
기간에 실현한 배당소득과 주식양도소득을 하나의 과세표준에 합산
하여 하나의 과세단위로서 소득세를 과세할 경우 별개의 과세표준
으로 구분하여 과세하는 경우보다 비법인과의 과세상 차이를 더 많
이 완화하여 조세중립성의 수준을 더 제고할 가능성이 높다.

예컨대, 1월부터 12월까지를 과세기간으로 하는 법인이 동일한
과세기간에 유보소득 100 중에서 50을 주주에게 배당하고 이어서 주
주가 법인의 유보소득 잔액인 50을 반영한 가액으로 주식을 양도할
경우 누진세제 하에서는 주주의 배당소득 50과 주식양도소득 50을
별개의 과세표준으로 구분하여 과세하는 경우보다 위 소득을 하나
의 과세표준에 합산하여 소득 100이 있는 것으로 보고 과세하는 경
우가 비법인과의 과세상 차이를 더 많이 완화할 것이다. 위 예가 비
법인인 경우라면 소득 100 전액을 출자자가 사업소득으로 실현한 것
으로 보고 출자자에 대하여 과세할 수 있기 때문이다. 위와 같이 배
당소득과 주식양도소득을 하나의 과세표준에 합산할 경우 법인이
실현한 소득 100을 주주가 전액 배당 받든 또는 법인의 위 소득을
전액 반영한 가액으로 주식을 양도하든 또는 법인의 위 소득 중 50
은 배당을 받고 나머지 50을 반영한 가액으로 주식을 양도하든 주주
의 소득과 비법인의 출자자의 소득에 대한 과세상 차이가 완화될 가
능성이 높아진다.

다만, 비법인과의 과세상 차이를 "완전히 해소"한다고 표현하지
않고 "완화"한다고 표현한 것은 법인의 소득 실현과 배당 및 주식양
도가 과세기간을 달리하여 이루어진 경우는 배당소득과 주식양도소
득의 과세표준을 일원화하는 것만으로는 비법인과의 과세상 차이를
완전히 해소할 수 없기 때문이다. 그러한 경우는 과세기간이라는 다
른 차원의 과세단위가 결부되는 것이다.

요컨대, 누진세율에 의한 소득세제 하에서 중복과세 포괄적 조정

의 실효성을 기하기 위해서는 주주의 배당소득과 주식양도소득을 하나의 과세단위로 취급하여 하나의 과세표준에 합산하여야 하고 그와 같이 합산된 과세표준에 적용되는 세율체계와 비법인 출자자의 사업소득의 과세표준에 적용되는 세율체계가 동일하여야 한다. 배당소득과 주식양도소득은 법인 소득을 기초로 한 주주의 자본소득이라는 공통점을 가지므로 위와 같은 과세상 취급은 예컨대, 이원적 소득세제의 도입이나 자본소득에 대한 종합과세의 강화 등과 같이193) 배당소득, 자본이득 등 자본소득에 대한 포괄적 과세를 지향하려는 최근의 흐름에 부합한다.

III. 포괄적 조정의 최적화

앞서 살펴본 법인 소득에 기한 중복과세 조정의 이론적 정당성, 배당소득 이중과세 조정 외에 유보소득 중복과세 조정 및 미실현이익 중복과세 조정의 현실적 필요성, 유보소득 중복과세 조정을 위한 구체적인 접근 방법의 실현 가능성, 소득세율이 중복과세의 포괄적 조정에 미치는 영향 등 포괄적 중복과세 조정의 실효성을 기하기 위한 전제조건 등을 종합적으로 고려할 때, (a) 주식양도소득에 대한 전면적인 과세를 원칙으로 하여 (b) 배당소득과 주식양도소득을 하나의 과세표준에 합산하고 (c) 사업소득의 과세표준과 배당소득 및 주식(지분)양도소득이 합산된 과세표준에 대하여 동일한 세율체계를 적용하여 과세하되, (i) 배당소득 이중과세의 전부 조정, (ii) '주식양도소득 이중과세 조정 및 배당소득 비과세'에 의한 유보소득 중복과세의 전부 조정, (iii) '배당소득 이중과세 조정'에 의한 미실현이익 중복과세의 일부 조정을 할 경우 현행 배당세액공제에 의한 통합 세제

---

193) 홍범교·이상엽, *supra* note 158, p.85.

보다 비법인기업과의 과세상 차이를 더 많이 완화하여 조세중립성을 제고할 가능성이 높다.

그런데 현실에서 포괄적 조정의 최적의 범위는 조세중립성 뿐만 아니라 다른 조세정책적 가치도 고려해서 결정해야 한다. 조세중립성 제고가 포괄적 조정을 하는 주된 이유이지만 조세중립성만으로 포괄적 조정이 정당화되는 것은 아니다. 예컨대, 단순성(simplicity)이나 세수(revenue)에 대한 영향 등 다른 조세정책적 가치나 경제적 목적을 조세중립성보다 더 우선시해야 하는 상황도 존재하고 그러한 상황에서는 배당소득과 주식양도소득을 분류과세 하거나 배당소득의 일부만 과세하거나[194] 배당소득에 대하여 낮은 세율을 적용하거나[195] 주식양도소득에 대한 과세를 제한하거나 사업(배당)소득세율보다 낮은 세율로 과세하는 것이 더 바람직할 수도 있다. 결국 세제 전체에서 바라볼 때 어디까지가 포괄적 조정의 최적 범위인지 분별하는 것은 매우 어려운 문제이다.

다만, 조세중립성에 초점을 맞춘다면 주식양도소득에 대한 전면적 과세 또는 적어도 원칙적 과세를 전제로 하여 배당소득과 주식양도소득을 하나의 과세표준에 합산하여 사업소득의 과세표준과 배당소득 및 주식(지분)양도소득의 과세표준에 대하여 동일한 세율체계를 적용하여 과세하면서 배당 시점에서의 배당소득 이중과세 조정 뿐만 아니라 유보소득 중복과세 조정을 하는 것은 법인 소득에 기한 중복과세 문제 해결의 수준을 높여 법인 과세로 인한 다양한 경제적 왜곡 해결에 기여할 가능성이 있다.

---

194) 예컨대, 독일의 경우. 김유찬·이유향, 주요국의 조세제도 -독일편- (한국조세연구원, 2009), p.155.

195) 전통적으로 법인 과세와 주주 과세의 이중과세를 유지해온 미국 세법은 현재는 배당소득에 대하여 낮은 세율을 적용하여 이중과세 부담을 일부 덜어주고 있다. 이창희, *supra* note 29, p.95.

IV. 포괄적 조정의 규칙

앞서 확정한 포괄적 조정 범위를 토대로 다음과 같은 조정 규칙을 도출할 수 있다.

1. 배당소득 과세 및 이중과세 조정

주주가 법인으로부터 받은 배당이 주주가 주식을 취득한 이후에 법인이 실현한 소득에 기초한 배당일 경우 주주의 배당소득에 대하여 과세하면서 이중과세 조정을 한다. '주주의 주식 취득 이후에 법인이 실현한 소득에 기초한 배당'이라 함은 주주가 주식을 취득한 시점이 속한 법인의 과세기간 중 또는 그 이후 과세기간에 법인이 실현한 소득을 처분하여 이루어진 배당을 의미한다. 법인이 실현한 소득이 법인에 형성된 시점이 주주가 주식을 취득한 시점 이전인지 또는 이후인지 구분하지 않는다. 이 규칙은 배당소득 이중과세 사례와 미실현이익 중복과세 사례에서 도출한 것이다.

2. 주식양도소득 과세 및 이중과세 조정

주주가 주식을 양도하여 실현한 양도차익에 법인의 유보소득이 반영된 경우 주주의 주식양도소득에 대하여 과세하면서 법인세와의 이중과세 조정을 한다. 이 규칙은 유보소득 중복과세 사례에서 도출한 것이다.

3. 배당소득 비과세 및 주식취득가액 감액 조정

주주가 법인으로부터 받은 배당이 주주가 주식을 취득하기 전에 법인이 실현한 소득에 기초한 배당일 경우 주주의 배당소득에 대하여 비과세 하고 주식취득가액을 배당금액 만큼 하향 조정한다. '주주의 주식 취득 전에 법인이 실현한 소득에 기초한 배당'이라 함은 주주가 주식을 취득한 시점 직전에 종료한 법인의 과세기간 또는 그 이전 과세기간에 법인이 실현한 소득을 처분하여 이루어진 배당을 의미한다. 이 규칙 역시 유보소득 중복과세 사례에서 도출한 것이다.

제3절 세액공제(Full Imputation)에 의한 포괄적 조정

Ⅰ. 의의

법인 소득에 기한 중복과세를 포괄적으로 조정하기 위하여 배당소득 이중과세 조정 또는 주식양도소득 이중과세 조정을 할 때 세액공제(Imputation)에 의하여 주주에게 법인세를 전액 환원할 수 있다. 이를 '세액공제(Full Imputation)에 의한 포괄적 조정'이라고 칭하고자 한다.

Ⅱ. 주요 개념 요소

세액공제(Full Imputation)에 의한 포괄적 조정의 주요 개념 요소 네 가지는 다음과 같다.

1. 법인세 존치 및 주주 과세 지향

세액공제에 의한 포괄적 조정은 법인의 소득에 기하여 일단 법인세를 과세하되 종국적으로는 주주 과세를 지향하는 유형의 법인세 통합 방안이다.

2. 포괄적 조정 규칙의 적용

세액공제에 의한 포괄적 조정은 법인 소득에 기한 중복과세 문제를 해결하기 위하여 앞서 도출한 중복과세의 포괄적 조정 규칙을 적용한다. 따라서 주주의 배당소득이 주주가 주식을 취득한 시점 이전 또는 이후에 법인이 실현한 소득에 기초한 것인지에 따라 배당소득에 대한 과세 여부가 달라진다. 그리고 배당소득 이중과세 조정을 할 뿐만 아니라 주식양도소득 이중과세 조정도 한다. 그 결과 배당소득 이중과세 및 유보소득 중복과세가 전부 조정되고 미실현이익 중복과세는 일부 조정된다. 법인 소득에 기한 중복과세 조정을 강화하는 것이다.

이러한 점에서 세액공제에 의한 포괄적 조정은 배당 시점에 배당소득 이중과세 조정만 하는 현행 배당세액공제와 크게 다르다. 현행 배당세액공제는 "Partial Imputation"이라고 볼 수 있다.

3. 세액공제(Imputation)에 의한 법인세 환원

세액공제에 의한 포괄적 조정은 배당소득 이중과세 조정 및 주식양도소득 이중과세 조정을 하기 위한 방법으로서 세액공제(Imputation)를 적용한다. 세액공제는 과세된 법인세를 주주에게 환원하는 하나의 방법이다. 세액공제(Imputation)는 법인세가 과세되지 않은 상태로 환원하기 위해 두 가지를 간주한다. 그 중 하나는 주주가 법인세를 소득의 일부로 실현한 것으로 간주한다. 다른 하나는 법인세가 소득세의 일부로 이미 납부된 것으로 간주한다. 이러한 일련의 과정은 "Imputation"이라고 부를 수 있다. 세액공제에 의한 배당소득 이중과세 조정과 주식양도소득 이중과세 조정을 구체적으로 살펴보면 다음과 같다.

세액공제에 의한 배당소득 이중과세 조정은 주주가 실제로 받은 배당금에 '법인세가 과세되지 않았을 경우 주주가 추가적으로 받았을 배당금'(배당소득가산금액)을 합산하여 배당소득금액을 구하고 그 금액에 소득세율을 적용하여 배당소득세를 산출한 후 배당소득가산금액 상당액을 주주가 이미 배당소득세의 일부로서 납부한 것으로 간주하여 세액공제 한다.

세액공제에 의한 주식양도소득 이중과세 조정은 주주가 실제로 실현한 주식양도소득에 '법인세가 과세되지 않았을 경우 주주가 추가적으로 실현하였을 주식양도소득'(주식양도소득가산금액)을 합산하여 주식양도소득금액을 구하고 그 금액에 소득세율을 적용하여 주식양도소득세를 산출한 후 주식양도소득가산금액 상당액을 주주가 이미 주식양도소득세의 일부로서 납부한 것으로 간주하여 세액공제 한다.

4. 법인세 전액의 환원

세액공제에 의한 포괄적 조정은 배당소득 이중과세 조정과 주식양도소득 이중과세 조정을 할 때 법인세 전액을 환원한다. 법인 소득에 기한 이중과세 조정을 강화하는 것이다. 이러한 측면에서도 "Full Imputation"이라 부르는 것이다. 이러한 점에서 세액공제에 의한 포괄적 조정은 법인세 일부만 환원하는 현행 배당세액공제와 다르다. 현행 배당세액공제는 "Partial Imputation"이라고 볼 수 있다.

만일 주주의 배당소득에 대한 산출세액에서 배당세액공제금액을 차감한 결과 잔여 배당세액공제금액이 있을 경우 주주에게 그 금액을 환급한다. 만일 주주에게 잔여 배당세액공제금액을 환급하지 않으면 법인 소득은 법인세율로 과세되는 것이기 때문이다.196) 주식양도소득의 경우도 마찬가지이다.

III. 포괄적 조정의 과세체계

세액공제(Full Imputation)에 의한 포괄적 조정의 과세체계는 (i) 법인세 과세, (ii) 배당소득 과세와 배당세액공제, (iii) 주식양도소득 과세와 주식양도세액공제, (iv) 배당소득 비과세와 주식취득가액 감액 조정 등 네 가지로 요약할 수 있다. 여기에 추가하여 (v) 의제배당소득 과세와 배당세액공제에 관하여도 살펴본다.

1. 법인세 과세

법인이 소득을 실현하면 그 시점에 법인에 대하여 법인세를 과세한다. 다만, 법인의 청산과 합병 및 분할 시에는 청산법인과 피합병법인 및 분할되는 법인에 대하여 법인세를 과세하지 않는다.[197]

2. 배당소득 과세와 배당세액공제

(1) 배당소득 과세

주주가 법인으로부터 배당을 받고 그 배당이 주주가 주식을 취득한 이후에 법인이 실현한 잉여금에 기초한 배당일 경우 주주의 배당소득에 대하여 소득세를 과세한다.

---

196) Graetz & Warren, *supra* note 9, p.682.
197) 법인 청산과 합병 및 분할 시 법인의 소득은 법인의 자본자산의 미실현이익이다. 그리고 그 미실현이익은 주주의 잔여재산분배액과 합병대가 및 분할대가에 포함된다. 세액공제(Full Imputation)에 의한 포괄적 조정의 과세체계에서 법인 청산과 합병 및 분할 시 법인세를 과세하지 않을 경우 미실현이익에 대한 이중과세 조정은 불필요하다. 그 결과 법인의 미실현이익의 일부만 이중과세 조정되는 문제는 발생하지 않는다.

(2) 배당세액공제에 의한 이중과세 조정

주주의 배당소득에 대하여 과세하면서 해당 법인세를 배당소득 가산 및 배당세액공제 하여 이중과세 조정을 한다.

(3) 배당소득가산과 배당세액공제 금액 및 비율

1) 의의

주주가 받은 배당금에 합산할 배당소득가산금액과 배당소득세 산출세액에서 차감할 배당세액공제금액(Full Imputation 금액)은 '주주가 받은 배당금 x (특정 연도의 법인세 금액 / 특정 연도 법인의 이익잉여금 총액 중 법인세를 차감한 금액)'이다. 위 계산식 중 괄호 부분을 배당소득가산 및 배당세액공제 비율(Full Imputation 비율)이 라고 할 수 있다.

2) 계산식의 도출 근거

위 계산식은 법인세를 주주에게 각 주주의 지분비율에 따라 배분 하기 위한 것이다. 위 배당소득가산 및 배당세액공제 비율이 도출된 근거는 "만일 특정 연도에 법인이 실현한 총 잉여금 중 법인세를 차감한 나머지 전액이 주주에게 실제로 배당된다면 배당세액공제에 의한 이중과세 조정을 하기 위해서는 법인세 전액이 주주에게 배당된 것으로 간주되어야 한다"는 생각에 기초하고 있다. 따라서 특정 연도에 법인이 실현한 총 잉여금에서 법인세를 제외한 나머지 금액 중 일부 금액이 주주에게 배당될 경우 그 금액에 위 비율을 곱하여 배당소득가산 및 배당세액공제 금액을 구할 수 있다. 이것이 위 계산식이 도출된 경위이다. 이와 같은 계산 방식을 적용하면 법인세 과세 시 적용된 법인세율에 관계없이 법인세 전액을 합리적으로 배당소득가산 및 배당세액공제 할 수 있다.

3) 적용의 예

예컨대, 법인이 실현한 소득이 100이고 그 중 법인세 20을 납부하였다고 가정할 경우 배당소득가산 및 배당세액공제 비율은 1/4이다. 법인의 잔여 잉여금 중 10을 배당받은 주주의 배당소득가산 및 배당세액공제 금액은 2.5이다.

이와 같이 배당소득 이중과세 조정을 위하여 배당세액공제 방법(Full Imputation)을 실제 적용하는 데 큰 어려움이 없다. (i) 주주가 받은 배당금, (ii) 특정 연도의 법인세, (iii) 특정 연도 법인의 총 잉여금 중 법인세를 차감한 금액을 모두 어렵지 않게 확인할 수 있기 때문이다.

(4) 이익잉여금 사용 순서의 기준

특정 연도의 법인의 잉여금과 법인세에 의하여 결정되는 배당소득가산 및 배당세액공제 비율은 누진세율을 적용하는 법인세제 하에서 해마다 달라질 수 있고 법인세율의 변경이 있을 경우에도 달라질 수 있다. 따라서 배당소득 이중과세 조정을 위하여 배당세액공제 방법을 적용하기 위해서는 배당금으로 사용되는 법인의 이익잉여금이 어느 과세기간에 실현된 잉여금인지 그 사용 순서에 관한 기준이 필요하다. 또한 배당소득의 과세 또는 비과세 여부를 결정하기 위해서도 잉여금 사용 순서에 관한 기준이 필요하다.

예컨대, 후입선출법, 즉 "법인이 가장 최근에 실현하여 과세된 소득이 먼저 배당금으로 사용되는 것"으로 정하는 것이 법인이 실현한 소득에 기하여 적시에 주주 과세를 하는 데 상대적으로 더 유리할 것이다. 만일 선입선출법으로 정하면 주주에 대한 배당이 비과세 되는 경우와 법인이 실현한 소득에 기한 주주 과세가 주주의 주식양도 시점까지 이연되는 경우가 많아질 것이다. 또한 아래에서 살펴보는 바와 같이 주주에 대한 배당이 비과세 되면 주식취득가액을 감액 조정해야 하는데, 후입선출법을 적용하면 이러한 조정을 해야 할 필요가 적어지므로 편리하다.

3. 주식양도소득 과세와 주식양도세액공제

(1) 주식양도소득 과세
주주가 주식을 양도하여 양도소득을 실현하면 주주의 주식양도소득에 대하여 소득세를 과세한다.

(2) 주식양도세액공제에 의한 이중과세 조정
주주의 주식양도소득에 대하여 과세하면서 주식보유기간 과세된 해당 법인세를 주식양도소득가산 및 주식양도세액공제 하여 이중과세 조정을 한다.

(3) 주식양도소득가산 및 주식양도세액공제 금액
1) 의의
주주의 주식양도소득에 합산할 주식양도소득가산 및 주식양도소득세 산출세액에서 차감할 주식양도세액공제 금액(Full Imputation 금액)은 '(주주의 주식 보유기간동안 과세된 법인세 합계 금액 x 주주의 지분비율) - 주주의 주식 보유기간동안 배당 시 배당세액공제 된 법인세 금액'이다. 만일 주주가 보유 주식 중 일부만 양도할 경우 위 계산식에 보유 주식 중 양도하는 주식의 비율을 곱하면 된다.

2) 계산식의 도출 근거
위 계산식은 법인세를 주주에게 각 주주의 지분비율에 따라 배분하기 위한 것이다. 주식양도소득 이중과세 조정과 관련한 세액공제(Full Imputation)의 기본적인 원리는 법인세가 과세되지 않았을 경우 주주가 주식양도로 실현하였을 소득금액을 구하고 그 금액에 대하여 소득세를 과세하는 것이다. 만일 법인세가 과세되지 않았다면 법인세 금액만큼 법인에 잉여금이 더 존재할 것이다. 그렇다면 주식을 양도한 주주가 실현한 주식양도소득에는 주식 보유기간동안 과세된 법인세의 합계 금액 중 주주의 지분비율에 해당하는 금액이 포함될 것이다. 다만, 법인세 중 이미 배당소득 이중과세 조정을 위하여 배당소득가산 및 배당세액공제 된 금액은 위 금액에서 차감해야 한다. 그 부분은 배당이 있었을 때 배당을 받은 주주가 이미 배당소득으로 실현하였기 때문이다. 만일 차감하지 않으면 이중과세 조정이 과다하게 이루어진다. 이것이 위 계산식이 도출된 경위이다.

3) 적용의 예

주주의 주식 보유기간동안 과세된 법인세 합계 금액이 40이고, 주주의 지분비율이 60%이며 주주가 주식 보유기간동안 배당을 받으면서 배당세액공제 받은 법인세 금액이 10이고 주주가 보유 주식 중 1/2을 양도한 경우 주식양도소득가산 및 주식양도세액공제 금액(Full Imputation 금액)은 '[(40 x 60%) - 10] x 1/2 = 7'이다.

주식양도소득 이중과세 조정을 위하여 주식양도세액공제 방법 (Full Imputation)을 적용하는 것 역시 큰 어려움이 없다. (i) 주식보유기간의 법인세 합계 금액, (ii) 주주의 지분비율, (iii) 주주가 주식보유기간 동안 배당세액공제 받은 법인세 금액은 모두 법인의 공지를 통해 주주가 바로 확인할 수 있거나 또는 주주가 이미 알고 있는 사항이기 때문이다.

4. 배당소득 비과세와 주식취득가액 감액 조정

(1) 배당소득 비과세

주주가 법인으로부터 배당을 받고 그 배당이 주주가 주식을 취득하기 전에 법인이 실현한 잉여금에 기초한 배당일 경우 주주의 배당소득에 대하여 과세하지 않는다. 주식 취득 전에 법인이 실현한 잉여금은 주주의 주식취득가액에 반영된 주주의 자기자본이라는 생각에 기초하고 있다. 배당소득이 비과세되므로 배당세액공제에 의한 이중과세 조정이 필요 없다.

(2) 주식취득가액 감액 조정

배당소득에 대하여 과세하지 않을 경우 배당을 받은 주주의 주식취득가액에서 배당금 상당액을 감액하여 조정한다.

(3) 이익잉여금 사용 순서의 기준

배당소득의 과세 또는 비과세 여부를 결정하기 위해서 배당금으로 사용되는 법인의 이익잉여금이 어느 사업연도에 실현된 잉여금인지 그 사용 순서에 대한 기준이 필요하다. 앞서 '2. 배당소득 과세와 배당세액공제'에서 살펴본 바와 일관되게 후입선출법 즉, "법인이 가장 최근에 실현하여 과세된 소득이 먼저 배당금으로 사용되는 것'으로 정하는 것이 합리적이다.

5. 의제배당소득 과세와 배당세액공제

(1) 법인 자본감소의 경우

법인 감자 시 주주의 의제배당소득은 감자대가에서 주식취득가액을 차감하여 계산한다. 주주의 의제배당소득에 대하여 소득세를 과세한다. 이중과세 조정 여부는 다음과 같이 구분한다.

1) 법인 감자 시 감자차익이 발생한 경우

감자차익이 발생한 경우 주주가 받는 감자대가는 법인의 자본금과 자본잉여금을 반영한다.198) 따라서 주주에게 의제배당소득이 있어(예컨대, 법인이 주식의 액면가를 초과하는 금액으로 신주를 발행할 때 기존 주주 중에서 지분에 비례하여 신주를 인수하지 않은 주주의 경우) 과세하더라도 감자대가에 법인의 이익잉여금이 반영된 부분이 없기 때문에 이중과세 조정은 필요하지 않다.

2) 법인 감자 시 감자차손이 발생한 경우

법인이 감자를 한 결과 감자차손이 발생하면 법인은 이익잉여금을 처분하여 감자차손을 제거한다. 이중과세 조정 여부는 다음과 같이 나누어 볼 수 있다.

① 이중과세 조정이 필요한 경우

만일 그와 같이 처분된 이익잉여금이 감자대가를 받는 주주의 주식 취득 후에 법인에 실현된 것이면 그 이익잉여금 중 주주의 지분비율 상당액은 주주의 의제배당소득에 반영되었을 것이다. 따라서 이 경우 의제배당소득에 대하여 소득세를 과세하면서 이중과세 조정이 필요하다.199)

의제배당소득에 대한 이중과세 조정은 의제배당소득가산 및 배당세액공제 하여 이루어진다. 각 주주의 의제배당소득가산 및 배당세액공제 금액(Full Imputation 금액)은 '감자차손 제거를 위해 처분된 이익잉여금 x 주주의 지분비율 x Full Imputation 비율'이다.200) Full

---

198) 예컨대, 차) 자본금 및 자본잉여금 100, 대) 현금   70
　　　　　　　　　　　　　　　　　　　감자차익 30
199) 법인이 감자를 한 결과 감자차익이 발생한 경우는 주주의 의제배당소득이 있더라도 그 소득은 법인의 자기자본을 반영하는 것이므로 이중과세 조정이 필요하지 않다.
200) 법인이 자본을 감소하면서 감자차손이 발생하면 이익잉여금을 처분하여 감자차손을 없앤다. 감자차손 금액은 처분된 이익잉여금에 해당한다고

Imputation 비율은 '감자차손 제거를 위해 처분된 이익잉여금이 발생한 연도의 법인세 금액 / 감자차손 제거를 위해 처분된 이익잉여금이 발생한 연도의 총 이익잉여금 중 법인세를 차감한 금액'이다.

② 이중과세 조정이 필요하지 않은 경우

만일 감자차손 제거를 위해 처분된 이익잉여금이 감자대가를 받는 주주의 주식 취득 전에 법인이 실현한 것이면 그 이익잉여금 중 주주의 지분비율 상당액은 주주의 주식취득가액에 반영되었을 것이다. 따라서 주주에게 의제배당소득이 있어 과세하더라도 위 부분에 관한 이중과세 조정은 필요하지 않다.

③ 이익잉여금 사용 순서의 기준

의제배당소득 과세 및 이중과세 조정 여부를 결정하기 위해서 감자차손을 제거하기 위해 처분되는 이익잉여금이 어느 사업연도에 실현된 잉여금인지 그 사용 순서에 대한 기준이 필요하다. 앞서 '2. 배당소득 과세와 배당세액공제' 및 '4. 배당소득 비과세와 주식취득가액 감액 조정'에서 살펴본 바와 일관되게 후입선출법 즉, "법인이 가장 최근에 실현하여 과세된 소득이 먼저 처분되는 것'으로 정하는 것이 합리적이다.

(2) 법인 청산과 비적격 합병 및 분할의 경우

법인 청산과 비적격 합병 및 분할 시 주주의 의제배당소득은 주주가 받은 재산가액에서 주식취득가액을 차감하여 계산한다. 주주

볼 수 있다.

차) 자본금	80	대) 현금 100		
감자차손	20			
차) 이익잉여금	20	대) 감자차손 20		

의 의제배당소득에 대하여 소득세를 과세한다.

주주의 의제배당소득에 대한 과세 시 법인의 이익잉여금을 반영하는 부분에 관한 이중과세 조정이 필요하다. 이중과세 조정은 의제배당소득 가산 및 배당세액공제 하여 이루어진다. 각 주주의 적정 의제배당소득가산 및 배당세액공제 금액(Full Imputation 금액)은 주식양도소득 과세 시 주식양도세액공제에 의한 이중과세 조정의 경우와 마찬가지로 '(주주의 주식 보유기간동안 과세된 법인세 합계 금액 x 주주의 지분비율) - 주주의 주식 보유기간동안 배당 시 배당세액공제 된 법인세 금액'이다.

IV. 과세체계의 적용

1. 배당소득 이중과세 사례 등 세 가지 사례

앞서 본 장 제1절의 배당소득 이중과세 사례, 유보소득 중복과세 사례, 미실현이익 중복과세 사례에서 비법인과의 과세상 차이를 해소하기 위한 접근 방법을 탐구하는 과정에서 배당소득 이중과세 조정과 주식양도소득 이중과세 조정을 하면서 각각 배당세액공제와 주식양도세액공제(Full Imputation)를 이미 적용하였다. 따라서 여기에서는 반복하지 않는다.

2. 의제배당소득 이중과세 사례

(1) 사례

A는 100을 출자하여 법인을 설립하고 주식 10주를 취득하였다. Year 1에 법인은 소득 100을 실현하였다. Year 2에 법인은 법인세 20을 납부하고 A에게 20을 배당하였다. Year 3에 법인은 A의 주식 5주를 소각하면서 자본금을 50으로 감액하고 A에게 감자대가로 80을 지

급하였다. Year 4에 법인은 잔여재산 80을 A에게 분배하고 청산하였다. 소득세율은 30%라고 가정한다.

(2) 과세효과

배당세액공제(Full Imputation)에 의한 포괄적 조정의 과세체계를 위 사례에 적용할 경우의 과세효과는 다음과 같다.

1) A에 대한 배당 시 (Year 2)

A가 법인으로부터 받은 배당은 A가 주식을 취득한 이후에 법인이 실현한 잉여금에 기초한 배당이다. 따라서 A의 배당소득 20에 대하여 과세하면서 배당세액공제에 의한 이중과세 조정을 한다. 배당소득가산 및 배당세액공제 금액(Full Imputation 금액)은 5이다.[201] 따라서 A가 납부할 소득세는 2.5이다.[202]

2) 법인의 자본감소 시 (Year 3)

A의 의제배당소득에 대하여 과세한다. 그리고 의제배당소득에 대하여 배당세액공제에 의한 이중과세 조정이 필요한지 여부를 판단한다.

먼저, 의제배당소득은 30이다.[203] 한편, 법인이 감자를 하면서 감자차손 30이 발생한다.[204] 법인의 이익잉여금 30을 처분하여 감자차손을 제거한다. 위 이익잉여금은 주주 A의 주식 취득 후에 법인에 실현된 것이므로 그 이익잉여금 중 A의 지분비율 상당액인 30이 A의 의제배당소득에 반영되었을 것이다. 따라서 이와 관련하여 배당세

---

201) 20 x 20/80 = 5.
202) (20 + 5) x 30% - 5 = 2.5.
203) 80 - 50 = 30.
204) 차) 자본금　　50　　　대) 현금 80
　　　감자차손 30

액공제에 의한 이중과세 조정이 필요하다. 의제배당소득가산 및 배당세액공제 비율(Full Imputation 비율)은 20/80이고 의제배당소득가산 및 배당세액공제 금액(Full Imputation 금액)은 7.5이다.[205) 따라서 A가 납부할 소득세는 3.75이다.[206)

3) 법인 청산 시 (Year 4)

A의 의제배당소득에 대하여 과세하면서 배당세액공제에 의한 이중과세 조정을 한다. 의제배당소득은 30이다.[207) 의제배당소득가산 및 배당세액공제 금액은 7.5이다.[208) 따라서 A가 납부할 소득세는 3.75이다.[209)

(3) 요약

법인이 실현한 소득에 대하여 과세된 금액은 법인세 20, 배당 시 소득세 2.5, 감자 시 소득세 3.75, 청산 시 소득세 3.75 등 합계 30이다. 이는 법인의 소득 100에 기하여 A에 대하여 소득세율 30%를 적용하여 과세할 경우의 소득세액과 동일한 금액이다. 배당소득 및 의제배당소득에 대하여 배당세액공제(Full Imputation)에 의한 이중과세 조정이 완전하게 이루어진 것이다.

3. 종합 사례

(1) 사례

종합사례는 다음과 같다. 소득세율은 30%, 법인세율은 20%라고

---

205) 30 x 100% x 20/80 = 7.5.
206) (30 + 7.5) x 30% - 7.5 = 3.75.
207) 80 - 50 = 30.
208) 20 x 100% - 5 - 7.5 = 7.5.
209) (30 + 7.5) x 30% - 7.5 = 3.75.

가정한다. Year 0에 A는 120을 그리고 B는 80을 각 출자하여 법인을
설립하였다. Year 1에 법인은 소득 100을 실현하였다. Year 2에 법인
은 A에게 24를 그리고 B에게 16을 각 배당하였다. 법인은 소득 200을
실현하였다. Year 3에 B는 자신의 주식 전부를 C에게 양도하였다. 그
리고 법인은 토지를 100에 매입하였다. Year 4에 법인은 A에게 36을
그리고 C에게 24를 각 배당하였다. 한편, 토지의 가치는 200이 되었
다. Year 5에 법인은 잔여재산인 토지와 현금을 A와 C에게 분배하고
청산하였다.

　종합사례에는 배당소득 이중과세와 유보소득 중복과세의 요소가
포함되어 있다. 그리고 법인 설립 이후 배당과 주식양도가 모두 존
재하고 법인 청산 시 주주의 의제배당소득도 존재한다. 그러나 미실
현이익 중복과세 요소는 포함되어 있지 않다. Year 4에 법인 소유의
토지에 미실현이익이 형성되었지만, 그 후 미실현이익이 반영된 주
식양도가 이루어지지 않았고 Year 5에 법인 청산 시 법인세가 과세
되지 않으므로 법인이 미실현이익을 실현하지도 않았기 때문이다.

(2) 과세효과
　배당(주식양도)세액공제(Full Imputation)에 의한 포괄적 조정의 과
세체계를 위 사례에 적용할 경우의 과세효과는 다음과 같다.

1) 법인의 소득 실현 시 (Year 1)
Year 1에 법인이 실현한 소득 100에 대하여 법인세 20을 과세한다.

2) A와 B에 대한 배당 및 법인의 소득 실현 시 (Year 2)
　Year 2에 A와 B가 받은 각 배당은 A와 B가 각각 주식을 취득한 이
후인 Year 1에 법인이 실현한 소득 100에 기초한 배당이다. 따라서
A와 B의 각 배당소득에 대하여 소득세를 과세하면서 배당세액공제

에 의한 이중과세 조정을 한다. 한편, Year 2에 법인이 실현한 소득
에 대하여 법인세를 과세한다.

① A의 배당소득 과세 및 배당세액공제

A의 배당금은 24이고 이에 대한 배당소득가산 및 배당세액공제
금액은 6이다.[210] 따라서 A가 추가적으로 납부할 소득세는 3이다.[211]

② B의 배당소득 과세 및 배당세액공제

B의 배당금은 16이고 이에 대한 배당소득가산 및 배당세액공제
금액은 4이다.[212] 따라서 B가 추가적으로 납부할 소득세는 2이다.[213]

③ 법인세 과세

법인이 실현한 소득 200에 대하여 법인세 40을 과세한다.

3) B의 주식양도 시 (Year 3)

Year 3에 B의 주식양도소득에 대하여 소득세를 과세하면서 주식
양도세액공제(Full Imputation)에 의한 이중과세 조정을 한다.

B의 주식취득가격은 80이다. B의 C에 대한 주식양도가격은 양도
시점의 법인의 순자산가액 중 B의 지분인 160으로 결정될 것이
다.[214] 그렇다면 B의 주식양도소득은 80이다.

---

210) 24 x 20/80 = 6.
211) (24 + 6) x 30% - 6 = 3.
212) 16 x 20/80 = 4.
213) (16 + 4) x 30% - 4 = 2.
214) (200 + 100 - 20 + 200 - 40 - 40) x 0.4 = 160. B로부터 주식을 양수한 C는
    '유보소득 중복과세 사례'에서 법인이 소득을 실현한 후 그 소득이 반영된
    가액으로 이루어진 주식매매 거래로 주식을 취득한 새로운 주주에 해당
    하여 주식 취득 전 법인이 실현한 소득에 기한 배당을 받더라도 과세되지
    않을 것이다. 따라서 B의 C에 대한 주식양도가액은 법인의 순자산가액을

B의 주식양도소득에 대한 주식양도소득가산 및 주식양도세액공제 금액(Full Imputation 금액)은 B의 주식 보유기간동안 과세된 법인세 합계액 60 중 B의 지분비율 40%에 해당하는 24에서 B가 주식 보유기간 배당세액공제를 받은 법인세 금액 4를 차감한 20이다. 결과적으로, B가 납부해야 할 소득세는 10이다.215)

4) A와 C에 대한 배당 시 (Year 4)

Year 4에 이루어진 배당은 후입선출법에 따라 Year 2에 법인이 실현한 소득 200에 기초한 것이다. A와 C의 각 주식 취득 시점에 따라 배당소득에 대한 과세 여부가 결정된다.

① A의 배당소득 과세 및 배당세액공제

A가 받은 배당금 36은 이익잉여금 처분에 관한 후입선출법을 적용하면 A가 주식을 취득한 후인 Year 2에 법인이 실현한 소득 200에 기초한 것으로 볼 수 있다. 따라서 A의 배당소득에 대하여 과세하면서 배당세액공제(Full Imputation)에 의한 이중과세 조정을 한다. A의 배당금 36에 대한 배당소득가산 및 배당세액공제 비율(Full Imputation 비율)은 40/160이고 배당소득가산 및 배당세액공제 금액(Full Imputation 금액)은 9이다.216) 따라서 A가 추가적으로 납부할 소득세는 4.5이다.217)

② C의 배당소득 비과세 및 주식취득가액 감액

C가 받은 배당금 24는 C가 주식을 취득하기 전인 Year 2에 법인

반영하여 결정될 것이고 C의 배당소득세는 고려하지 않는다.
215) (80 + 20) x 30% - 20 = 10.
216) 36 x 40/160 = 9.
217) (36 + 9) x 30% - 9 = 4.5.

이 실현한 소득 200에 기초한 것으로서 C의 주식취득가액의 일부라고 볼 수 있다. 따라서 C는 배당금에 대하여 과세되지 않고 주식취득가액은 160에서 24가 감액되어 136이 된다.

5) 법인 청산 시 (Year 5)

법인 청산 시 법인세를 과세하지 않고 주주의 의제배당소득에 대한 소득세만 과세한다. 주주의 의제배당소득은 주주가 받은 잔여재산가액에서 주식취득가액을 차감한 금액이다.

① A의 의제배당소득 과세 및 배당세액공제

A의 의제배당소득에 대하여 과세하면서 배당세액공제(Full Imputation)에 의한 이중과세 조정을 한다. A의 주식취득가액은 120이다. A가 받은 잔여재산은 법인의 잔여재산 440 중 A의 지분비율 60%에 해당하는 264이다.[218] 따라서 A의 의제배당소득은 144이다. 의제배당소득 가산 및 배당세액공제 금액(Full Imputation 금액)은 21이다.[219] 따라서 A가 납부할 소득세는 28.5이다.[220]

② C의 의제배당소득 과세

C의 의제배당소득에 대하여 과세를 한다. 그러나 C의 주식 보유기간 동안 법인세가 과세된 적이 없기 때문에 이중과세 조정은 필요하지 않다. 앞서 주주 주식취득가액은 136으로 감액되었다. C가 받은 잔여재산은 P 법인의 잔여재산 440 중 지분비율 40%에 해당하는 176이다. 따라서 C의 의제배당소득은 40이다. 따라서 C가 납부할 소

---

218) [200(자본금) + (100 + 200)(실현한 소득) - (20 + 40)(법인세) - (40 + 60)(배당금) + 100(미실현이익)] x 0.6 = 264.
219) (20 + 40) x 60% - 6 - 9 = 21.
220) (144 + 21) x 30% - 21 = 28.5.

득세는 12이다.

(3) 요약

법인 설립 후 청산 전까지 순자산증가액은 400이다.[221] 이에 대한 법인세 및 소득세의 총 과세금액은 120이고, 나머지 280은 출자자들에게 귀속되었다. 총 과세금액은 법인의 순자산증가액에 소득세율 30%를 적용한 금액과 동일하다.

총 과세금액 120 중 법인세는 60이고,[222] A의 소득세는 36,[223] B의 소득세는 12,[224] C의 소득세는 12이다. 법인세 60은 Year 2에 A와 B에 대한 배당 시 배당소득가산 및 배당세액공제 금액으로 각각 6과 4, Year 3에 B의 주식양도 시 주식양도소득가산 및 주식양도세액공제 금액으로 20, Year 4에 A와 C에 대한 배당 시 A의 배당소득가산 및 배당세액공제 금액으로 9, Year 5에 법인 청산 시 A의 의제배당소득에 대한 의제배당소득가산 및 배당세액공제 금액으로 21만큼 각각 해당 소득금액에 포함되어 소득세로 과세된 후 세액공제 되었다.

출자자들에게 귀속된 세후 소득 280 중, A의 세후 소득은 168이고,[225] B의 세후 소득은 84이고,[226] C의 세후 소득은 28이다.[227] A의 세후 소득 168은 A가 주식을 취득한 이후 법인에 형성된 순자산증가분 400에 대한 A의 몫인 240에 소득세율 30%를 적용한 세후 소득에 해당하는 금액이다. B의 세후 소득 84는 B가 주식을 취득한 이후 법인에 형성된 순자산증가분 300에 대한 B의 몫인 120에 소득세율 30%

---

221) 100 + 200 + 100 = 400.
222) 20 + 40 = 60.
223) 3 + 4.5 + 28.5 = 36.
224) 2 + 10 = 12.
225) (24 + 36 + 144) - 36 = 168.
226) (16 + 80) - 12 = 84.
227) 40 - 12 = 28.

를 적용한 세후 소득에 해당하는 금액이다. C의 세후 소득 28은 C가 주식을 취득한 이후 법인에 형성된 순자산증가분 100에 대한 C의 몫인 40에 소득세율 30%를 적용한 세후 소득에 해당하는 금액이다.

위와 같이 배당세액공제 및 주식양도세액공제(Full Imputation)에 의한 포괄적 조정의 과세체계를 적용할 경우 법인과 비법인 사이의 과세상 차이가 완전히 해소된다.

제4절 '법인세 법인 환급'에 의한 포괄적 조정

Ⅰ. 의의

법인 소득에 기한 중복과세를 포괄적으로 조정하기 위하여 배당소득 이중과세 조정 또는 주식양도소득 이중과세 조정을 할 때 '법인세 법인 환급'에 의하여 법인세를 전액 환원할 수 있다. 이를 '법인세 법인 환급'에 의한 포괄적 조정이라고 칭하고자 한다.

Ⅱ. 주요 개념 요소

'법인세 법인 환급'에 의한 포괄적 조정의 주요 개념 요소 네 가지는 다음과 같다. 그 중 '법인세 법인 환급'에 의한 법인세 환원을 제외한 나머지 세 가지는 세액공제(Full Imputation)에 의한 포괄적 조정의 주요 개념 요소와 동일하다.

1. 법인세 존치 및 주주 과세 지향

'법인세 법인 환급'에 의한 포괄적 조정은 법인의 소득에 기하여 일단 법인세를 과세하되 종국적으로는 주주 과세를 지향하는 유형의 법인세 통합 방안이다.

2. 포괄적 조정 규칙의 적용

'법인세 법인 환급'에 의한 포괄적 조정은 법인 소득에 기한 중복과세 문제를 해결하기 위하여 앞서 도출한 중복과세의 포괄적 조정 규칙을 적용한다. 따라서 주주의 배당소득이 주주가 주식을 취득한 시점 이전 또는 이후에 법인이 실현한 소득에 기초한 것인지에 따라 배당소득에 대한 과세 여부가 달라진다. 그리고 배당소득 이중과세 조정을 할 뿐만 아니라 주식양도소득 이중과세 조정도 한다. 그 결과 배당소득 이중과세 및 유보소득 중복과세가 전부 조정되고 미실현이익 중복과세는 일부 조정된다. 법인 소득에 기한 중복과세 조정을 강화하는 것이다. 이러한 점에서 '법인세 법인 환급'에 의한 포괄적 조정은 배당 시점에 배당소득 이중과세 조정만 하는 현행 배당세액공제와 크게 다르다.

3. '법인세 법인 환급'에 의한 법인세 환원

'법인세 법인 환급'은 배당소득 이중과세 조정 및 주식양도소득 이중과세 조정 방법으로서 법인세를 법인에 환급한다. 앞서 살펴본 세액공제(Imputation) 방법과 마찬가지로 '법인세 법인 환급'은 법인세가 과세되지 않은 상태로 환원하기 위한 하나의 방법이다. 구체적으로, 주주가 법인의 소득을 배당 또는 주식양도를 통하여 자신의 소득으로 실현할 때 합리적인 비율을 적용하여 법인세를 법인에 실제로 환급하고 주주는 환급된 법인세를 종국적으로 배당 또는 주식양도를 통하여 실제로 자신의 소득으로 실현한다. 이런 점에서 주주가 법인세를 소득

의 일부로 실현한 것으로 간주하고 법인세가 소득세의 일부로 이미
납부된 것으로 간주하는 세액공제(Imputation) 방법과 다르다. 그러나
법인이 실현한 소득 전부에 대하여 종국적으로 소득세가 과세된다는
점에서 앞서 살펴본 세액공제(Full Imputation)와 동일하다.

4. 법인세 전액의 환원

'법인세 법인 환급'이 배당소득 이중과세 조정과 주식양도소득 이
중과세 조정을 할 때 환원하는 법인세는 과세된 법인세 전액이다.
법인 소득에 기한 이중과세 조정을 강화하는 것이다. 이러한 점에서
'법인세 법인 환급'에 의한 포괄적 조정은 법인세 일부만 환원하는
현행 배당세액공제와 다르다.

Ⅲ. 포괄적 조정의 과세체계

'법인세 법인 환급'의 과세체계는 (i) 법인세 과세, (ii) 배당소득 과세
와 법인세 환급, (iii) 주식양도소득 과세와 법인세 환급, (iv) 배당소득 비
과세와 주식취득가액 감액 조정 등 네 가지로 요약할 수 있다. 여기에
추가하여 (v) 의제배당소득 과세와 법인세 환급에 관하여도 살펴본다.

1. 법인세 과세

법인이 소득을 실현하면 그 시점에 법인에 대하여 법인세를 과세
한다. 다만, 법인의 청산과 합병 및 분할 시에는 청산법인과 피합병
법인 및 분할되는 법인에 대하여 법인세를 과세하지 않는다.[228]

---

228) 법인 청산과 합병 및 분할 시 법인의 소득은 법인의 자본자산의 미실현
   이익이다. 그리고 그 미실현이익은 주주의 잔여재산분배액과 합병대가

2. 배당소득 과세와 법인세 환급[229)]

(1) 배당소득 과세

주주가 법인으로부터 받은 배당이 주주가 주식을 취득한 이후에 법인이 실현한 이익잉여금에 기초한 배당일 경우 주주의 배당소득에 대하여 소득세를 과세한다.

(2) '법인세 법인 환급'에 의한 이중과세 조정

주주의 배당소득에 대하여 과세하면서 법인세를 법인에 환급하여 이중과세 조정을 한다. 주주에 대하여 소득세를 과세하므로 법인이 납부한 법인세를 과세관청이 더 이상 보유하고 있을 이유가 없기 때문이다.

(3) 법인세 환급 금액 및 비율

1) 의의

법인에 환급할 법인세 금액을 "법인세 환급 금액"이라고 칭하고자 한다. 법인세 환급 금액은 '배당소득으로 과세되는 배당금 총액 x (특정 과세기간의 법인세 금액 / 특정 과세기간 법인이 실현한 이익잉여금 총액)'이다. 위 계산식 중 괄호 부분을 "법인세 환급 비율"이라고 칭하고자 한다.

한편, 법인이 특정 사업연도 잔여 이익잉여금을 전액 배당하기로

및 분할대가에 포함된다. '법인세 법인 환급'의 과세체계에서 법인 청산과 합병 및 분할 시 법인세를 과세하지 않을 경우 미실현이익에 대한 이중과세 조정은 불필요하다. 그 결과 법인의 미실현이익의 일부만 이중과세 조정되는 문제는 발생하지 않는다.

229) '법인세 법인 환급' 과세체계에서 법인은 다음과 같이 분개하여 처리할 수 있다.

① 법인세 납부 시, 차) 법인세 환급청구권 00 대) 현금   00
② 배당 시,   차) 이익잉여금   00 대) 현금   00
③ 법인세 환급 시, 차) 현금   00 대) 법인세 환급청구권 00

결의할 경우 미환급 법인세를 전액 법인에 환급하여 잔여 이익잉여금과 함께 주주에게 배당되도록 한다. 종국적으로 법인세가 전액 법인에 환급된다.

2) 계산식의 도출 근거

위 계산 방식은 법인세를 법인에 환급하기 위한 것이다. 위 비율이 도출된 근거는 "만일 특정 연도에 법인이 실현한 이익잉여금을 전액 주주에게 배당하기 위해서는 법인세가 전액 법인에 환급되어야 한다"는 생각에 기초하고 있다. 따라서 특정 연도에 법인이 실현한 총 이익잉여금 중 일부 금액이 주주에게 배당될 경우 그 금액에 위 '법인세 환급 비율'을 곱하여 법인세 환급 금액을 구할 수 있다. 이것이 위 계산식이 도출된 경위이다.

3) 적용의 예

예컨대, 법인이 실현한 소득이 100이고 그 중 법인세 20을 납부하였다고 가정할 경우 법인세 환급 비율은 1/5이다. 법인의 잔여 잉여금 중 10을 배당할 때 법인세 환급 금액은 2이다.

이와 같이 배당소득 이중과세 조정을 위하여 '법인세 법인 환급'을 실제 적용하는 데 큰 어려움이 없다. (i) 주주들이 받은 배당금 총액, (ii) 특정 과세기간의 법인세 금액, (iii) 특정 과세기간 법인이 실현한 이익잉여금 총액을 모두 어렵지 않게 확인할 수 있기 때문이다.

(4) 잉여금 사용 순서의 기준

특정 연도 법인세와 법인의 이익잉여금에 의하여 결정되는 법인세 환급 비율은 누진세율을 적용하는 법인세제 하에서 해마다 달라질 수 있고 법인세율의 변경이 있을 경우에도 달라질 수 있다. 따라서 배당소득 이중과세 조정을 위하여 '법인세 법인 환급'을 적용하기 위해서는 배당금으로 사용되는 법인의 잉여금이 어느 사업연도에 실현된 잉여금인지 그 사용 순서에 관한 기준이 필요하다. 또한 배당소득의 과세 또는 비과세 여부를 결정하기 위해서도 이익잉여금 사용 순서에 관한 기준이 필요하다.

앞서 세액공제(Full Imputation)에 의한 포괄적 조정의 과세체계에서 살펴본 바와 같이 후입선출법, 즉 "법인이 가장 최근에 실현하여 과세된 소득이 먼저 배당금으로 사용되는 것"으로 정하는 것이 합리적이다.

3. 주식양도소득 과세와 법인세 환급[230]

(1) 주식양도소득 과세
주주가 주식을 양도하여 양도소득을 실현하면 주주의 주식양도소득에 대하여 소득세를 과세한다.

(2) '법인세 법인 환급'에 의한 이중과세 조정
주주의 주식양도소득에 대하여 과세하면서 주식 보유기간 과세된 법인세를 법인에 환급한다.

(3) 법인세 환급 금액
1) 의의
주주의 주식양도 시 법인에 환급할 법인세 금액을 "법인세 환급 금액"이라고 칭하고자 한다. 법인세 환급 금액은 (주주의 주식 보유기간 과세된 법인세 합계액 - 주주의 주식 보유기간 중 배당 시 법

---

230) '법인세 법인 환급' 과세체계에서 법인은 다음과 같이 분개하여 처리할 수 있다.
  ① 법인세 납부 시, 차) 법인세 환급청구권 00 대) 현금 00
  ② 주주의 주식양도 시, 분개 없음.
  ③ 법인세 환급 시, 차) 현금   00 대) 법인세 환급청구권 00

인에 환급된 법인세 금액) x 주주의 지분비율'이다. 만일 주주가 보유 주식 중 일부만 양도할 경우 위 계산식에 보유 주식 중 양도하는 주식의 비율을 곱하면 된다.

2) 계산식의 도출 근거

법인이 법인세를 납부하면 과세권자에 대하여 법인세 환급청구권을 갖게 된다. 그리고 주주가 주식을 양도하면 법인은 과세권자에 대하여 해당 법인세의 환급을 구할 수 있다. 법인세 환급청구권은 법인의 자산을 구성하므로 주식을 양도하는 주주의 지분비율만큼 주식양도소득에 반영된다. 그렇다면 법인세 환급 금액은 주식을 양도하는 주주의 주식 보유기간의 법인세 합계액 중 주주의 지분비율 상당액으로 보는 것이 합리적이다. 다만, 주식 보유기간 동안 배당이 있었을 경우 주식 보유기간의 법인세 합계액에서 배당 시 법인에 환급된 법인세 금액을 차감한 금액에 주주의 지분비율을 적용해야 할 것이다. 만일 차감하지 않으면 이중과세 조정이 과다하게 이루어진다. 이것이 위 계산식이 도출된 경위이다.

3) 적용의 예

주주의 주식 보유기간 과세된 법인세 합계 금액이 40이고 주주의 주식 보유기간 중 배당 시 법인에 환급된 법인세 금액이 10이며 주주의 지분비율이 60%이고 주주가 보유 주식 중 1/2을 양도한 경우 법인세 환급 금액은 '[(40 - 10) x 60%] x 1/2 = 9'이다.

주식양도소득 이중과세 조정을 위하여 법인세 법인 환급을 적용하는 것 역시 큰 어려움이 없다. (i) 주주의 주식 보유기간의 법인세 합계 금액, (ii) 주주의 주식 보유기간 동안 배당 시 법인에 환급된 법인세 금액, (iii) 주주의 지분비율은 법인의 공지를 통해 주주가 바로 확인할 수 있거나 또는 주주가 이미 알고 있는 사항이기 때문이다.

4. 배당소득 비과세와 주식취득가액 감액 조정

(1) 배당소득 비과세

주주가 법인으로부터 받은 배당이 주주가 주식을 취득하기 전에 법인이 실현한 이익잉여금에 기초한 배당일 경우 주주의 배당소득에 대하여 과세하지 않는다. 주식 취득 전에 법인이 실현한 잉여금은 주주의 주식취득가액에 반영된 주주의 자기자본이라는 생각에 기초하고 있다. 배당소득이 비과세되므로 법인세 환급에 의한 이중과세 조정이 필요 없다.

(2) 주식취득가액 감액 조정

배당소득에 대하여 과세하지 않을 경우 배당을 받은 주주의 주식취득가액에서 배당금 상당액을 감액하여 조정한다.

(3) 이익잉여금 사용 순서의 기준

배당소득의 과세 또는 비과세 여부를 결정하기 위해서 배당금으로 사용되는 법인의 이익잉여금이 어느 사업연도에 실현된 잉여금인지 그 사용 순서에 대한 기준이 필요하다. 앞서 '2. 배당소득 과세와 법인세 환급'에서 살펴본 바와 일관되게 후입선출법 즉, "법인이 가장 최근에 실현하여 과세된 소득이 먼저 배당금으로 사용되는 것"으로 정하는 것이 합리적이다.

5. 의제배당소득 과세와 법인세 환급

(1) 법인 자본감소의 경우

법인 감자 시 주주의 의제배당소득은 감자대가에서 주식취득가액을 차감하여 계산한다. 주주의 의제배당소득에 대하여 소득세를 과세한다. 이중과세 조정 여부는 다음과 같이 구분한다.

1) 법인 감자 시 감자차익이 발생한 경우

감자차익이 발생한 경우 주주가 받는 감자대가는 법인의 자본금과 자본잉여금을 반영한다.[231] 따라서 주주에게 의제배당소득이 있어(예컨대, 법인이 주식의 액면가를 초과하는 금액으로 신주를 발행할 때 기존 주주 중에서 지분에 비례하여 신주를 인수하지 않은 주주의 경우) 과세하더라도 감자대가에 법인의 이익잉여금이 반영된 부분이 없기 때문에 이중과세 조정은 필요하지 않다.

2) 법인 감자 시 감자차손이 발생한 경우

법인이 감자를 한 결과 감자차손이 발생하면 법인은 이익잉여금을 처분하여 감자차손을 제거한다. 이중과세 조정 여부는 다음과 같이 나누어 볼 수 있다.

① 이중과세 조정이 필요한 경우

만일 그와 같이 처분된 이익잉여금이 감자대가를 받는 주주의 주식 취득 후에 법인에 실현된 것이면 그 이익잉여금 중 주주의 지분비율 상당액은 주주의 의제배당소득에 반영되었을 것이다. 따라서 이 경우 의제배당소득에 대하여 소득세를 과세하면서 이중과세 조정이 필요하다.[232]

'법인세 법인 환급'에 의한 이중과세 조정에서 법인세 환급 금액

---

231) 예컨대, 차) 자본금 및 자본잉여금 100   대) 현금   70
　　　　　　　　　　　　　　　　　　　　　 감자차익   30

232) 법인이 감자를 한 결과 감자차익이 발생할 경우는 주주의 의제배당소득이 있더라도 그 소득은 법인의 자기자본을 반영하는 것이므로 이중과세 조정이 필요하지 않다.

은 '감자차손 제거를 위해 처분된 이익잉여금 x 법인세 환급 비율'이
다.233) 법인세 환급 비율은 앞서 '2. 배당소득 과세와 법인세 환급'에
서 살펴본 바와 같이 '감자차손 제거를 위해 처분된 이익잉여금이
발생한 과세기간의 법인세 금액 / 감자차손 제거를 위해 처분된 이
익잉여금이 발생한 과세기간 법인의 이익잉여금 총액'이다.

② 이중과세 조정이 필요하지 않은 경우

감자차손 제거를 위해 처분된 이익잉여금이 감자대가를 받는 주
주의 주식 취득 전에 법인에 실현된 것이면 그 이익잉여금 중 주주
의 지분 상당액은 주주의 주식취득가액에 반영되었을 것이다. 따라
서 주주에게 의제배당소득이 있어 과세하더라도 위 부분에 관한 이
중과세 조정은 필요하지 않다.

③ 이익잉여금 사용 순서의 기준

의제배당소득 과세 및 이중과세 조정 여부를 결정하기 위해서 감자
차손을 제거하기 위해 처분되는 이익잉여금이 어느 사업연도에 실현된
잉여금인지 그 사용 순서에 대한 기준이 필요하다. 앞서 '2. 배당소득
과세와 법인세 환급' 및 '4. 배당소득 비과세와 주식취득가액 감액 조정'
에서 살펴본 바와 일관되게 후입선출법 즉, "법인이 가장 최근에 실현하
여 과세된 소득이 먼저 처분되는 것'으로 정하는 것이 합리적이다.

---

233) 법인이 자본을 감소하면서 감자차손이 발생하면 이익잉여금을 처분하여
감자차손을 없앤다. 감자차손 금액은 처분된 이익잉여금에 해당한다고
볼 수 있다.
차) 자본금　　　00　　대) 현금　　　00
　　감자차손　　　00
차) 이익잉여금　00　　대) 감자차손　00

(2) 법인 청산과 비적격 합병 및 분할의 경우

법인 청산과 비적격 합병 및 분할 시 주주의 의제배당소득은 주주가 받은 재산가액에서 주식취득가액을 차감하여 계산한다. 주주의 의제배당소득에 대하여 소득세를 과세한다.

주주의 의제배당소득에 대한 과세 시 법인의 이익잉여금을 반영하는 부분에 관한 이중과세 조정이 필요하다. 법인 청산과 합병 및 분할 시에는 법인의 잔여재산이 전부 주주에게 분배된다. 따라서 위각 시점의 법인세 잔액(미환급 법인세)을 전액 법인에 환급하여 이중과세 조정을 한다.

Ⅳ. 과세체계의 적용

1. 배당소득 이중과세 사례

본 장 제1절의 '배당소득 이중과세 사례'에서 주주 A의 세후소득이 56이 된 경위를 확인하였다. 위 사례에 '법인세 법인 환급'에 의한 과세체계를 적용하여 비법인의 출자자 A와의 과세상 차이가 해소되는지 여부를 확인한다.

(1) 사례

위 사례에서 주주 A는 배당을 받았는데, 그 배당은 A가 주식을 취득한 이후에 법인이 실현한 이익잉여금을 기초로 한 것이다.

(2) 과세체계 중 관련 규칙

'법인세 법인 환급'에 의한 과세체계에서 주주가 법인으로부터 받은 배당이 주주가 주식을 취득한 이후에 법인이 실현한 이익잉여금에 기초한 배당일 경우 주주의 배당소득에 대하여 과세하면서 법인세를 법인에 환급하여 이중과세 조정을 한다. 그리고 법인이 특정 사업연도 잔여 이익잉여금을 전액 배당하기로 결의할 경우 미환급 법인세를 전액 법인에 환급하여 잔여 잉여금과 함께 주주에게 배당되도록 한다.

(3) 과세효과

이와 같은 규칙을 배당소득 이중과세 사례에 적용한다. 법인이 실현한 소득 100에 대하여 법인세 20이 과세된다. 법인이 이익잉여금 잔액인 80을 전액 배당하기로 결의할 경우 과세관청은 미환급 법인세 20을 전액 법인에 환급하여 20 역시 배당되도록 한다. 그렇게 되면 주주 A의 배당소득은 100이고 이에 대한 소득세는 30이다. 그 결과 A의 세후 소득은 70이 된다. 이 금액은 비법인의 출자자 A의 세후 소득 70과 동일한 금액이다.

(4) 요약

배당소득 이중과세 사례에 '법인세 법인 환급'에 의한 과세체계를 적용할 경우 법인과 비법인 간의 과세상 차이가 해소되어 조세중립성이 유지된다.

2. 유보소득 중복과세 사례

본 장 제1절의 '유보소득 중복과세 사례'에서 주주 B의 세후소득이 39.2가 된 경위를 확인하였다. 위 사례에 '법인세 법인 환급'에 의한 과세체계를 적용하여 비법인의 출자자 B와의 과세상 차이가 해소되는지 여부를 확인한다.

(1) 사례

위 사례에서 주주 B의 주식양도소득에는 법인세가 이미 과세된 법인의 이익잉여금이 반영되었다. 한편, 주주 C가 주식을 취득한 후 법인으로부터 받은 배당은 C가 주식을 취득하기 전에 법인이 실현한 이익잉여금을 기초로 한 것이다.

(2) 과세체계 중 관련 규칙

주주가 주식을 양도하여 양도소득을 실현하면 주주의 주식양도 소득에 대하여 과세하면서 주식 보유기간 과세된 법인세를 법인에 환급하여 이중과세 조정을 한다. 한편, 주주가 법인으로부터 받은 배당이 주주가 주식을 취득하기 전에 법인이 실현한 이익잉여금에 기초한 배당일 경우 주주의 배당소득에 대하여 과세하지 않고 주식취득가액에서 배당금 상당액을 감액하여 조정한다.

(3) 과세효과

이와 같은 규칙을 유보소득 중복과세 사례에 적용한다. 법인이 실현한 소득 100에 대하여 법인세 20이 과세된다.

B의 C에 대한 주식양도가액에 영향을 주는 대표적 요인은 법인의 순자산가액이다. C는 B로부터 주식을 취득한 후 법인으로부터 배당을 받더라도 과세되지 않을 것으로 기대하므로 C의 소득세 부담이 주식양도가액에 영향을 주지 않는다. 법인의 순자산은 법인의 자본금 100, 잔여 이익잉여금 80, 법인세 환급청구권 20을 합한 200이다. 따라서 B의 C에 대한 주식양도가액은 200으로 결정될 것이다. B의 주식취득가액은 100이므로 B의 주식양도소득은 100이다. 그 결과 B에 대하여 소득세 30이 과세된다. 법인은 과세관청으로부터 법인세 20을 환급받는다.[234]

한편, C가 법인으로부터 받은 배당금 100은 C가 주식을 취득하기

---

234) 20 x 100% = 20.

전에 법인이 실현한 이익잉여금에 기초한 것이므로 C의 배당소득은 비과세 되고 C의 주식취득가액은 감액되어 100이 된다.

결과적으로, B의 주식 보유 및 양도로 인한 세후 소득은 70이 된다. 이 금액은 비법인의 출자자 B의 지분 보유 및 양도로 인한 세후 소득 70과 동일한 금액이다.

(4) 요약

유보소득 중복과세 사례에 '법인세 법인 환급'에 의한 과세체계를 적용할 경우 법인과 비법인 간의 과세상 차이가 해소되어 조세중립성이 유지된다.

3. 미실현이익 중복과세 사례

본 장 제1절의 '미실현이익 중복과세 사례'에서 주주 D의 세후소득이 39.2가 된 경위를 확인하였다. 위 사례에 '법인세 법인 환급'에 의한 과세체계를 적용하여 비법인의 출자자 D와의 과세상 차이가 해소되는지 여부를 확인한다.

(1) 사례

위 사례에서 주주 D는 주식을 E에게 양도하였는데, D의 주식양도소득에는 법인의 미실현이익이 반영되었다. 한편, E가 주식을 취득한 후 법인은 미실현이익을 실현하였고 이를 기초로 E는 법인으로부터 배당을 받았다.

(2) 과세체계 중 관련 규칙

주주가 법인으로부터 받은 배당이 주주가 주식을 취득한 이후에 법인이 실현한 이익잉여금에 기초한 배당일 경우 주주의 배당소득에 대하여 과세하면서 법인세를 법인에 환급하여 이중과세 조정을 한다. 그리고 법인이 특정 사업연도 잔여 이익잉여금을 전액 배당하기로 결의할 경우 미환급 법인세를 전액 법인에 환급하여 잔여 잉여금과 함께 주주에게 배당되도록 한다.

(3) 과세효과

이와 같은 규칙을 미실현이익 중복과세 사례에 적용한다. 법인의 순자산은 법인의 자본금 100과 미실현이익 100을 합한 200이다. E는 (i) D로부터 주식을 취득한 후 법인이 미실현이익을 실현할 경우 법인세 20이 과세될 것이라는 점, (ii) 법인이 이익잉여금 잔액인 80을 전액 배당하기로 결의할 경우 과세관청이 미환급 법인세 20을 전액 법인에 환급하여 20 역시 배당될 것이라는 점, (iii) E가 법인으로부터 100을 배당 받을 경우 그 배당금은 E가 주식을 취득한 이후에 법인이 실현한 이익잉여금에 기초한 것이므로 이에 대하여 소득세 30이 과세될 것이라는 점을 예상할 것이다. 따라서 D의 E에 대한 주식양도가액은 위와 같은 점들을 반영하여 170으로 결정될 것이다. 그 결과 D의 주식양도소득은 70이고 이에 대하여 소득세 21이 과세된다. 다만, D의 주식 보유기간 과세된 법인세가 없기 때문에 D의 주식양도소득에 대한 과세 시 법인에 환급할 법인세는 없다. 결과적으로 D의 세후소득은 49이다. 이 금액은 비법인의 출자자 D의 지분 보유 및 양도로 인한 세후 소득 70보다 적은 금액이다.

(4) 요약

미실현이익 중복과세 사례에 '법인세 법인 환급'에 의한 과세체계를 적용할 경우 법인과 비법인 간의 과세상 차이가 일부 해소된다.

4. 의제배당소득 이중과세 사례

(1) 사례

A는 100을 출자하여 법인을 설립하고 주식 10주를 취득하였다. Year 1에 법인은 소득 100을 실현하였다. Year 2에 법인은 법인세 20을 납부하고 A에게 20을 배당하였다. Year 3에 법인은 A의 주식 5주를 소각하면서 자본금을 50으로 감액하고 A에게 감자대가로 80을 지급하였다. Year 4에 법인은 잔여재산을 A에게 분배하고 청산하였다. 소득세율은 30%라고 가정한다.

위 사례는 앞서 세액공제(Full Imputation)에 의한 포괄적 조정의 과세체계에서 제시한 의제배당소득 이중과세 사례와 기본적으로 동일하다.

(2) 과세효과

'법인세 법인 환급'에 의한 포괄적 조정의 과세체계를 위 사례에 적용할 경우 과세효과는 다음과 같다.

1) A에 대한 배당 시 (Year 2)

A가 법인으로부터 받은 배당은 A가 주식을 취득한 이후에 법인이 실현한 이익잉여금에 기초한 배당이다. 따라서 A의 배당소득 20에 대하여 과세하면서 법인세 법인 환급에 의한 이중과세 조정을 한다. A가 납부할 소득세는 6이다. 그리고 법인세 환급비율은 1/5이므로 법인에 환급할 법인세는 4이다.[235]

2) 법인의 자본감소 시 (Year 3)

A의 의제배당소득에 대하여 과세한다. 의제배당소득은 30이다.[236]

---

235) 20 x 20/100 = 4.

따라서 A가 납부할 소득세는 9이다.

한편, 의제배당소득에 대하여 법인세 법인 환급에 의한 이중과세 조정이 필요한지 여부를 판단한다. 법인이 감자를 하면서 감자차손 30이 발생한다. 이익잉여금 30을 처분하여 감자차손을 제거한다. 위 이익잉여금은 주주 A의 주식 취득 후에 법인이 실현한 것이므로 그 이익잉여금 중 A의 지분비율 상당액인 30이 A의 의제배당소득에 반영되었을 것이다. 따라서 이와 관련하여 법인세 법인 환급에 의한 이중과세 조정이 필요하다. 법인세 환급비율은 1/5이므로 법인에 환급할 법인세는 6이다.237)

3) 법인 청산 시 (Year 4)

A의 의제배당소득에 대하여 과세하면서 법인세 법인 환급에 의한 이중과세 조정을 한다. 법인 청산 시에는 법인세 잔액(미환급 법인세)을 전액 법인에 환급하여 이중과세 조정을 하므로 법인에 환급할 법인세는 10이다.238) A가 법인으로부터 받은 잔여재산가액은 100이다.239) A의 잔여 주식 5주의 취득가액은 50이므로 의제배당소득은 50이다. 따라서 A가 납부할 소득세는 15이다.

(3) 요약

법인세 20은 모두 환급되었다. 그리고 A의 소득세는 배당 시 6, 감자 시 9, 청산 시 15의 합계 30이다. 이는 법인이 실현한 소득 100에 기하여 A에 대하여 소득세율 30%를 적용하여 과세할 경우의 소득

---

236) 80 - 50 = 30.
237) 30 x 20/100 = 6.
238) 20 - 4 - 6 = 10.
239) 100 + 100 - 20 - 20 + 4 - 80 + 6 + 10 = 100. 위 금액은 자본금(50), 이익잉여금 잔액(30), 법인세 환급액(4 + 6 + 10) 등의 합계 100과 동일한 금액이다.

세액과 동일한 금액이다. 배당소득 및 의제배당소득에 대하여 '법인세 법인 환급'에 의한 이중과세 조정이 완전하게 이루어진 것이다.

5. 종합 사례

(1) 사례

종합 사례는 다음과 같다. 소득세율은 30%, 법인세율은 20%라고 가정한다. Year 0에 A는 120을 그리고 B는 80을 각 출자하여 법인을 설립하였다. Year 1에 법인은 소득 100을 실현하였다. Year 2에 법인은 A에게 24를 그리고 B에게 16을 각 배당하였다. 법인은 소득 200을 실현하였다. Year 3에 B는 자신의 주식 전부를 C에게 양도하였다. 그리고 법인은 토지를 100에 매입하였다. Year 4에 법인은 A에게 36을 그리고 C에게 24를 각 배당하였다. 한편, 토지의 가치는 200이 되었다. Year 5에 법인은 잔여재산인 토지와 현금을 A와 C에게 분배하고 청산하였다. 위 사례는 앞서 세액공제(Full Imputation) 방법에 의한 포괄적 조정에서 제시한 종합 사례와 동일하다.

(2) 과세효과

'법인세 법인 환급'에 의한 포괄적 조정의 과세체계를 위 사례에 적용할 경우의 과세효과는 다음과 같다.

1) 법인의 소득 실현 시 (Year 1)

Year 1에 법인이 실현한 소득 100에 대하여 법인세 20을 과세한다.

2) A와 B에 대한 배당 및 법인의 소득 실현 시 (Year 2)

Year 2에 법인이 A와 B에게 한 배당은 A와 B가 각각 주식을 취득한 이후인 Year 1에 법인이 실현한 소득 100에 기초한 배당이다. 따.

라서 A와 B의 각 배당소득에 대하여 소득세를 과세하면서 '법인세 법인 환급'에 의한 이중과세 조정을 한다. 한편, Year 2에 법인이 실현한 소득에 대하여 법인세를 과세한다.

① A와 B의 배당소득 과세

A의 배당소득은 24이므로 A가 납부할 소득세는 7.2이다. B의 배당소득은 16이므로 B가 납부할 소득세는 4.8이다.

② 법인세 환급

위와 같이 주주들에 대하여 소득세를 과세하면서 법인세를 법인에 환급한다. 법인에 환급할 법인세는 주주들에 대한 총 배당금 40에 Year 1의 법인세 환급비율 20/100을 적용한 8이다.

③ 법인세 과세

Year 2에 법인이 실현한 소득 200에 대하여 법인세 40을 과세한다.

3) B의 주식양도 시 (Year 3)

Year 3에 B는 주식을 양도하였고 주식 보유기간에 법인세가 과세된 적이 있다. 따라서 B의 주식양도소득에 대하여 소득세를 과세하면서 '법인세 법인 환급'에 의한 이중과세 조정을 한다.

① B의 주식양도소득 과세

B의 주식취득가격은 80이다. B의 C에 대한 주식양도가액에 영향을 주는 대표적 요인은 법인의 순자산가액이다. C는 B로부터 주식을 취득한 후 취득 시점 이전에 법인에 실현된 잉여금에 기초하여 배당을 받더라도 소득세가 과세되지 않을 것으로 기대한다. B의 주식양도 당시 법인의 순자산은 법인의 자본금 200, 잔여 이익잉여금

208(100 - 20 + 200 - 40 - 40 + 8), 법인세 환급청구권 잔액 52를 합한 460이다.[240) 따라서 B의 C에 대한 주식양도가액은 460 중 B의 지분인 184로 결정될 것이다. 그 결과 B의 주식양도소득은 104이고 B가 납부해야 할 소득세는 31.2이다.

② 법인세 환급

위와 같이 B에 대하여 소득세를 과세하면서 법인세를 법인에 환급한다. 법인에 환급할 법인세는 B의 주식 보유기간 과세된 법인세 합계액 60에서 Year 2 배당 시 환급된 법인세 8을 차감한 잔여 법인세 52에 B의 지분비율 40%를 적용한 20.8이다.

4) A와 C에 대한 배당 시 (Year 4)

Year 4에 이루어진 배당은 후입선출법에 따라 Year 2에 법인이 실현한 소득 200에 기초한 것이다. A와 C의 각 주식취득 시점에 따라 배당소득에 대한 과세여부가 결정되고 그 결과에 따라 환급할 법인세 금액도 결정된다.

① A의 배당소득 과세

A가 받은 배당금 36은 A가 주식을 취득한 이후인 Year 2에 법인이 실현한 소득 200에 기초한 배당이다. 따라서 A의 배당소득에 대하여 과세하면서 '법인세 법인 환급'에 의한 이중과세 조정을 한다. A가 받은 배당소득은 36이므로 A가 납부할 소득세는 10.8이다.

② B의 배당소득 비과세 및 주식취득가액 감액

C가 받은 배당금 24는 C가 주식을 취득하기 전인 Year 2에 법인

---

240) 법인이 납부한 법인세는 추후 배당 또는 주식양도 시 법인에 환급되므로 법인은 자산으로서 법인세 환급청구권을 갖는다.

이 실현한 소득 200에 기초한 것으로서 C의 주식취득가액의 일부에 해당한다. 따라서 C가 받은 배당금에 대하여 과세하지 않는다. 다만, C의 주식취득가액은 184에서 24만큼 감액되어 160이 된다.

③ 법인세 환급

법인에 환급될 법인세는 배당소득으로 과세된 A의 배당금만을 기준으로 계산된다. 따라서 주주들에 대한 총 배당금 60 중 A에 대한 배당금 36에 Year 2의 법인세 환급 비율 40/200을 적용한 결과 법인에 환급할 법인세는 7.2이다.

5) 법인 청산 시 (Year 5)

법인 청산 시 법인세를 과세하지 않고 주주의 의제배당소득에 대하여만 과세한다.[241] 청산 시 법인의 잔여 이익잉여금이 전액 반영된 잔여재산이 주주에게 분배되는 것이므로 미환급 법인세를 전액 법인에 환급한다.

① 법인세 환급

청산 시점까지 환급되지 않은 법인세는 법인 설립 후 과세된 법인세 총액인 60에서 환급된 법인세 합계액인 36을 차감한 24이다.[242] 위 금액은 법인에 환급된 후 주주에게 잔여재산으로 분배된다.

② A의 의제배당소득 과세

주주 A의 주식취득가액은 120이다. A가 받은 잔여재산은 법인의 잔여재산 500 중 지분비율 60%에 해당하는 300이다.[243] 그러므로 A

---

[241] 주주의 의제배당소득은 주주가 받은 잔여재산가액에서 주식취득가액을 차감한 금액이다.

[242] (20 + 40) - (8 + 20.8 + 7.2) = 24.

의 의제배당소득은 180이다. 따라서 A가 납부할 소득세는 54이다.

③ C의 의제배당소득 과세

주주 C의 주식취득가액은 184이지만 이 금액에서 비과세된 배당 24를 차감하면 조정 후 주식취득가액은 160이다. C가 받은 잔여재산 은 법인의 잔여재산 500 중 지분비율 40%에 해당하는 200이다. 그러므로 C의 의제배당소득은 40이다. 따라서 C가 납부할 소득세는 12이다.

(3) 요약

법인 설립 후 청산 전까지 순자산증가액은 400이다.[244] 이에 대한 총 과세금액은 120이고, 나머지 280은 주주들에게 귀속되었다. 총 과세금 액은 법인의 순자산증가액에 소득세율 30%를 적용한 금액과 동일하다.

총 과세금액 120 중 A의 소득세는 72,[245] B의 소득세는 36,[246] C의 소득세는 12이다. 법인세 60은 일단 과세 되었으나 모두 법인에 환 급된 후 종국적으로 주주들에게 배당되었다.[247]

주주들에게 귀속된 세후 소득 280 중 A의 세후 소득은 168이고,[248] B의 세후 소득은 84이고,[249] C의 세후 소득은 28이다.[250] A의 세후 소득 168은 A가 주식을 취득한 이후 법인에 형성된 순자산증가분 400에 대한 A의 몫인 240에 소득세율 30%를 적용한 세후 소득에 해 당하는 금액이다. B의 세후 소득 84는 B가 주식을 취득한 이후 법인

---

243) [200(자본금) + (100 + 200)(실현한 소득) − (20 + 40)(법인세) − (40 + 60)(배당 금) + 100(미실현이익) + (8 + 20.8 + 7.2 + 24)(법인세 환급액)] x 0.6 = 300.
244) (100 + 200)(실현한 소득) + 100(미실현이익) = 400.
245) 7.2 + 10.8 + 54 = 72.
246) 4.8 + 31.2 = 36.
247) 8 + 20.8 + 7.2 + 24 = 60.
248) (24 + 36 + 180) − 72 = 168.
249) (16 + 104) − 36 = 84.
250) 40 − 12 = 28.

에 형성된 순자산증가분 300에 대한 B의 몫인 120에 소득세율 30%를 적용한 세후 소득에 해당하는 금액이다. C의 세후 소득 28은 C가 주식을 취득한 이후 법인에 형성된 순자산증가분 100에 대한 C의 몫인 40에 소득세율 30%를 적용한 세후 소득에 해당하는 금액이다.

위와 같이 '법인세 법인 환급'에 의한 포괄적 조정의 과세체계를 적용할 경우 법인과 비법인 사이의 과세상 차이가 완전히 해소된다. 주주들의 위 세후 소득은 세액공제(Full Imputation)에 의한 포괄적 조정의 과세체계를 적용하였을 경우의 주주들의 세후 소득과 동일하다.

제5절 '배당금 손금산입과 세액공제(Full Imputation) 등의 병행'에 의한 포괄적 조정

I. 의의

법인 소득에 기한 중복과세를 포괄적으로 조정하기 위하여 배당소득 이중과세 조정 또는 주식양도소득 이중과세 조정을 할 때 배당금 손금산입에 의하여 법인 과세를 최소화하고 세액공제(Full Imputation) 또는 '법인세 법인 환급'에 의하여 주주에게 법인세를 전액 환원할 수 있다. 이를 '배당금 손금산입과 세액공제(Full Imputation) 등의 병행'에 의한 포괄적 조정이라고 칭하고자 한다.[251]

II. 주요 개념 요소

'배당금 손금산입과 세액공제(Full Imputation) 등의 병행'에 의한

---

251) 김의석, *supra* note 147, p.179.

포괄적 조정의 주요 개념 요소 다섯 가지는 다음과 같다.

1. 법인세 존치 및 주주 과세 지향

'배당금 손금산입과 세액공제 등의 병행'에 의한 포괄적 조정 역시 법인의 소득에 기하여 일단 법인세를 과세하되 종국적으로는 주주 과세를 지향하는 유형의 법인세 통합 방안이다.

2. 포괄적 조정 규칙의 적용

'배당금 손금산입과 세액공제 등의 병행'에 의한 포괄적 조정 역시 법인 소득에 기한 중복과세 문제를 해결하기 위하여 앞서 도출한 중복과세의 포괄적 조정 규칙을 적용한다. 따라서 주주의 배당소득이 주주가 주식을 취득한 시점 이전 또는 이후에 법인이 실현한 소득에 기초한 것인지에 따라 배당소득에 대한 과세 여부가 달라진다. 그리고 배당소득 이중과세 조정을 할 뿐만 아니라 주식양도소득 이중과세 조정도 한다. 그 결과 배당소득 이중과세 및 유보소득 중복과세가 전부 조정되고 미실현이익 중복과세는 일부 조정된다. 법인 소득에 기한 중복과세 조정을 강화하는 것이다. 이러한 점에서 '배당금 손금산입과 세액공제 등의 병행'에 의한 포괄적 조정은 배당 시점에 배당소득 이중과세 조정만 하는 현행 배당세액공제와 크게 다르다.

3. 배당금 손금산입에 의한 법인 과세의 최소화

'배당금 손금산입과 세액공제 등의 병행'에 의한 포괄적 조정은 배당소득 이중과세 조정 방법의 하나로서 '배당금 손금산입'을 적용한다. 그 결과 어느 과세기간에 법인이 실현한 소득에서 그 과세기간에 주주의 배당소득으로 과세되는 금액을 차감한 결과 나머지가 있는 경우 그 나머지 소득에 대하여 법인세를 과세한다. 배당금 손금산입은 법인 과세를 최소화 할 수 있다.

4. 세액공제(Full Imputation) 등에 의한 법인세 환원

'배당금 손금산입과 세액공제 등의 병행'에 의한 포괄적 조정은 '배당금 손금산입' 외의 배당소득 이중과세 조정 방법 및 주식양도소득 이중과세 조정 방법으로서 세액공제 또는 '법인세 법인 환급'을 적용하여 법인세를 전액 환원한다.

배당소득 이중과세 조정 방법으로서 세액공제 또는 '법인세 법인 환급'이 적용되는 경우는 어느 과세기간에 법인의 소득금액을 계산함에 있어서 '배당금 손금산입'을 적용한 결과 배당으로 인하여 법인에 결손이 발생하거나 또는 결손이 확대된 경우이다. 결손이 발생한 경우는 결손금 상당액이 그리고 결손이 확대된 경우는 배당금 상당액이 각 배당이 있었던 과세기간의 이전 과세기간에 법인이 실현한 소득에 기초하여 배당된 것으로 보고 주주의 배당소득에 대하여 과세하면서 세액공제 또는 '법인세 법인 환급'에 의한 이중과세 조정을 한다.

위와 같은 방식으로 처리하지 않고 배당으로 인하여 발생하거나 확대된 결손을 통상적인 결손과 마찬가지로 이월공제 하는 것은 적절하지 않다. 법인이 실현한 소득에서 배당금을 차감하여 법인의 소득금액을 계산한 결과 결손을 발생시키거나 확대시킨 배당은 법인세가 이미 과세된 과세기간의 법인의 소득에 기초한 것으로 볼 수 있는데, 이월공제를 한다면 추후 만일 법인에 결손이 계속 발생할 경우에는 법인세와 배당소득 과세의 이중과세 조정을 못하게 되거나 지연될 가능성이 있기 때문이다.

III. 포괄적 조정의 과세체계

'배당금 손금산입과 세액공제(Full Imputation) 등의 병행'의 과세체계는 (i) '배당금 손금산입'의 적용과 법인세 및 배당소득 과세, (ii) 법인 결손 시 배당소득 과세와 배당세액공제 등, (iii) 주식양도소득 과세와 주식양도세액공제 등, (iv) 법인 결손 시 배당소득 비과세와 주식취득가액 감액 조정 등 네 가지로 요약할 수 있다. 여기에 추가하여 (v) 의제배당소득 과세와 '배당금 손금산입과 세액공제 등'에 관하여도 살펴본다.

1. 배당금 손금산입의 적용과 법인세 및 배당소득 과세

어느 과세기간의 법인의 소득금액을 계산함에 있어서 그 과세기간의 주주들에 대한 배당금을 차감한다. 즉, 법인세 과세대상 소득금액은 법인이 실현한 소득금액에서 배당금 총액을 차감한 금액으로 한다. 이와 같이 배당금 손금산입을 적용한 결과 법인의 소득이 존재하면 이에 대하여 법인세를 과세하고 주주들의 배당소득에 대하여 소득세를 과세한다.

다만, 법인의 청산과 합병 및 분할 시에는 청산법인과 피합병법인 및 분할되는 법인에 대하여 법인세를 과세하지 않는다.252) 법인 청산, 합병 및 분할 시 법인세 과세대상 소득은 그 시점에 법인에 존

---

252) 법인 청산과 합병 및 분할 시 법인의 소득은 법인의 자본자산의 미실현이익이다. 그리고 그 미실현이익은 주주의 잔여재산분배액과 합병대가 및 분할대가에 포함된다. 그런데 법인 청산과 합병 및 분할 시 법인세를 과세하지 않을 경우 미실현이익에 대한 이중과세 조정은 불필요하다.

재하는 미실현이익인데, 위 시점에 미실현이익 전부가 주주들에게 분배되므로 배당금 손금산입을 적용하는 것과 결과적으로 동일하다.

2. 법인 결손 시 배당소득 과세와 배당세액공제 등

위와 같이 '배당금 손금산입'을 적용한 결과 어느 과세기간에 배당으로 인하여 법인에 결손이 발생하거나 또는 결손이 확대된 경우 물론 법인세는 과세하지 않는다. 이 경우 결손금(결손이 발생한 경우) 또는 배당금(결손이 확대된 경우) 상당액이 배당이 있었던 과세기간의 이전 과세기간에 법인이 실현한 이익잉여금에 기초하여 주주들에게 배당된 것으로 본다.

만일 위와 같이 주주들에 대한 배당의 기초가 된 이익잉여금이 주주가 주식을 취득한 이후에 법인이 실현한 이익잉여금일 경우 주주의 배당소득에 대하여 소득세를 과세하면서 배당세액공제 또는 '법인세 법인 환급'에 의한 이중과세 조정을 한다. 배당세액공제에 의한 이중과세 조정을 할 경우 세액공제의 대상이 되는 주주의 배당금은 결손금(결손이 발생한 경우) 또는 배당금(결손이 확대된 경우) 상당액 중 각 주주의 지분비율에 해당하는 금액이다. 배당소득가산 및 배당세액공제 금액 및 비율(Full Imputation 금액 및 비율)과 이익잉여금 사용 순서의 기준은 앞서 세액공제(Full Imputation)에 의한 포괄적 조정의 과세체계 중 '2. 배당소득 과세와 배당세액공제'에서 살펴본 바와 동일하다.

3. 주식양도소득 과세와 주식양도세액공제 등

주주가 주식을 양도하여 양도소득을 실현하면 주주의 주식양도소득에 대하여 과세하면서 주식양도세액공제 또는 '법인세 법인 환급'에 의한 이중과세 조정을 한다. 주식양도세액공제에 의한 이중과세 조정을 할 경우 주식양도소득가산 및 주식양도세액공제 금액(Full Imputation 금액)은 앞서 세액공제(Full Imputation)에 의한 포괄적 조정의 과세체계 중 '3. 주식양도소득 과세와 주식양도세액공제'에서 살펴본 바와 동일하다.

4. 법인 결손 시 배당소득 비과세와 주식취득가액 감액 조정

앞서 언급한 바와 같이, 어느 과세기간의 법인의 소득금액을 계산함에 있어서 '배당금 손금산입'을 적용한 결과 배당으로 인하여 법인에 결손이 발생하거나 또는 결손이 확대된 경우 법인세는 과세하지 않는다. 이 경우 결손금(결손이 발생한 경우) 또는 배당금(결손이 확대된 경우) 상당액이 배당이 있었던 과세기간의 이전 과세기간에 법인이 실현한 이익잉여금에 기초하여 주주들에게 배당된 것으로 본다.

만일 위와 같이 주주들에 대한 배당의 기초가 된 이익잉여금이 주주가 주식을 취득하기 전에 법인이 실현한 이익잉여금일 경우 주주의 배당소득에 대하여 과세하지 않는다. 배당소득이 비과세되므로 이중과세 조정이 필요 없다. 이 경우 배당을 받은 주주의 주식취득가액에서 배당금을 감액하여 조정한다. 비과세 및 주식취득가액에서 감액 조정되는 각 주주의 배당금은 결손금(결손이 발생한 경우) 또는 배당금(결손이 확대된 경우) 상당액에 각 주주의 지분비율을 적용한 금액이다. 이익잉여금 사용 순서의 기준은 앞서 세액공제(Full Imputation)에 의한 포괄적 조정의 과세체계 중 '4. 배당소득 비과세와 주식취득가액 감액 조정'에서 살펴본 바와 동일하게 후입선출법을 따른다.

5. 의제배당소득 과세와 '배당금 손금산입과 세액공제 등'

(1) 법인 자본감소의 경우

법인 감자 시 주주의 의제배당소득은 감자대가에서 주식취득가액을 차감하여 계산한다. 주주의 의제배당소득에 대한 과세 및 이중과세 조정 여부는 다음과 같이 구분한다.

1) 법인 감자 시 감자차익이 발생한 경우

감자차익이 발생한 경우 주주가 받는 감자대가는 법인의 자본금과 자본잉여금을 반영한다.253) 따라서 주주에게 의제배당소득이 있어(예컨대, 법인이 주식의 액면가를 초과하는 금액으로 신주를 발행할 때 기존 주주 중에서 지분에 비례하여 신주를 인수하지 않은 주주의 경우) 과세하더라도 감자대가에 법인의 이익잉여금이 반영된 부분이 없기 때문에 이중과세 조정은 필요하지 않다.

2) 법인 감자 시 감자차손이 발생한 경우
① '배당금 손금산입'의 적용과 법인세 및 의제배당소득 과세

어느 과세기간에 법인이 자본금을 감액하면서 감자차손이 발생한 경우 감자차손 상당액을 그 과세기간에 법인이 실현한 소득에서 차감한 결과 법인의 소득이 여전히 존재하는 경우 그 소득금액에 대하여 법인세를 과세한다. 그리고 주주의 의제배당소득에 대하여 과세한다.

② 법인 결손 시 의제배당소득 과세 및 배당세액공제 등
어느 과세기간에 법인이 자본금을 감액하면서 감자차손이 발생

---

253) 예컨대, 차) 자본금 및 자본잉여금 100   대) 현금   70
　　　　　　　　　　　　　　　　　　　　　　감자차익 30

한 경우 감자차손 상당액을 그 과세기간에 법인이 실현한 소득에서 차감한 결과 법인에 결손이 발생하거나 결손이 확대된 경우 발생한 결손금 상당액 또는 확대된 결손금 상당액을 법인이 이전 과세기간에 이미 실현한 이익잉여금을 처분하여 제거한다. 의제배당소득 과세 및 이중과세 조정 여부는 다음과 같이 나누어 볼 수 있다.

(i) 이중과세 조정이 필요한 경우

만일 위와 같이 처분된 이익잉여금이 감자대가를 받는 주주의 주식 취득 후에 법인이 실현한 것이면 그 이익잉여금 중 주주의 지분 상당액은 주주의 의제배당소득에 반영되었을 것이다. 따라서 이 경우 의제배당소득에 대하여 소득세를 과세하면서 배당세액공제 또는 '법인세 법인 환급'에 의한 이중과세 조정이 필요하다.[254]

배당세액공제에 의한 이중과세 조정을 할 경우 의제배당소득가산 및 배당세액공제를 한다. 각 주주의 의제배당소득가산 및 배당세액공제 금액은 '감자차손 상당액을 해당 과세기간에 법인이 실현한 소득에서 차감한 결과 법인에 발생한 결손금 또는 확대된 결손금 제거를 위해 처분된 이익잉여금 x 주주의 지분비율 x Full Imputation 비율'이다.[255] Full Imputation 비율(의제배당소득가산 및 배당세액공제 비율)은 '위와 같이 처분된 이익잉여금이 발생한 과세기간의 법인

---

254) 법인이 감자를 한 결과 감자차익이 발생할 경우는 주주의 의제배당소득이 있더라도 그 소득은 법인의 자기자본을 반영하는 것이므로 이중과세 조정이 필요하지 않다.

255) 법인이 자본을 감소하면서 감자차손이 발생하면 이익잉여금을 처분하여 감자차손을 없앤다. 감자차손 금액은 처분된 이익잉여금에 해당한다고 볼 수 있다.

　　차) 자본금　　00　　대) 현금　　00
　　　　감자차손　　00
　　차) 이익잉여금 00　　대) 감자차손 00

세 금액 / 위와 같이 처분된 이익잉여금이 발생한 과세기간의 법인의 총 이익잉여금 중 법인세를 차감한 금액'이다.

(ii) 이중과세 조정이 필요하지 않은 경우

만일 위와 같이 처분된 법인의 이익잉여금이 감자대가를 받는 주주의 주식 취득 이전에 법인이 실현한 것이면 그 이익잉여금 중 주주의 지분 상당액은 주주의 주식취득가액에 반영되었을 것이다. 따라서 주주에게 의제배당소득이 있어 과세하더라도 위 부분에 관한 이중과세 조정은 필요하지 않다.

(iii) 이익잉여금 사용 순서의 기준

의제배당소득 과세 및 이중과세 조정의 필요 여부를 결정하기 위해서 위와 같이 발생한 또는 확대된 결손금을 제거하기 위해 처분되는 이익잉여금이 어느 사업연도에 실현된 잉여금인지 그 사용 순서에 관한 기준이 필요하다. 앞서 '2. 법인 결손 시 배당소득 과세와 배당세액공제 등' 및 '4. 법인 결손 시 배당소득 비과세와 주식취득가액 감액 조정'에서와 동일한 기준을 정한다.

(2) 법인 청산과 비적격 합병 및 분할의 경우

법인 청산과 비적격 합병 및 분할 시 주주의 의제배당소득은 주주가 받은 재산가액에서 주식취득가액을 차감하여 계산한다. 주주의 의제배당소득에 대하여 소득세를 과세한다.

주주의 의제배당소득에 대한 과세 시 의제배당소득 중 법인의 이익잉여금을 반영하는 부분에 대한 이중과세 조정이 필요하다. 세액공제(Imputation)에 의한 이중과세 조정을 할 경우 Full Imputation 금액을 주주의 의제배당소득에 가산 및 세액공제 한다. 각 주주의 적정 Full Imputation 금액은 주식양도소득 과세 시 주식양도세액공제에 의한 이중과세 조정의 경우와 마찬가지로 '(주주의 주식 보유기간 동안 과세된 법인세 합계 금액 x 주주의 지분비율) - 주주의 주식 보유기간동안 배당 시 배당세액공제 된 법인세 금액'이다.

Ⅳ. 과세체계의 적용

'배당금 손금산입과 세액공제(Full Imputation) 등의 병행'에 의한 포괄적 조정의 과세체계를 (i) 배당소득 이중과세와 유보소득 중복과세가 병존하는 사례, (ii) 의제배당소득 이중과세 사례, (iii) 종합 사례에 각 적용하여 과세효과를 살펴본다. 이중과세 조정을 위한 법인세 환원 방법으로는 세액공제(Full Imputation) 방법을 적용한다.

1. 배당소득 이중과세와 유보소득 중복과세의 병존 사례

(1) 사례

Year 0에 A는 100을 출자하여 법인 P를 설립하였다. Year 1에 법인은 소득 100을 실현하였다. Year 2에 법인은 A에게 20을 배당하였다. 그 해 법인은 소득 200을 실현하였다. Year 3에 법인은 A에게 40을 배당하였다. 그 후 A는 주식을 B에게 양도하였다. 그 해 법인은 소득이 없었다. Year 4에 법인은 B에게 60을 배당하였다. 법인은 소득 40을 실현하였다. 소득세율은 30%, 법인세율은 20%라고 가정한다. 위 사례는 '배당소득 이중과세'와 '유보소득 중복과세'의 요소가 모두 존재하는 사례이다.

(2) 과세효과
1) 법인이 소득 100 실현 시 (Year 1)
법인은 법인세 20의 납세의무가 있다.

2) 법인이 A에게 20 배당하고 소득 200 실현 시 (Year 2)

법인의 소득금액 계산에 배당금 손금산입이 적용된다. 법인의 과세대상 소득금액 180에 대한 법인세는 36이다.[256] A의 배당소득 20에 대한 소득세는 6이다.

3) 법인이 A에게 40 배당 시 (Year 3)

Year 3에 법인의 소득이 없으므로 납부할 법인세는 없다. A가 법인으로부터 받은 배당금 40은 후입선출법에 따라 법인이 Year 2에 실현한 이익잉여금에 기초한 것이다. Year 2에 법인이 실현한 이익잉여금은 A가 주식을 취득한 이후에 법인이 실현한 것이므로 A의 배당금 40에 대하여 소득세를 과세하면서 배당세액공제에 의한 이중과세 조정을 한다. Year 2의 배당소득가산 및 배당세액공제 비율은 1/4이므로 A의 배당소득가산 및 배당세액공제 금액은 10이다.[257] A의 소득세는 5이다.[258]

4) A가 B에게 주식양도 시 (Year 3)

A의 주식양도 시 법인에 존재하는 순자산은 284이다.[259] B는 주식양수 후 P 법인으로부터 배당을 받더라도 비과세 된다. 따라서 주식양도가액은 284로 결정될 것이다. 따라서 A는 주식양도소득 184를 실현한다. A의 주식양도소득 이중과세 조정을 위한 주식양도소득가산 및 주식양도세액공제 금액은 46이다.[260] A는 소득세 23의 납세의무가 있다.[261]

---

256) $(200 - 20) \times 20\% = 36$.
257) $40 \times [36/(200-20-36)] = 10$.
258) $(40 + 10) \times 30\% - 10 = 5$.
259) $100 + 100 - 20 - 20 + 200 - 36 - 40 = 284$.
260) $(20 + 36) \times 100\% - 10 = 46$.
261) $(184 + 46) \times 30\% - 46 = 23$.

5) 법인이 B에게 60 배당 후 소득 40 실현 시 (Year 4)

법인의 소득금액 계산에 '배당금 손금산입'을 적용할 경우 법인에 결손 20이 발생하므로 납부할 법인세는 없다. A가 법인으로부터 받은 배당금 60 중에서 40을 차감한 20은 후입선출법에 따라 법인이 Year 2에 실현한 이익잉여금에 기초한 것이다. Year 2에 법인이 실현한 이익잉여금은 B가 주식을 취득하기 전에 실현한 것이므로 B는 배당금 20에 대하여 과세되지 않고 주식취득가액은 284에서 20이 감액되어 264가 된다. 결과적으로 B는 법인으로부터 받은 배당 60 중 40에 대하여만 과세되므로 B의 소득세는 12이다.

(3) 요약

법인의 순자산증가액은 총 340이다. 이에 대한 총 과세금액은 102이고, 나머지 238은 주주들에게 귀속되었다. 총 과세금액은 법인의 순자산증가액에 소득세율 30%를 적용한 금액과 동일하다.

총 과세금액 102 중 법인세는 56,[262] A의 소득세는 34,[263] B의 소득세는 12이다. 주주들에게 귀속된 세후 소득 238 중 A의 세후 소득은 210이고,[264] B의 세후 소득은 28이다. A의 세후 소득 210은 A가 주식을 취득한 이후 법인에 형성된 순자산증가분 300에 대한 A의 몫인 300에 소득세율 30%를 적용한 세후 소득에 해당하는 금액이다. B의 세후 소득 28은 B가 주식을 취득한 이후 법인에 형성된 순자산증가분 40에 대한 B의 몫인 40에 소득세율 30%를 적용한 세후 소득에 해당하는 금액이다.

위와 같이 '배당소득 이중과세 사례'와 '유보소득 중복과세 사례'의 각 요소가 병존하는 위 사례에서 '배당금 손금산입 및 세액공제

---

262) 20 + 36.
263) 6 + 5 + 23.
264) 14 + 35 + 161.

등의 병행'에 의한 포괄적 조정의 과세체계를 적용할 경우 법인과 비법인 사이의 과세상 차이가 완전히 해소된다. 이는 법인 소득에 기한 중복과세 조정이 완전하게 이루어진 것을 의미한다.

2. 의제배당소득 이중과세 사례

(1) 사례

A는 100을 출자하여 법인을 설립하고 주식 10주를 취득하였다. Year 1에 법인은 소득 100을 실현하였다. 법인은 A의 주식 2주를 소각하고 자본금 20을 감소시키면서 A에게 감자대가로 30을 지급하였다. Year 2에 법인은 A의 주식 3주를 소각하고 자본금 30을 감소시키면서 A에게 감자대가로 46을 지급하였다. 그 해 (의제배당을 제외하고도) 법인에 결손 20이 발생하였다. Year 3에 법인은 잔여재산을 A에게 분배하고 청산하였다. 소득세율은 30%, 법인세율은 20%라고 가정한다.

(2) 과세효과

'배당금 손금산입과 세액공제 등의 병행'에 의한 포괄적 조정의 과세체계를 위 사례에 적용할 경우의 과세효과는 다음과 같다.

1) 법인의 소득 실현 및 자본감소 시 (Year 1)

어느 과세기간에 법인이 자본을 감소하면서 감자차손이 발생한 경우 배당금 손금산입을 적용하여 감자차손 상당액을 그 과세기간에 법인이 실현한 소득에서 차감한 결과 법인의 소득이 여전히 존재하면 그 소득금액에 대하여 법인세를 과세한다. 그리고 주주의 의제배당소득에 대하여 과세한다.

사례에서 법인의 자본감소 결과 감자차손 10이 발생하였다. 법인이 실현한 소득 100에서 감자차손 10을 차감하면 법인세 과세대상 소득금액은 90이므로 법인세는 18이다. 한편, A의 의제배당소득은 10이므로 A의 소득세는 3이다.

2) 법인의 결손 발생 및 자본감소 시 (Year 2)

어느 과세기간에 법인이 자본을 감소하면서 감자차손이 발생한 경우 감자차손 상당액을 그 과세기간에 법인이 실현한 소득에서 차감한 결과 법인에 결손이 확대된 경우 확대된 결손금 상당액을 법인이 이전 과세기간에 이미 실현한 이익잉여금을 처분하여 제거한다. 만일 그와 같이 처분된 이익잉여금이 감자대가를 받는 주주의 주식 취득 후에 법인에 실현된 것이면 주주의 의제배당소득에 대하여 과세하면서 배당세액공제에 의한 이중과세 조정을 한다. 각 주주의 의제배당소득가산 및 배당세액공제 금액(Full Imputation 금액)은 '확대된 결손금 제거를 위해 처분된 이익잉여금 x 주주의 지분비율 x Full Imputation 비율'이다.[265] Full Imputation 비율은 앞서 살펴본 바와 같이 '위와 같이 처분된 이익잉여금이 발생한 과세기간의 법인세 금액 / 위와 같이 처분된 이익잉여금이 발생한 과세기간의 법인의 총 이익잉여금 중 법인세를 차감한 금액'이다.

사례에서 법인의 자본감소 결과 감자차손 16이 발생하였다. 그해 법인에 결손이 발생하였으므로 법인세는 과세되지 않는다. 한편, 자본감소로 인한 주주의 의제배당소득에 대하여 과세하면서 배당세액공제에 의한 이중과세 조정이 필요하다. 그 이유는 감자차손 16은

---

[265] 법인이 자본을 감소하면서 감자차손이 발생하면 이익잉여금을 처분하여 감자차손을 없앤다. 감자차손 금액은 처분된 이익잉여금에 해당한다고 볼 수 있다.

차) 자본금   00   대) 현금 00
　　감자차손   00
차) 이익잉여금 00   대) 감자차손 00

Year 1에 법인이 실현한 이익잉여금 중 16을 처분하여 제거되는데
그 이익잉여금은 A가 주식을 취득한 후에 법인이 실현한 것이기 때
문이다. A의 의제배당소득은 16이고 이에 대한 의제배당소득가산 및
배당세액공제 금액은 4이다.[266] 따라서 A의 소득세는 2이다.[267]

3) 법인 청산 시 (Year 3)

법인 청산과 합병 및 분할 시 주주의 의제배당소득에 대하여 과
세하면서 의제배당소득 중 법인의 이익잉여금이 반영된 부분에 대
하여 세액공제에 의한 이중과세 조정을 한다. 각 주주의 적정 세액
공제 금액(Full Imputation 금액)은 주식양도소득 과세 시 주식양도세
액공제에 의한 이중과세 조정의 경우와 마찬가지로 '(주주의 주식 보
유기간 동안 과세된 법인세 합계 금액 x 주주의 지분비율) - 주주의
주식 보유기간 동안 배당 시 배당세액공제 된 법인세 금액'이다.

A의 의제배당소득은 법인 청산 시 A가 받은 잔여재산분배액에서
주식취득가액을 차감한 금액이다. A의 잔여재산분배액은 86이고[268]
A의 남은 주식의 취득가액은 50이다. 따라서 A의 의제배당소득은 36
이다. A의 의제배당소득에 대한 의제배당소득가산 및 배당세액공제
금액은 14이다.[269] 따라서 A의 소득세는 1이다.[270]

(3) 요약

법인의 순자산증가액은 법인이 실현한 소득 100에서 결손금 20을
차감한 80이다. 이에 대한 총 과세금액은 24이고, 나머지 56은 주주
A에게 귀속되었다. 총 과세금액은 법인의 순자산증가액에 소득세율

266) 16 x 100% x 18/(100-10-18) = 4.
267) (16 + 4) x 30% - 4 = 2.
268) 100 + 100 - 30 - 18 - 46 - 20 = 86.
269) 18 x 100% - 4 = 14.
270) (36 + 14) x 30% - 14 = 1.

30%를 적용한 금액과 동일하다.

총 과세금액 24는 법인세 18, A의 소득세 3, 소득세 2, 소득세 1 등이다. A의 세후소득 56(7+14+35)은 A가 주식을 취득한 이후 법인에 형성된 순자산증가분 80에 대한 A의 몫인 80에 소득세율 30%를 적용한 세후 소득에 해당하는 금액이다.

위와 같이 의제배당소득 이중과세 사례에서 '배당금 손금산입과 세액공제 등의 병행'에 의한 포괄적 조정의 과세체계를 적용할 경우 법인과 비법인 사이의 과세상 차이가 완전히 해소된다. 이는 법인 소득에 기한 중복과세 조정이 완전하게 이루어진 것을 의미한다.

3. 종합 사례

(1) 사례

종합 사례는 다음과 같다. 소득세율은 30%, 법인세율은 20%라고 가정한다. Year 0에 A는 120을 그리고 B는 80을 각 출자하여 법인을 설립하였다. Year 1에 법인은 소득 100을 실현하였다. Year 2에 법인은 A에게 24를 그리고 B에게 16을 각 배당하였다. 법인은 소득 200을 실현하였다. Year 3에 B는 자신의 주식 전부를 C에게 양도하였다. 그리고 법인은 토지를 100에 매입하였다. 그 해 법인이 실현한 소득은 없었다. Year 4에 법인은 A에게 36을 그리고 C에게 24를 각 배당하였다. 한편, 토지의 가치는 200이 되었다. 그 해 법인이 실현한 소득은 없었다. Year 5에 법인은 잔여재산인 토지와 현금을 A와 C에게 분배하고 청산하였다. 위 사례는 앞서 세액공제(Full Imputation)에 의한 포괄적 조정 및 '법인세 법인 환급'에 의한 포괄적 조정에서 제시한 종합 사례와 동일하다.

(2) 과세효과

'배당금 손금산입 및 세액공제(Full Imputation) 등의 병행'에 의한 포괄적 조정의 과세체계를 위 사례에 적용할 경우의 과세효과는 다음과 같다.

1) 법인의 소득 실현 시 (Year 1)

Year 1에 법인이 실현한 소득 100에 대하여 법인세 20을 과세한다.

2) A와 B에 대한 배당 및 법인의 소득 실현 시 (Year 2)

Year 2에 법인이 소득 200을 실현하고 40을 배당하였으므로 '배당금 손금산입'을 적용하여 법인의 과세대상 소득 160에 대하여 법인세 32를 과세한다.

한편, A와 B가 받은 각 배당금에 대하여 소득세를 과세한다. A의 배당소득 24에 대한 소득세는 7.2이다. B의 배당소득 16에 대한 소득세는 4.8이다.

3) B의 주식양도 시 (Year 3)

B의 주식양도소득에 대하여 과세하면서 세액공제(Full Imputation)에 의한 이중과세 조정을 한다.

B의 주식취득가격은 80이다. B의 C에 대한 주식양도가격은 양도시점의 법인의 순자산가액 중 B의 지분인 163.2로 결정될 것이다.[271] 따라서 B의 주식양도소득은 83.2이다. 한편, B의 주식양도소득에 대

---

271) (200 + 100 - 20 - 24 - 16 + 200 - 32) x 0.4 = 163.2. C가 주식양수 후 Year 1 또는 Year 2에 법인이 실현한 소득에 기한 배당을 받을 경우 그 배당은 C가 주식을 취득하기 전에 법인이 실현한 소득에 기한 배당이어서 C의 배당소득은 비과세 되므로 B의 C에 대한 주식양도가격에 영향을 미칠 C의 배당소득세는 없다.

한 주식양도소득가산 및 주식양도세액공제 금액(Full Imputation 금액)은 B의 주식보유기간 과세된 법인세 합계액에 B의 지분비율을 적용한 20.8이다.[272] 따라서 B의 소득세는 10.4이다.[273]

4) A와 C에 대한 배당 시 (Year 4)

A와 C에 대한 배당은 후입선출법에 따라 법인이 Year 2에 실현한 소득에 기한 배당이다.

A가 받은 배당 36은 A가 주식을 취득한 이후에 법인이 실현한 소득에 기한 배당에 해당한다. 따라서 A의 배당소득에 대하여 과세하면서 세액공제(Full Imputation)에 의한 이중과세 조정을 한다. A의 배당소득은 36이고 이에 대한 배당소득가산 및 배당세액공제 금액(Full Imputation 금액)은 9이다.[274] 따라서 A의 소득세는 4.5이다.[275]

C가 받은 배당 24는 C가 주식을 취득하기 전에 법인이 실현한 소득에 기한 배당으로서 C의 주식취득가액의 일부라고 볼 수 있다. 따라서 C는 배당금에 대하여 과세되지 않는다. 다만, C의 주식취득가액은 163.2에서 24만큼 감액되어 139.2가 된다.

5) 법인 청산 시 (Year 5)

법인 청산 시 법인세를 과세하지 않고 주주의 의제배당소득에 대하여만 과세하면서 세액공제(Full Imputation)에 의한 이중과세 조정을 한다. 주주의 의제배당소득은 주주가 받은 잔여재산가액에서 주식취득가액을 차감한 금액이다.

---

272) (20 + 32) x 40% = 20.8.
273) (83.2 + 20.8) x 30% – 20.8 = 10.4.
274) 36 x 32/(200 – 40 – 32) = 9.
275) (36 + 9) x 30% – 9 = 4.5.

① A의 소득세

주주 A의 주식취득가액은 120이다. A의 잔여재산가액은 법인의 잔여재산 중 A의 지분비율에 해당하는 268.8이다.[276] 따라서 A의 의제배당소득은 148.8이다. 이에 대한 Full Imputation 금액은 22.2이다.[277] 따라서 A의 소득세는 29.1이다.[278]

② C의 소득세

C의 감액된 주식취득가액은 139.2이다. C의 잔여재산가액은 법인의 잔여재산 중 C의 지분비율에 해당하는 179.2이다.[279] 따라서 C의 의제배당소득은 40이다. C의 주식 보유기간 동안 과세된 법인세가 없기 때문에 C의 의제배당소득에 대한 Full Imputation 금액은 0이다. 이는 이중과세 조정이 불필요하다는 의미이다.[280] 따라서 C의 소득세는 12이다.

(3) 요약

법인 설립 후 청산 전까지 순자산증가액은 400이다.[281] 이에 대한 법인세 및 소득세의 총 과세금액은 120이고, 나머지 280은 출자자들에게 귀속되었다. 총 과세금액은 법인의 순자산증가액에 소득세율 30%를 적용한 금액과 동일하다.

총 과세금액 120 중 법인세는 52이고,[282] A의 소득세는 40.8,[283] B

---

276) (200 + 100 − 20 − 40 + 200 − 32 − 60 + 100) x 0.6 = 268.8.
277) (20 + 32) x 0.6 − 9 = 22.2.
278) (148.8 + 22.2) x 30% − 22.2 = 29.1.
279) (200 + 100 − 20 − 40 + 200 − 32 − 60 + 100) x 0.4 = 179.2.
280) C가 주식을 취득한 이후 법인의 청산 전까지 법인이 실현한 소득은 없고 토지의 가치증가분인 미실현이익이 존재할 뿐이므로 C의 의제배당소득은 법인세가 과세되지 않은 위 미실현이익을 반영한 것이다.
281) 100 + 200 + 100 = 400.
282) 20 + 32 = 52.

의 소득세는 15.2,[284] C의 소득세는 12이다. 법인세 52는 Year 3에 B의 주식양도 시 Full Imputation 금액으로 20.8, Year 4에 A와 C에 대한 배당 시 A의 Full Imputation 금액으로 9, Year 5에 법인 청산 시 A의 의제배당소득에 대한 Full Imputation 금액으로 22.2만큼 각각 해당 소득금액에 포함되어 소득세로 과세된 후 세액공제 되었다.

주주들에게 귀속된 세후 소득 280 중, A의 세후 소득은 168이고,[285] B의 세후 소득은 84이고,[286] C의 세후 소득은 28이다.[287] A의 세후 소득 168은 A가 주식을 취득한 이후 법인에 형성된 순자산증가분 400에 대한 A의 몫인 240에 소득세율 30%를 적용한 세후 소득에 해당하는 금액이다. B의 세후 소득 84는 B가 주식을 취득한 이후 법인에 형성된 순자산증가분 300에 대한 B의 몫인 120에 소득세율 30%를 적용한 세후 소득에 해당하는 금액이다. C의 세후 소득 28은 C가 주식을 취득한 이후 법인에 형성된 순자산증가분 100에 대한 C의 몫인 40에 소득세율 30%를 적용한 세후 소득에 해당하는 금액이다.

위와 같이 '배당금 손금산입 및 세액공제(Full Imputation) 등의 병행'에 의한 포괄적 조정의 과세체계를 적용할 경우 법인과 비법인 사이에 과세상 차이가 완전히 해소된다. 주주들의 위 세후 소득은 세액공제(Full Imputation)에 의한 포괄적 조정과 '법인세 법인 환급'에 의한 포괄적 조정의 각 과세체계를 적용하였을 때 주주들의 세후 소득과 동일하다.

---

283) 7.2 + 4.5 + 29.1 = 40.8.
284) 4.8 + 10.4 = 15.2.
285) (24 + 36 + 148.8) - 40.8 = 168.
286) (16 + 83.2) - 15.2 = 84.
287) 40 - 12 = 28.

제6절 요약

이상으로 법인 소득에 기한 중복과세의 포괄적 조정을 위한 범위를 획정하고 이를 바탕으로 포괄적 조정 규칙을 정립하였다.

나아가 중복과세의 포괄적 조정 규칙을 반영하여 세액공제(Full Imputation)에 의한 포괄적 조정의 과세체계, '법인세 법인 환급'에 의한 포괄적 조정의 과세체계, '배당금 손금산입과 세액공제(Full Imputation) 등의 병행'에 의한 포괄적 조정의 과세체계를 설계하였다. 그리고 위 세 가지 과세체계를 중복과세 요소가 포함된 구체적인 사실관계에 각각 적용하였다. 그 결과 세 가지 과세체계에서 모두 주주의 세후 소득이 동일하고 비법인과의 과세상 차이를 전부 해소하여 현행 배당세액공제보다 조세중립성을 제고하는 것을 확인하였다.

다만, 이상의 논의는 조세중립성에 초점을 두기 때문에 제한적인 중간 결론이다. 제9장에서 세제 전체의 관점에서 다시 평가하면서 위 과세체계의 한계를 살펴보기로 한다.

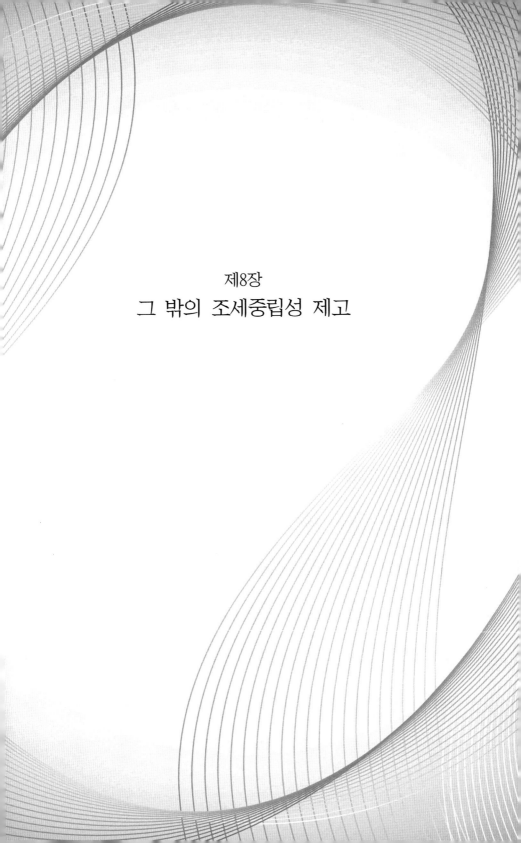

제8장
그 밖의 조세중립성 제고

제1절 법인의 비과세소득 및 세액공제와 배당소득 이중과세 조정

Ⅰ. 법인의 비과세소득 및 세액공제와 주주의 배당소득 과세

법인이 실현한 소득에 법인세법상 비과세소득이 포함되어 있거나 법인세 결정세액 계산 과정에서 세액공제가 이루어진 경우(preference income)[288] 주주의 배당소득 과세 시 주주에게도 비과세 또는 세액공제를 허용할 것인지 살펴본다.

찬성하는 견해는 비법인과의 조세중립성 유지를 위하여 법인의 세제상의 특혜도 주주에게 허용되어야 한다는 입장이다.[289] 또한 세제상의 특혜가 어떤 경제적 활동을 하도록 유인하기 위한 것이라면 그 활동이 법인에 의한 것이든 아니든 특혜가 부여되어야 한다는 견해도 있다.[290] 법인세 통합에 관한 '법인 소득의 배분(allocation) 및 과세' 방안에서는 이러한 입장을 지지할 것이다.[291]

반대하는 견해는 법인에 대한 세제상의 특혜가 특별히 법인세를 줄여주는 데 있는 경우에는 그러한 특혜를 주주에게도 부여하는 것은 적절하지 않다고 한다.[292] 또한 반대하는 견해는 법인에 대한 세제상의 특혜는 일정 부분 법인 소득에 기한 이중과세를 하는 전통적 세제(classical system) 하에서 주어진 것이므로 이중과세의 제거는 법인에 대한 세제상의 특혜를 주주에게 부여하지 않는 것을 정당화한

---

288) Yin, *supra* note 3, p.438.
289) Warren, *supra* note 15, p.59.
290) Yin, *supra* note 3, p.438.
291) *Ibid.*
292) Warren, *supra* note 15, p.60.

다고 주장하기도 한다.293)

생각건대, 법인이 실현한 소득에 법인세법상 비과세소득이 포함되어 있거나 법인세 결정세액 계산 과정에서 세액공제가 이루어진 경우 주주의 배당소득 과세 시 주주에게도 비과세 또는 세액공제를 허용하기 위해서는 조세법률주의 원칙상 세법에 주주에게도 비과세 또는 세액공제를 허용한다는 취지의 규정이 있어야 할 것이다. 만일 그러한 세법 규정이 없다면 주주의 배당소득에 대하여 과세하면서 비과세 또는 세액공제를 허용할 수 없다.294) 위 찬성하는 견해와 반대하는 견해의 각 논거는 개별 법률의 입법 과정에서 고려할 필요가 있다. 만일 특정 법률의 입법 과정에서 법인의 세제상의 특혜를 주주에게도 허용하고자 한다면 그 취지를 입법에 명확히 반영하여야 할 것이다.

이하에서는 법인이 실현한 소득에 법인세법상 비과세소득이 포함되어 있거나 법인세 결정세액 계산 과정에서 세액공제가 이루어진 경우 주주의 배당소득 과세 시 주주에게도 비과세 또는 세액공제가 입법상 허용되지 않는 경우와 허용되는 경우 각각 배당소득 이중과세 조정을 어떻게 하는지 살펴본다. 먼저 세액공제(Full Imputation)에 의한 이중과세 조정을 하고 이어서 '법인세 법인 환급'에 의한 이중과세 조정을 한다. 그 과정에서 제5장 제3절 II에서 살펴본 바와 같이 현행 배당세액공제를 적용할 경우와 같은 과다한 이중과세 조정(superintegration)이 발생하지 않고 적정한 이중과세 조정이 이루어짐을 확인할 수 있다.

---

293) Yin, *supra* note 3, p.438.
294) Warren의 연구보고서는 일반적으로 법인의 Preference Income의 혜택이 주주에게까지 허용하지는 않지만(Proposal 1, 2), 특별히 주주에게도 혜택이 허용되는 것으로 열거된 경우에는 주주에게도 허용한다(Proposal 3). Warren, *supra* note 15, pp.98, 109.

II. 세액공제(Full Imputation)에 의한 조정

1. 법인의 비과세 소득이 있는 경우

(1) 주주에게 비과세를 허용하지 않는 경우

주주가 받은 배당금에 대하여 소득세를 과세하면서 배당금 전액에 대하여 세액공제(Full Imputation)에 의한 이중과세 조정을 한다.

예컨대, 법인이 소득 100을 실현하였고 그 중 40이 비과세 소득이라고 가정한다. 법인세율은 20%이고 소득세율은 30%이다. 법인세 과세대상 소득 60에 대하여 법인세 12가 과세될 것이다. 법인이 잉여금 88을 배당할 때 법인의 비과세 소득에 해당하는 부분에 대하여 주주에게 비과세를 허용하지 않을 경우 주주의 배당금 88 전액에 대하여 소득세를 과세하면서 배당세액공제에 의한 이중과세 조정을 한다. 배당소득가산 및 배당세액공제 비율은 12/88이다. 따라서 주주의 소득세는 18이고[295] 세후 소득은 70이다. 위와 같은 방식으로 배당세액공제를 하면 "superintegration" 문제가 생기지 않는다.[296]

---

295) $(88 + 88\times12/88) \times 30\% - 88\times12/88 = 18$.

296) Warren 교수는 "superintegration" 문제를 해결하기 위한 방법으로 compensatory tax를 부과하는 방법, Imputation 금액을 조정하는 방법 등을 소개하고 있다. compensatory tax를 부과하는 방법은 법인의 소득 중에 비과세 소득이 없었을 경우 과세되었을 법인세와 실제 과세된 법인세와의 차액에 해당하는 compensatory tax를 추가적으로 법인에 부과하여 두 법인세의 합계 금액을 기초로 Imputation을 하여 주주의 소득세를 계산한 다음 법인세와 소득세를 비교하여 주주가 추가로 소득세를 납부하도록 하거나 또는 주주에게 환급하는 방법이다. 영국의 Advance Corporate Tax는 일단 Advance Corporate Tax를 계산한 후 실제 과세된 법인세가 ACT에 미치지 못하면 그 차액을 부과하고 ACT를 기초로 Imputation을 하여 주주가 추가로 소득세를 납부하도록 하거나 또는 주주에게 환급하는 방법으로서 compensatory tax와 유사한 방식이라고 할 수 있다. 한편, Imputation 금액을 조정하는 방법은 Imputation 금액에 한계를 두어 조정한다. Warren,

(2) 주주에게 비과세를 허용하는 경우

주주가 받은 배당금 중 법인의 과세대상 소득에 해당하는 부분에 대해서만 소득세를 과세하면서 그 부분에 대해서만 세액공제(Full Imputation)에 의한 이중과세 조정을 한다.

예컨대, 법인이 소득 100을 실현하였고 그 중 40이 비과세 소득이라고 가정한다. 법인세율은 20%이고 소득세율은 30%이다. 법인세 과세대상 소득 60에 대하여 법인세 12가 과세될 것이다. 법인이 잉여금 88을 배당할 때 법인의 비과세 소득에 해당하는 부분에 대하여 주주에게 비과세를 허용하는 경우 주주의 배당금 48에 대하여 소득세를 과세하면서 배당세액공제에 의한 이중과세 조정을 한다. 배당소득가산 및 배당세액공제 비율은 12/48이다. 따라서 주주의 소득세는 6이고[297] 세후 소득은 82이다.

위와 같은 목적을 위하여 법인의 비과세 소득을 구분하기 위한 계정(예컨대, "exempt income account")을 유지할 필요가 있다.[298] 법인이 잉여금 중 일부를 배당할 경우 그 배당금이 법인의 비과세 소득에 해당하는 부분인지, 법인의 과세대상 소득에 해당하는 부분인지, 또는 양자가 비례적으로 포함된 것인지 정할 필요가 있다.

2. 법인세 세액공제가 이루어진 경우

(1) 주주에게 세액공제를 허용하지 않는 경우[299]

주주가 받은 배당금에 대하여 소득세를 과세하면서 배당세액공

---

supra note 15, pp.62, 64, 69, 77, 78, 82, 83.

297) (48 + 48x12/48) x 30% – 48x12/48 = 6.

298) Yin, *supra* note 3, p.440.

299) 예컨대, 조세특례제한법(2020. 12. 29. 법률 제11759호로 개정되기 전의 것) 제5조의 중소기업 등 투자세액공제가 이러한 경우에 해당할 것이다.

제에 의한 이중과세 조정을 한다.

예컨대, 법인이 실현한 소득 100에 대하여 법인세율 20%가 적용되고 10이 세액공제 되어 과세된 법인세가 10이라고 가정한다. 소득세율은 30%이다. 법인이 잉여금 90을 배당할 때 주주에 대하여 과세하면서 배당세액공제에 의한 이중과세 조정을 하고 주주에게 위 세액공제를 허용하지 않는 경우 주주의 소득세는 20이고,[300] 세후소득은 70이다.

(2) 주주에게 세액공제를 허용하는 경우[301]

1) 세액공제 금액이 주주에게 과세되지 않는 경우

주주가 받은 배당금에 대하여 소득세를 과세하면서 배당세액공제에 의한 이중과세 조정을 하고 주주에게 세액공제를 허용한다.

예컨대, 법인이 실현한 소득 100에 대하여 법인세율 20%가 적용되고 10이 세액공제 되어 과세된 법인세가 10이라고 가정한다. 소득세율은 30%이다. 법인이 잉여금 90을 배당할 때 주주에 대하여 과세하면서 배당세액공제에 의한 이중과세 조정을 하고 주주에게 위 세액공제를 허용하면 주주의 소득세는 10이고,[302] 세후소득은 80이다.

법인이 잉여금 중 일부를 배당할 경우 각 주주에게 허용되는 세액공제 금액은 '법인의 세액공제 금액 x 각 주주의 배당금/법인의 세후 잉여금'이다.

2) 세액공제 금액이 주주에게 과세되는 경우

주주가 받은 배당금에 세액공제 금액을 가산하여 소득세를 과세하면서 배당세액공제에 의한 이중과세 조정을 하고 주주에게 세액공제를 허용한다.

---

300) (90 + 90x10/90) x 30% - 90x10/90 = 20.
301) Warren, *supra* note 15, p.65.
302) (90 + 90x10/90) x 30% - 90x10/90 - 10 = 10.

예컨대, 법인이 실현한 소득 100에 대하여 법인세율 20%가 적용되고 10이 세액공제 되어 과세된 법인세가 10이라고 가정한다. 소득세율은 30%이다. 법인이 잉여금 90을 배당할 때 주주에 대하여 위 배당금에 세액공제 금액을 가산하여 과세하면서 배당세액공제에 의한 이중과세 조정을 하고 주주에게 위 세액공제를 허용하면 주주의 소득세는 13이고,[303] 세후소득은 77이다.

법인이 잉여금 중 일부를 배당할 경우 각 주주의 배당소득에 가산되고 세액공제가 허용되는 금액은 '법인의 세액공제 금액 x 각 주주의 배당금/법인의 세후 잉여금'이다.

III. '법인세 법인 환급'에 의한 조정

1. 법인의 비과세 소득이 있는 경우

(1) 주주에게 비과세를 허용하지 않는 경우

주주가 받은 배당금에 대하여 소득세를 과세하면서 배당금 전액에 대하여 '법인세 법인 환급'에 의한 이중과세 조정을 한다.

예컨대, 법인이 소득 100을 실현하였고 그 중 40이 비과세 소득이라고 가정한다. 법인세율은 20%이고 소득세율은 30%이다. 법인세 과세대상 소득 60에 대하여 법인세 12가 과세될 것이다. 법인이 잉여금 88을 배당할 때 법인의 비과세 소득에 해당하는 부분에 대하여 주주에게 비과세를 허용하지 않을 경우 주주의 배당금 88 전액에 대하여 소득세를 과세하면서 '법인세 법인 환급'에 의한 이중과세 조정을 한다. 이 경우 법인세 환급 비율은 12/100이다. 법인이 잉여금 88을 배당하기로 결의하면 과세관청은 법인세 12를 법인에 환급하고

---

303) (90 + 90x10/90 + 10) x 30% - 90x10/90 - 10 = 13.

법인 환급된 법인세를 포함하여 100을 배당할 수 있게 된다. 따라서 주주의 소득세는 30이고, 세후 소득은 70이다. 위와 같이 '법인세 법인 환급'을 하면 "superintegration" 문제가 생기지 않는다.

(2) 주주에게 비과세를 허용하는 경우

주주가 받은 배당금 중 법인의 과세대상 소득에 해당하는 부분에 대해서만 소득세를 과세하면서 그 부분에 대해서만 '법인세 법인 환급'에 의한 이중과세 조정을 한다.

예컨대, 법인이 소득 100을 실현하였고 그 중 40이 비과세 소득이라고 가정한다. 법인세율은 20%이고 소득세율은 30%이다. 법인세 과세대상 소득 60에 대하여 법인세 12가 과세될 것이다. 법인이 잉여금 88을 배당할 때 법인의 비과세 소득에 해당하는 부분에 대하여 주주에게 비과세를 허용하는 경우 주주의 배당금 48에 대하여 소득세를 과세하면서 '법인세 법인 환급'에 의한 이중과세 조정을 한다. 법인세 환급 비율은 12/60이다. 따라서 주주의 소득세는 18이고, 세후 소득은 82이다.[304]

법인이 잉여금 중 일부를 배당할 경우 그 배당금이 법인의 비과세 소득에 해당하는 부분인지, 또는 법인의 과세대상 소득에 해당하는 부분인지, 아니면 양자가 비례적으로 포함된 것인지 정할 필요가 있다.

2. 법인세 세액공제가 이루어진 경우

(1) 주주에게 세액공제를 허용하지 않는 경우

주주가 받은 배당금에 대하여 소득세를 과세하면서 '법인세 법인

---

304) 40 + [60 - (60 x 30%)] = 82.

환급'에 의한 이중과세 조정을 한다.

예컨대, 법인이 실현한 소득 100에 대하여 법인세율 20%가 적용되고 10이 세액공제 되어 과세된 법인세가 10이라고 가정한다. 소득세율은 30%이다. 법인이 잉여금 90을 배당할 때 주주에 대하여 과세하면서 '법인세 법인 환급'에 의한 이중과세 조정을 하고 주주에게 위 세액공제를 허용하지 않는 경우 주주의 소득세는 30이고, 세후소득은 70이다.[305]

(2) 주주에게 세액공제를 허용하는 경우

1) 세액공제 금액이 주주에게 과세되지 않는 경우

주주가 받은 배당금에 대하여 소득세를 과세하면서 '법인세 법인 환급'에 의한 이중과세 조정을 하고 주주에게 세액공제를 허용한다.

예컨대, 법인이 실현한 소득 100에 대하여 법인세율 20%가 적용되고 10이 세액공제 되어 과세된 법인세가 10이라고 가정한다. 소득세율은 30%이다. 법인이 잉여금 90을 배당할 때 주주에 대하여 과세하면서 '법인세 법인 환급'에 의한 이중과세 조정을 하고 주주에게 위 세액공제를 허용하면 주주의 소득세는 20이고, 세후소득은 80이다.[306]

법인이 잉여금 중 일부를 배당할 경우 각 주주에게 허용되는 세액공제 금액은 '법인의 세액공제 금액 x 각 주주의 배당금/법인이 실현한 소득'이다.

2) 세액공제 금액이 주주에게 과세되는 경우

주주가 받은 배당금에 세액공제 금액을 가산하여 소득세를 과세

---

305) 100 - (100 x 30%) = 70.
306) 100 - [(100 x 30%) - 10] = 80. 법인이 잉여금 90을 배당하기로 결정하면 과세관청이 법인세 10을 전액 환급하고 법인은 환급된 법인세를 포함하여 100을 배당하게 된다.

하면서 '법인세 법인 환급'에 의한 이중과세 조정을 하고 주주에게
세액공제를 허용한다.

예컨대, 법인이 실현한 소득 100에 대하여 법인세율 20%가 적용
되고 10이 세액공제 되어 과세된 법인세가 10이라고 가정한다. 소득
세율은 30%이다. 법인이 잉여금 90을 배당할 때 주주에 대하여 위
배당금에 세액공제 금액을 가산하여 과세하면서 '법인세 법인 환급'
에 의한 이중과세 조정을 하고 주주에게 위 세액공제를 허용하면 주
주의 소득세는 23이고, 세후소득은 77이다.[307]

법인이 잉여금 중 일부를 배당할 경우 각 주주의 배당소득에 가
산되고 세액공제가 허용되는 금액은 '법인의 세액공제 금액 x 각 주
주의 배당금/법인이 실현한 소득'이다.

제2절 법인 주주와 중복과세의 포괄적 조정

I. 법인 주주와 포괄적 조정의 범위

주주가 법인인 경우(corporate shareholder)에도 그 주주가 출자한
다른 법인의 소득에 기한 중복과세는 주주가 자연인인 경우와 마찬
가지로 배당소득 이중과세, 유보소득 중복과세, 미실현이익 중복과
세 등 세 가지 유형으로 구분할 수 있다. 법인 주주의 경우에도 실현
가능 한 중복과세의 포괄적 조정은 배당소득 이중과세의 전부 조정,
유보소득 중복과세의 전부 조정, 미실현이익 중복과세의 일부 조정
이다.

---

307) 100 - {[(100 + 10) x 30%] - 10} = 77.

Ⅱ. 법인 주주와 포괄적 조정 규칙의 적용

제7장 제2절 Ⅳ에서 살펴본 중복과세의 포괄적 조정 규칙은 다음과 같이 법인 과세와 그 법인에 출자한 다른 법인 주주 과세 사이에도 적용할 수 있을 것이다.

1. 배당소득 과세와 이중과세 조정

A 법인이 주주인 B 법인에게 배당할 경우 그 배당이 B 법인이 주식을 취득한 후 A 법인이 실현한 소득을 기초로 할 경우 B 법인의 배당소득에 대하여 과세하면서 배당세액공제(Full Imputation) 등의 방법으로 이중과세 조정을 한다.[308] 다만, 이 경우 배당세액공제 금액을 B 법인의 총 법인세 금액에 포함시켜[309] 추후 B 법인이 자신의 주주(거주자)에게 배당할 경우 또는 그 주주가 B 법인 주식을 양도할 경우 주주의 배당소득 또는 주식양도소득 이중과세 조정 시 반영되도록 한다.

위와 같이 배당세액공제 등의 방식으로 이중과세 조정을 하지 않고 현행 법인세 제18조의 2, 3에 규정된 배당수입금 익금불산입을 그대로 적용하여 B 법인의 배당소득에 대하여 과세하지 않을 수도 있다. 다만 이 경우에도 B 법인의 배당소득에 해당하는 A 법인의 법인세를 B 법인의 총 법인세 금액에 포함시켜 추후 B 법인이 자신의 주주(거주자)에게 배당할 경우 또는 그 주주가 B 법인 주식을 양도할 경우 주주의 배당소득 또는 주식양도소득 이중과세 조정 시 반영되도록 한다.

---

308) 법인이 다른 법인으로부터 받는 배당소득에 대하여 과세하면서 Imputation 에 의한 이중과세 조정을 할 수 있다. Ault, *supra* note 80, p.467.

309) Yin, *supra* note 3, p.443.

2. 주식양도소득 과세와 이중과세 조정

B 법인이 소유하는 A 법인 주식을 양도할 경우 B 법인의 주식양
도소득에 대하여 과세하면서 주식양도세액공제(Full Imputation) 등의
방법으로 이중과세 조정을 한다. 다만, 이 경우 주식양도세액공제 금
액을 B 법인의 총 법인세 금액에 포함시켜 추후 B 법인이 자신의 주
주(거주자)에게 배당할 경우 또는 그 주주가 B 법인 주식을 양도할
경우 주주의 배당소득 또는 주식양도소득 이중과세 조정 시 반영되
도록 한다.

3. 배당소득 비과세와 주식취득가액 감액 조정

A 법인이 주주인 B 법인에게 배당할 경우 그 배당이 B 법인이 주
식을 취득하기 전에 A 법인이 실현한 소득을 기초로 할 경우 B 법인
의 배당소득에 대하여 과세하지 않고 B 법인의 주식취득가액을 감
액 조정한다.

제3절 기타 과세상 차이의 완화

Ⅰ. 타인자본과 자기자본

1. 중복과세의 포괄적 조정

타인자본과 자기자본에 대한 과세상 차이로서 법인세제의 존재
라는 구조적인 측면의 가장 중요한 차이 중 하나는 타인자본에 대한
대가인 이자소득과 달리 자기자본에 내한 대가인 배당소득은 이중

과세 된다는 점이다. 배당소득 이중과세는 앞서 살펴본 바와 같이 세액공제(Full Imputation), '법인세 법인 환급', '배당금 손금산입과 세액공제(Full Imputation) 등의 병행'에 의한 포괄적 조정에 의해 충분히 조정할 수 있다. 배당소득 이중과세 조정을 통해서 타인자본과 자기자본에 대한 과세상 차이를 완화할 수 있다.310) 이는 배당소득 이중과세로 초래될 수 있는 타인자본에 대한 의존도 및 그로 인한 파산가능성을 감소시켜 경제적 효율성 제고에 기여할 수 있을 것이다.

2. 세율의 조정

타인자본과는 달리 자기자본의 경우는 법인 소득의 유보 또는 배당에 따라 조세 부담에 있어서 실효세율의 차이가 있을 수 있다. 이 문제를 해결하기 위하여 법인세율과 소득세율의 차이를 제거하거나 감소시킨다면 타인자본과 자기자본의 과세상 차이를 완화하는 데 도움이 될 수 있다. 그러나 법인세율을 소득세율 수준으로 높이는 것은 법인세 부담의 가중과 법인세 귀착으로 인한 소득재분배 폐해의 규모를 확대시킬 가능성이 있다.

II. 유보소득과 배당소득 및 주식양도소득

법인이 실현한 소득 중 법인에 유보되는 소득과 주주에게 배당되는 소득 사이에 과세상 차이가 발생하는 중요한 원인 중 하나는 배당소득 이중과세이다. 그리고 법인에 유보되는 소득과 주주가 주식양도로 실현하는 소득 사이에 과세상 차이가 발생하는 중요한 요인 중 하나는 주식양도소득 이중과세이다. 그 외에도 법인세율과 소득

---

310) Griffith, *supra* note 3, p.740; Yin, *supra* note 3, pp.503, 504.

세율의 차이, 누진세율 등이 양자에 대한 과세상 차이를 가져올 수 있다. 이하에서는 위와 같은 과세상 차이를 해소하기 위한 방법, 과세상 차이로 인한 폐해를 줄이기 위한 방법에 관하여 살펴본다.

1. 중복과세의 포괄적 조정

(1) 이중과세 조정

유보소득과 배당소득 및 주식양도소득의 과세상 차이 중 이중과세에 기인한 부분은 세액공제(Full Imputation), '법인세 법인 환급', '배당금 손금산입과 세액공제(Full Imputation) 등의 병행'에 의한 포괄적 조정의 각 과세체계를 적용하여 배당소득 이중과세와 주식양도소득 이중과세를 조정하면 완화할 수 있다.

(2) 배당소득 비과세

위 각 과세체계에서는 주주에 대한 배당이 주주가 법인의 주식을 취득하기 전에 법인이 실현한 소득에 기초한 경우에는 주주의 배당소득에 대하여 과세하지 않는다. 이 점은 배당소득과 유보소득에 대한 과세상 차이를 직접 해소하거나 완화하는 것은 아니지만 그러한 과세상 차이로 인한 폐해, 즉 주주가 법인을 'tax shelter'로 활용하려는 동기유인을 줄일 수 있다. 소득세율이 법인세율보다 높은 경우 주주가 배당을 받게 되면 배당소득 이중과세 조정을 하더라도 주주는 추가적으로 소득세 부담을 안게 된다. 그런데 주주가 받은 배당이 주식 취득 이전에 법인이 실현한 소득에 기한 배당일 경우 주주에 대하여 소득세를 과세하지 않으면 주주는 배당받는 것에 대한 조세 부담을 덜 수 있다. 그렇게 되면 법인이 실현한 소득을 법인에 유보하려는 경향과 그로 인한 폐해가 줄어들 가능성이 있다.

2. 세율의 조정

배당소득 이중과세 조정과 주식양도소득 이중과세 조정에 추가하여 법인세율과 소득세율의 차이를 제거하거나 감소시키는 것은 유보소득과 배당소득 및 주식양도소득에 대한 과세상 차이를 완화하는 데 도움이 된다. 다만, 소득세율과 법인세율의 차이를 제거하더라도 유보소득과 배당소득 및 주식양도소득에 대한 과세상 차이를 완전히 해소하기는 어렵다. 그 이유는 유보소득과 달리 주주의 배당소득과 주식양도소득은 주주의 다른 소득과 합산하여 과세될 수 있으므로 누진세제 하에서 양자에 대하여 적용되는 세율이 다를 수 있기 때문이다.

그런데 법인세율을 소득세율 수준으로 높이는 것은 법인세 부담의 가중을 가져오고 법인세 귀착으로 인한 소득재분배 폐해의 규모를 확대시킬 수 있으며 법인세 과세 부분을 최대한 줄이고자 하는 기본 방향에도 부합하지 않는다.

3. 배당소득 과세 시 이자 가산

주주에 대한 배당 시 그 배당의 기초가 된 법인 소득의 실현 시점을 고려하여 주주의 배당소득금액에 일정한 금액의 이자를 가산하여 과세하는 방법이 있다.311) 이 방법은 유보소득과 배당소득에 대한 과세상 차이를 직접 해소하거나 완화하는 것은 아니지만 그러한 과세상 차이로 인한 폐해, 즉 주주가 법인을 'tax shelter'로 활용하여 소득세 과세를 이연시키려는 동기유인을 줄일 수 있다.

예컨대, Y1 과세기간에 법인이 실현한 소득 중 유보된 소득이

---

311) Yin, *supra* note 3, p.494.

100, Y2 과세기간에 법인이 실현한 소득 중 유보소득이 200, Y3 과세기간에 법인이 실현한 소득 중 유보소득이 300이고 이자율은 10%라고 가정한다. 만일 Y5 과세기간 중 Y3에 실현한 유보소득을 기초로 지분비율 20%인 주주에게 배당할 경우 주주의 배당소득금액에 6(300x0.1x0.2)을 가산하고 이를 기초로 소득세를 과세한다. 또한 Y5 과세기간 중 Y2에 실현한 유보소득을 기초로 위 주주에게 배당할 경우 주주의 배당소득금액에 8.4{[200(1+0.1)² -200]x0.2}를 가산하고 이를 기초로 소득세를 과세한다. 이와 같이 법인이 각 과세기간에 실현한 소득 중 유보소득 금액을 기록하여 관리하면 주주의 배당소득금액에 이자를 가산하여 소득세를 과세할 수 있다.

Ⅲ. 배당과 자기주식취득

배당의 경우 주주의 소득은 배당소득이고 법인의 자기주식취득의 경우 실질적인 배당이나 의제배당으로 취급되지 않는다면 주주의 소득은 주식양도소득이다. 배당과 법인의 자기주식취득 사이의 중요한 과세상 차이는 배당은 전액 주주의 배당소득으로 과세되지만 법인이 자기주식을 취득할 경우 주주는 그 대가 전액에 대하여 과세되는 것이 아니라 주식취득가액을 초과하는 부분에 대해서만 과세된다는 점이다.

앞서 살펴본 중복과세 포괄적 조정 규칙을 적용하면 위와 같은 과세상의 차이를 해소할 수 있다. 즉, 주주에 대한 배당이 주주가 주식을 취득하기 전에 법인이 실현한 잉여금에 기한 경우에는 과세하지 않고 주주가 주식을 취득한 후에 법인이 실현한 잉여금에 기한 경우에는 과세하는 것이다. 주주가 주식을 취득하기 전에 법인이 실현한 잉여금에 기한 배당은 주주의 주식취득가액을 반영하는 것이고 주주가 주식을 취득한 후에 법인이 실현한 잉여금에 기한 배당은 주주의 주식취득가액을 초과하는 부분을 반영하는 것이다. 따라서 중복과세의 포괄적 조정 규칙을 적용하면 배당의 경우에도 법인의 자기주식취득 시 주주 과세에 준하는 결과를 얻을 수 있다.

그리고 앞서 중복과세 포괄적 조정 규칙을 도출하면서 '주식양도 소득 이중과세 조정 및 배당소득 비과세'에 의한 유보소득 중복과세 조정의 실효성을 기하기 위하여 사업(배당)소득세율과 양도소득세율이 동일해야 한다는 점을 확인하였다. 배당소득과 주식양도소득에 대하여 동일한 세율 체계가 적용되면 배당과 법인의 자기주식취득 사이의 과세상 차이가 완화될 수 있다.

또한 배당소득 이중과세 조정만 하는 현행 세제와 달리 앞서 살펴본 중복과세 포괄적 조정 규칙은 배당소득 및 주식양도소득에 대하여 모두 법인세와의 이중과세 조정을 한다. 이러한 측면에서도 중복과세 포괄적 조정 규칙을 적용하면 배당과 법인의 자기주식취득 사이의 과세상 차이가 완화될 수 있다.

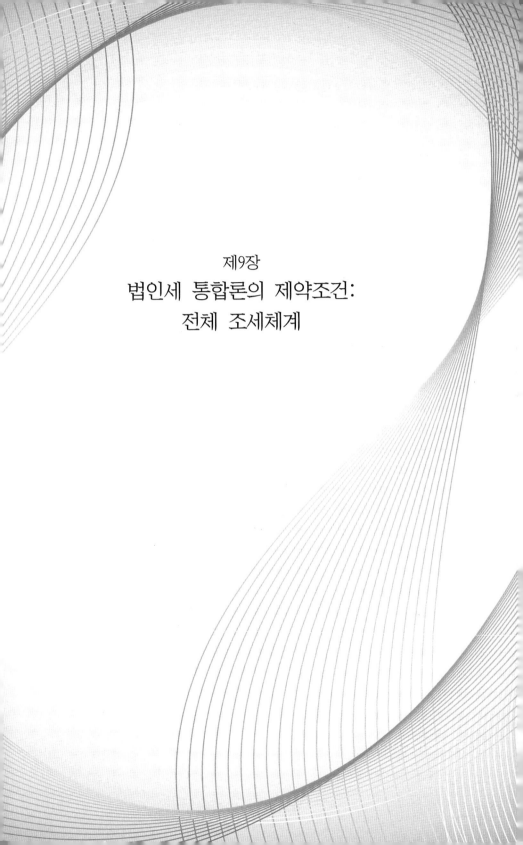

제9장

법인세 통합론의 제약조건:
전체 조세체계

앞서 제8장까지는 법인세 통합론을 조세중립성이라는 하나의 세법적 가치 내지는 이상에 초점을 두고 고찰하였다. 본 장에서는 전체 조세체계 관점에서 다양한 세법 이론, 가치, 현행 세제 등에 기초하여 객관적이고 균형 잡힌 시각으로 법인세 통합론을 살펴보면서 법인세 통합론이 갖는 한계를 확인하고자 한다.

제1절 법인세 통합론은 얼마나 중요한가?

법인세 통합 방안에 관한 구체적인 논의가 발전하게 된 계기는 1966년 캐나다의 Carter Proposal이었다. 그 이후 법인세 통합론에 관한 수많은 연구와 논의가 계속 되었다. 미국에서의 대표적인 연구 결과물은 1992년 재무부의 연구보고서와 1993년 American Law Institute의 연구보고서이다. 그 이후로도 위 보고서에 대한 평가와 비판을 포함하여 많은 연구와 논의가 계속되었다. 법인세 통합이 가져올 득실 및 세제 전체에서 수반되는 다양한 문제점에 관해서 많은 논란이 이어졌고 법인세 통합방안은 입법으로 실현되지 못하였다. 최근인 2017년 현재 미국 의회 상원의원인 Orrin Hatch를 중심으로 한 미국 상원의 재무위원회(Senate Finance Committee)에서 법인세 통합방안으로 배당금 손금산입(Dividend-Paid Deduction)이 검토되고 있는 것으로 알려져 있다.

한편, 유럽에서는 1990년대 후반 경에도 많은 국가들이 법인세와 주주 과세의 이중과세를 조정하기 위한 입법을 두고 있었다. 그러나 그러한 장치는 많은 경우 비거주자 및 외국법인에 대하여는 적용되지 않는 관계로 비거주자 및 외국법인에 대한 차별을 금지하는 유럽법의 기본원칙에 위반된다는 지적이 있었다. 그 결과 2000년 이후 영국, 독일 등에서 세액공제(Imputation) 방법과 같은 이중과세 조정 장치를 폐지하였고 스페인 등에서는 법인 소득을 이중과세 하는 전통적 세제로 회귀하였다. 독일에서는 배당소득의 절반만 과세하게 되었고, 그리스 등에서는 배당소득에 대한 세금을 폐지하게 되었으며, 대부분의 유럽 국가들이 부분적인 비과세나 세액공제를 통해서 유사한 제도를 채택하게 되었다.312)

이와 같이 유럽 국가들에서는 법인세 통합론이 점점 사라지고 각국은 외국자본을 유치하기 위한 조세경쟁(tax competition)이 통합론을 압도하기 시작하였다. 그러한 흐름의 한 부분으로 스웨덴, 노르웨이, 덴마크 등 북유럽 국가를 중심으로 이원적 소득세제(Dual Income Tax)를 도입하였다.

이원적 소득세제는 자본소득 과세의 일원화를 주된 내용으로 하는 세제 중 하나이다. 이원적 소득과세는 자본소득에 대하여 포괄적으로 과세하되 근로소득 등 다른 소득과 구분하여 상대적으로 낮은 비례세율을 적용하여 분류과세 하는 소득세제이다.313) 즉, 이 방안은 자본소득만 하나의 과세단위로 취급하여 과세한다. 이원적 소득세제는 적용되는 세율이 단일세율, 2단계의 세율, 누진세율 중 어느 것인지 등 기타 구체적인 내용에 따라 다양한 형태가 있다. 세제의 구체적인 내용은 조금씩 상이하지만 이원적 소득과세를 도입한 대표적인 국가는 노르웨이 등 북유럽의 국가와 독일이다.314)

자본소득에 대하여 낮은 세율을 적용하는 이유는 자본은 노동에 비하여 상대적으로 이동이 자유롭기 때문에 국외로의 자본유출 가

---

312) 이창희, 국제조세법(박영사, 2020), pp.553-556.
313) *Ibid.*, p.775.
314) 정유석, "금융소득의 범위조정을 통한 이원적 소득과세의 도입 방안에 관한 연구", 국제회계연구 제89권 (2020), pp.22, 25, 26, 32.

능성을 줄이기 위함이라고 설명한다. 다른 나라와 조세경쟁(tax competition)을 하기에 유리하다. 이원적 소득세제는 수직적 공평보다는 경제적 효율성과 발전에 더 무게를 둔 세제이다. 이원적 소득과세의 장점은 위에서 언급한 것 외에 배당소득과 주식양도소득 등 자본소득 과세를 일원화하여 조세중립성을 높일 수 있다는 점이다. 저축과 투자를 활성화시킬 수 있다는 장점도 있다.315)

우리나라의 현행 세제는 배당소득과 이자소득의 합이 2천만 원 이하일 경우 이를 종합소득세과세표준에 합산하지 않고 14%의 원천징수세율을 적용하여 분리과세 하면서도 2천만 원을 초과하는 부분은 종합소득과세표준에 합산하여 근로소득 등과 함께 종합과세 하는 세제를 취하고 있고, 주식양도차익은 양도소득(2020. 12. 29. 법률 제17757호로 개정되어 2023. 1. 1.부터 시행되는 소득세법 제87조의2 이하에 의하면 금융투자소득. 이하 동일함)으로 구분하여 과세한다. 이와 같은 분류과세를 두고 불완전한 또는 부분적인 이원적 소득과세 방식을 취하고 있다고 평가하기도 한다.316)

자본소득 과세 일원화의 한 방법으로 우리나라의 경우에도 이원적 소득과세를 도입하자는 주장이 제기되어 왔다.317) 다만, 자본소득에 대하여 근로소득보다 상대적으로 낮은 세율을 적용하는 것은 공평의 관점에서는 문제점으로 지적된다.318)

위와 같이 법인세 통합에 관한 미국과 유럽의 법인세 통합론에 관한 흐름은 법인세 통합론이 세제 전체에서 살펴야 하는 복잡한 문제와 얽혀 있고 보다 신중한 접근이 필요함을 강하게 시사하는 것이다.

---

315) *Ibid.*, p.40.
316) *Ibid.*, p.26.
317) 홍범교·이상엽, *supra* note 158, p.85.
318) 정유석, *supra* note 314, p.42.

제2절 공평

법인에 대한 과세는 법인의 자산을 감소시키고 법인 자산의 감소는 법인의 경제활동 결과의 최종 귀속 주체인 주주에게 영향을 줄 뿐만 아니라, 나아가 각종 생산요소를 제공하는 채권자, 소비자 등 다양한 경제주체에게도 영향을 미칠 수 있다. 법인세 과세의 경제적 영향은 조세중립성 외에도 (i) 주주 간 소득재분배 및 (ii) 법인세 귀착의 관점에서 살펴볼 수 있다. (i)과 (ii)는 공평의 문제이다.

공평의 관점에서 볼 때 법인세 통합이 주주 간 불공평한 소득재분배를 개선하는지 분석하고, 그리고 법인세 전가 및 귀착으로 인한 주주와 기타 생산요소 제공자들 사이의 불공평한 소득재분배를 완화할 가능성이 있는지 살펴본다.

I. 주주 간 불공평의 완화 가능성

1. 법인 과세와 주주 간 부의 이전

법인에 대한 소유는 소득이 높은 사람들에게 집중되어 있기 때문에 법인에 대한 과세는 수직적 공평의 이념에 부합하는 것으로 보는 견해가 있다. 이 견해는 주주들이 법인세를 부담한다는 것을 묵시적 전제로 한다.[319] 그러나 법인의 소유에 관한 위와 같은 인식과[320] 법

---

319) Auerbach, *supra* note 54, p.5.
320) 연금 기금 등 기관투자자가 법인의 주식을 많이 보유하고 있는데, 그러한 기관투자자는 높은 소득세율의 적용을 받지 않는 많은 사람들을 위해서도 투자를 하기 때문에 법인에 대한 과세가 수직적 공평을 증가시키지 않을 것이라는 견해로서, Polito, *supra* note 3, p.1016.

인세 부담에 관한 위와 같은 전제가 모두 옳다고 가정하더라도[321] 법인에 대한 과세는 주주 간 부의 이전을 통해 소득재분배를 초래할 가능성이 있는데, 이러한 측면에서 수직적 공평의 이념에 반할 수 있다.[322]

법인은 실현한 소득에서 법인세를 납부하고 나머지 잉여금을 배당 등의 절차를 통해 주주들에게 지분비율에 따라 귀속시킨다. 법인은 단지 주주와는 별개의 독립된 납세의무자라는 생각에 머물게 되면 법인세 과세는 주주 간 어떠한 부의 이전도 발생시키지 않는다는 결론에 이르게 된다. 법인세는 법인의 세금이고 나머지 잉여금을 지분비율에 따라 주주들에게 나눠주는 것에 아무런 문제점을 발견할 수 없기 때문이다.

그러나 법인세를 주주에 대한 간접적인 과세로 본다면 법인세 과세가 주주 간 부의 이전을 일으킬 가능성이 있다는 것을 확인할 수 있다. 법인세가 과세되면 주주에게 분배될 법인의 잉여금이 감소하게 된다. 주주의 배당소득이 감소하면 주주의 소득세 부담도 감소하는데, 누진세제 하에서는 지분비율이 상대적으로 높은 주주의 소득세 부담이 지분비율이 낮은 주주의 경우보다 상대적으로 더 많이 감소할 가능성이 있다. 이는 법인세가 과세될 경우 지분비율이 상대적으로 낮은 주주는 법인세가 과세되지 않는다면 자신에게 분배될 법인의 소득으로 지분비율이 높은 주주의 세금을 대신 납부하는 결과가 될 가능성이 있다는 것을 의미한다. 이러한 점은 법인세를 과세하면 지분비율이 상대적으로 낮은 주주로부터 지분비율이 높은 주주에게로 부가 이전될 가능성이 있다는 것을 보여준다. 법인 과세로 인한 주주 간 부의 이전은 주주가 법인의 실현이익 또는 미실현이익

---

321) 그러한 전제가 옳은지 여부에 관하여는 바로 이어지는 II에서 살펴본다.
322) 곽태원, 법인소득과세의 이론과 현실-국내외의 연구성과 개관-(한국조세연구원, 2005), p.111.

을 반영한 가액으로 주식을 양도할 경우에도 발생할 가능성이 있다. 법인 과세로 인한 위와 같은 주주 간 소득재분배는 수직적 공평의 이념에 반한다.

2. 중복과세의 포괄적 조정과 불공평의 일부 완화

법인 과세를 하면 주주 간 소득재분배로 인한 불공평을 피하기 어렵다. 그러나 주주 과세를 지향하는 방식으로 법인 소득에 기한 중복과세의 포괄적 조정을 하면 법인 과세로 인한 영향이 제거되어 법인 과세로 인한 주주 간 소득재분배의 불공평을 일부 완화할 가능성이 있다. 법인의 소득에 기한 주주 과세가 비법인의 소득에 기한 출자자 과세와 차이가 없도록 하는 것이 관건이다.

(1) 배당소득 이중과세 사례 및 유보소득 중복과세 사례

배당소득 이중과세 사례와 유보소득 중복과세 사례의 경우 앞서 살펴본 법인 소득에 기한 포괄적 조정 규칙을 적용하면 법인 및 주주 과세의 이중과세 조정이 이루어진다. 그 결과 법인세 과세의 영향이 제거된다. 따라서 위 사례들에서는 법인 과세로 인한 주주 간 소득재분배의 불공평이 해소된다.323)

(2) 미실현이익 중복과세 사례

미실현이익 중복과세 사례의 경우에도 법인 소득에 기한 포괄적

---

323) 현행 배당세액공제에 의한 이중과세 조정은 배당소득 이중과세 조정에 국한되어 있고 그 경우에도 배당소득가산율 및 배당세액공제율이 배당금의 11%여서 이중과세 조정되는 법인세 금액이 실제 법인세 금액에 미치지 않을 수 있다. 그 결과로서 법인세 과세의 영향이 남아 있게 된다. 따라서 현행 배당세액공제를 적용할 경우 법인 과세로 인한 주주 간 부의 이전과 그로 인한 바람직하지 못한 소득재분배의 결과는 잔존한다.

조정 규칙을 적용하면 법인 및 주주 과세의 이중과세 조정은 이루어 진다. 따라서 위 사례에서도 법인 과세로 인한 주주 간 소득재분배 의 불공평은 해소된다.

그러나 다른 형태의 주주 간 소득재분배가 생기게 된다. 앞서 살 펴본 미실현이익 중복과세 사례에 포괄적 조정 규칙을 적용하여도 미실현이익이 반영된 가액으로 주식을 양도한 주주 D의 주식양도소 득에 대한 과세와 주식을 양수한 주주 E의 배당소득에 대한 과세의 중복과세는 조정되지 않는다. E는 주식양수 후 법인이 미실현이익을 실현한 후 배당할 때 자신이 부담하게 될 소득세를 주식양도가액을 낮추는 방식으로 주식양도인인 D에게 전가하려고 할 가능성이 있다. 즉, E는 자신이 주식을 취득한 이후 법인에 형성된 소득에 기하여서 만 과세되는 것이 아니라 자신이 주식을 취득하기 전에 법인에 형성 되어 있던 미실현이익이 실현된 후 그에 기초하여 배당이 이루어질 때도 과세되기 때문에 위와 같이 D에게 소득세를 전가할 가능성이 있는 것이다. 실제로 그렇게 되면 D는 자신의 주식양도소득에 대한 소득세 외에 E로부터 전가된 배당소득에 대한 소득세까지 사실상 부 담하게 된다. 즉, 법인세제의 존재가 주식양도인인 D로부터 주식양 수인인 E에게로 소득재분배가 이루어지는데 영향을 준 것이다.

요컨대, 미실현이익 중복과세 사례에 포괄적 조정 규칙을 적용하 면 법인 및 주주 과세의 이중과세는 조정되어 법인 과세로 인한 주 주 간 소득재분배의 불공평은 해소되나, 주식양도인의 양도소득세 와 주식양수인의 배당소득세의 중첩적 과세는 여전히 해결되지 못 하는 결과 주식을 양도한 주주로부터 주식을 양수한 주주에게로의 부의 이전이 발생할 가능성이 있다.

Ⅱ. 주주와 기타 생산요소 제공자 간 불공평의 완화 가능성?

앞서 살펴본 법인 소득에 기한 중복과세의 포괄적 조정에 관한 과세체계는 주주와 기타 생산요소 제공자 등 사이의 분배를 개선할 가능성이 있는지 검토한다. 적어도 법인세 전가 및 귀착으로 인한 주주와 기타 생산요소 제공자 등 사이의 불공평한 소득재분배 과정에 적극적으로 기여하지는 않는지 살펴본다.

1. 법인세의 전가와 귀착

(1) 의의

법인세를 누가 납부하여야 하는가의 문제와 법인세를 현실에서 실제로 누가 얼마만큼 부담하게 되느냐의 문제는 서로 다르다. 전자는 규범적 문제인 반면, 후자는 경제적으로 결정되는 사실의 문제이다. 법인세의 납세의무자는 법인세법상 법인임에 의문이 없지만, 그 법인세를 사실상 누가 부담하게 되느냐는 사실의 확인이 필요하다. 납세의무자를 정하는 것은 경제 이론에서 누가 실제로 조세부담을 하는가에 영향이 없다. 후자의 문제를 법인세의 경제적 귀착(Economic Incidence of Corporate Tax)이라고 한다.324)

법인세는 법인의 소득에서 납부하게 된다. 따라서 법인이 법인세를 납부하면 법인이 처분 가능한 소득이 줄어든다. 이는 주주가 배당이나 주식양도를 통해 실현할 수 있는 소득이 줄어드는 것을 의미한다. 주주가 이것을 감수하면 법인세는 주주에게 귀착된다고 할 수 있다. 그러나 그렇지 않고 법인이 법인세로 인하여 처분 가능한 소득이

---

324) Shaviro, *supra* note 2, p.58.

줄어드는 것을 보전하기 위해 근로자의 임금을 삭감하거나 또는 인
상하지 않거나 생산한 제품의 가격을 올려 소비자의 부담을 증가시
키거나 매입거래처를 압박하여 거래대금을 줄인다면 법인세는 근로
자, 소비자, 거래처 등에게 전가(shifting)되어 그들에게 귀착된다고 볼
수 있다.[325] 법인세의 전가와 귀착은 조세 일반의 전가와 귀착 문제
와 마찬가지로 경제학에서 이론 및 실증적으로 연구되는 분야이다.

(2) 불공평한 소득재분배

조세가 누구에게 전가되고 귀착되는가에 따라 바람직하지 못한
소득재분배가 발생하게 되어 불공평을 초래할 수 있다.[326] 세법상
납세의무자는 해당 조세에 대한 담세력이 있다는 전제에서 납세의
무자로 정해진 것이다. 그런데 그 조세를 세법상 납세의무자가 아닌
다른 경제주체가 사실상 부담하게 된다면 세법상 납세의무자의 부
는 증가하게 되고 세법상 납세의무자가 아닌 다른 경제주체는 가난
해져 불공평이 발생하거나 그 정도가 심화될 것이다. 이는 세법이
의도하지 않은 조세 귀착으로 인한 폐해이다. 세법은 공평한 과세를
지향하기 때문에 세제를 설계함에 있어서 조세의 전가와 귀착 문제
를 고려하지 않을 수 없다. 이러한 점은 법인 및 주주 과세의 통합에
관한 논의에서도 예외일 수 없다.

법인세가 의도와는 달리 주주 외의 자에게 귀착된다면 이는 주주
와 주주 외의 생산요소 제공자 또는 소비자 사이에 불공평한 소득재
분배의 결과를 가져온다.[327] 이것은 법인세 귀착으로 인한 폐해이다.
예컨대, 어느 해 법인이 사업을 한 결과 자산이 100 증가하였다. 증
가한 자산에서 근로자에게 임금 30을 지급하고 법인세 20을 납부하

---

325) Polito, *supra* note 3, p.1017.
326) Shaviro, *supra* note 2, p.57.
327) Griffith, *supra* note 3, p.728.

고 나머지 50은 주주가 배당을 받았다. 그해 임금과 배당의 비율은 30:50이다. 다음 해 위 법인이 사업을 한 결과 역시 자산이 100 증가하였다. 그런데 법인세율이 증가하자 법인은 근로자의 임금을 줄이는 방법으로 법인세 일부를 근로자에게 전가하였다. 그 결과 증가한 자산에서 임금 20을 지급하고 법인세 30을 납부하고 나머지 50은 주주가 배당을 받았다. 법인세 전가로 임금과 배당의 비율이 20:50이 되었다. 근로자와 주주 사이의 부의 상대적인 차이가 더 심해지는 방향으로 소득재분배가 발생하였다. 이는 불공평한 결과로서 법인세 귀착으로 인한 폐해이다.

2. '법인세 법인 환급'

'법인세 법인 환급'의 과세체계를 적용하면 법인세 귀착으로 인한 폐해를 줄일 가능성이 있다. 법인세 전가는 폐쇄회사가 아니라면 주주 개인이 주도하기 어렵고 경영 주체의 의사결정에 의해서 이루어질 가능성이 높다. 경영 주체가 법인세를 전가하는 의사결정을 하게 되는 동기는 주주의 이익을 위한 것 외에도 경영 주체의 이해관계와 밀접하게 연관되어 있는 단기적 경영성과 등 다양한 동기가 있을 것이다. 그런데 '법인세 법인 환급'의 과세체계에서 법인은 납부한 법인세를 환급받을 권리를 갖게 되는데, 이는 법인의 자산에 반영되고 법인세 납부가 기간손익에 영향을 주지 않을 뿐만 아니라 법인세가 실제 환급되면 법인의 현금유동성에 도움이 된다. 이러한 측면에서 보면 '법인세 법인 환급'의 과세체계의 경우 세액공제(Imputation)를 적용한 과세체계의 경우보다 법인의 경영 주체가 법인세를 전가할 동기유인이 줄어들 가능성이 있다.

또한 '법인세 법인 환급'은 법인세를 주주에게 환급하는 것이 아니라 법인에게 환급해 주는 방법이다. 그러므로 '법인세 법인 환급'

이 법인세 귀착으로 초래되는 주주와 기타 생산요소 제공자 또는 소비자 사이의 불공평한 소득재분배 과정에 적극적으로 기여하는 것은 아니다. '법인세 법인 환급'을 적용하면 세액공제(Imputation)를 적용할 경우보다 세법이 법인세 귀착으로 인한 불공평한 소득재분배 과정에 적극적으로 기여한다는 비난을 상대적으로 덜 받을 가능성이 있다. 요컨대, 법인세 귀착이라는 관점에서 볼 때 '법인세 법인 환급'은 세액공제(Imputation) 방법이 갖지 못한 장점을 갖는 것으로 평가할 수 있다.

3. '배당금 손금산입과 세액공제(Full Imputation) 등의 병행'

'배당금 손금산입과 세액공제(Full Imputation) 등의 병행'에 의한 포괄적 조정의 과세체계에서 배당금 손금산입은 법인이 실현한 소득 중 주주에게 배당하는 배당금을 법인의 소득금액 계산 시 차감하는 방법이다. 위 과세체계를 적용하면 법인에 유보되는 소득에 대하여만 법인세가 과세되고 주주에게 배당되는 소득에 대하여는 소득세만 과세된다. 결과적으로 법인세 금액이 줄어든다.

법인세 귀착의 관점에서 볼 때 법인세 금액이 감소한다는 것은 전가될 수 있는 법인세 규모가 줄어든다는 것을 의미한다. 이는 세액공제(Full Imputation)의 경우보다 법인세 귀착으로 초래되는 주주와 기타 생산요소 제공자 또는 소비자 사이의 소득재분배로 인한 불공평의 규모를 감소시키는 결과를 가져올 수 있다.

요컨대 '배당금 손금산입과 세액공제(Full Imputation) 등의 병행'에 의한 포괄적 조정의 과세체계는 전가될 수 있는 법인세 규모가 상대적으로 더 큰 세액공제(Full Imputation)에 의한 포괄적 조정의 과세체계와 비교할 때 법인세 귀착으로 인한 폐해를 최소화하기에 유리할 가능성이 있다.328)

4. 두 가지 불확실성

바로 앞선 두 가지 과세체계에 관한 논의는 일견 하나의 가능성일 뿐이다. 법인세 귀착 관점에서 두 가지 사항에 관한 논의가 더 필요하다고 생각한다. 첫째, 법인세가 주주에게 귀착되는지 여부이다. 둘째, 법인 및 주주 과세 통합이 법인세 귀착에 미치는 영향이다.

(1) 법인세의 주주 귀착 여부

현실에서 법인세는 항상 주주에게 귀착되는가? 아니면 다른 경제주체에 전가되는가? 만일 전가된다면 얼마나 전가되는가? 법인세 통합에 관한 논의는 본질적으로 법인세가 주주에게 귀착되는 것을 전제로 한 논의로 볼 수 있다. 법인세 통합이 그 제도적 의미를 갖게 하려면 이론적으로 법인에 대한 과세를 주주에 대한 과세로 볼 수 있어야 하는 것은 물론이고, 현실에서 법인세 부담으로 인하여 실제로 주주의 소득이 줄어드는 결과가 발생해야 더 설득력이 있을 것이다.329) '법인세가 주주에게 귀착되지 않는다면 굳이 법인 및 주주 과세 통합을 추구할 필요가 있는가?'라는 생각도 있을 수 있다.

법인세가 누구에게 얼마나 귀착되는지의 문제는 경제학에서 이론적, 실증적인 연구를 통해 규명할 문제이다. 주로 경제학에서 법인세 귀착에 관한 많은 연구가 이루어져 왔다.330) 예컨대, 법인세는 대

---

328) 김의석, *supra* note 147, pp.175, 178.

329) Fletcher, *supra* note 60, p.162.

330) 안종범, 감세의 경제적 효과와 귀착-법인세를 중심으로-, 한국경제연구원 (2009), pp.102-108; 이준구, 재정학, 다산출판사 (2014), p.443; Jane G. Gravelle and Kent Smetters, Who Bears the Burden of the Corporate Tax in The Open Economy?, NBER Working Paper No. 8280, National Bureau of Economic Research (2001), p.29; John K. McNulty, "Corporate Income Tax Reform in The United States: Proposals for Integration of The Corporate and

부분 자본 제공자가 부담한다는 견해,[331] 법인세의 75%는 주주가 부담하고 나머지는 근로소득에 비례하여 가계에 전가된다는 추정,[332] 근로자들이 법인세 중 의미 있는 부분(적어도 42% 이상이고 평균적으로는 60% 내지 80%)을 부담한다는 견해,[333] 법인세의 세율 인하로 초래되는 효율성 증대의 효과가 주주 외에도 근로자와 소비자 등에게서 일부 나타난다는 견해,[334] 주주가 아니라 근로자들이 법인세의 가장 많은 부분을 부담한다는 견해로 흐르는 경향이 강하다는 분석[335] 등이 있다.

그렇지만 경제학에서의 많은 연구에도 불구하고 법인세가 구체적으로 주주, 채권자, 근로자, 소비자 중 누구에게 얼마나 귀착되는지에 관하여 논쟁이 계속되고 있고 확립되고 일치된 견해를 찾기 어렵다.[336] 많은 연구가 상당한 정도의 법인세 전가가 발생할 수 있다고 하고 대규모 다국적기업이 소규모 폐쇄기업보다 법인세를 전가할 수 있는 잠재력이 크다고 한다.[337] 산업마다 다를 수 있고 개별

Individual Income Taxes, and International Aspects", *Int'l Tax & Bus. Law*, Vol. 12 (1994), pp.16, 17; Shaviro, *supra* note 2, p.69.

331) Clausing, *supra* note 138, pp.167, 171, 175, 180; Gravelle & Hungerford, *supra* note 134, p.29.

332) Mark P. Keightley, & Molley F. Sherlock, *The Corporate Income Tax System: Overview and Options for Reform*, (Congressional Research Service, 2014), p.16.

333) Liu, Li and Rosanne Altshuler, "Measuring The Burden of The Corporate Income Tax under Imperfect Competition", Oxford University Center for Business Taxation Woking Paper 11/05 (2011), p.18.

334) 김승래·김우철, "법인세제 개편의 경제주체별 귀착효과 분석; 법인세율 인하와 기업소득환류세제", 질서경제저널 제19권 제1호 (2016), p.107.

335) Shaviro, *supra* note 2, p.70.

336) Auerbach, *supra* note 54, p.1; Fletcher, *supra* note 60, p.162; McNulty, *supra* note 330, p.174; Polito, *supra* note 3, p.1018; Shaviro, *supra* note 2, p.70.

337) Avi-Yonah, Reuven S. " The Report of the President's Advisory Panel on Federal Tax Reform: A Critical Assessment and a Proposal", *SMU L.* Rev. Vol.

기업의 경우마다 다를 수 있으며 시간이 경과하면서 변경될 가능성
도 있을 것이다.[338] 요컨대, 법인세 귀착에 관하여 확실한 것이 하나
있다면 그것은 법인세가 실제로 누구에게 얼마나 귀착되는지 불확
실하다는 점일 것이다.[339]

(2) 법인 및 주주 과세 통합이 법인세 전가를 억제하는지 여부

법인세가 주주에게 귀착되지 않고 전부 또는 일부 전가된다면 법
인 및 주주 과세 통합은 법인세를 주주 외의 자에게 전가할 동기를
완전히 제거하거나 적어도 감소시키는가? 만일 법인세의 통합이 법
인세를 전가할 동기를 완전히 제거한다면 법인세의 통합이 완벽할
경우 법인세 전가라는 것은 아예 존재할 수 없게 될 가능성이 있다.
만일 법인세의 통합에도 불구하고 여전히 법인세가 전가된다면 법
인세 통합을 추구할 실익이 없거나 적은 것이 아닌가 하는 생각이
있을 수 있다.

전가된(shifted) 법인세는 법인세의 통합이 이루어질 경우 되돌려
질(unshifting) 것이라고 보는 견해도 있다.[340] 그러나 일반적으로는
법인세의 통합이 법인세를 전가할 동기를 완전히 제거하거나 감소
시킨다고 단정하기 어렵다고 생각한다. 오히려 법인세의 통합에도
불구하고 법인 소득에 기한 이중과세 외에 법인세를 전가하려는 다
른 동기는 여전히 남아 있을 가능성을 전혀 배제하기 어렵다. 법인

---

59 (2006), p.576.

338) Liu & Altshuler, *supra* note 333, p.18; Shaviro, *supra* note 2, p.60.

339) Klein, William A., "The Incidence of The Corporation Income Tax: A Lawyer's View of A Problem in Economics", *Wis. L. Rev.* Vol. 1965 (1965), p.601; Polito, *supra* note 3, p.1018.

340) Griffith, *supra* note 3, p.728; Charles E. McLure, Jr., "Integration of The Personal and Corporate Income Taxes: The Missing Element in Recent Tax Reform Proposals", *Harvard Law Review* Vol. 88 No. 3, (1975), p.547.

세 이외의 다른 조세 역시 전가 및 귀착의 문제가 발생하는 현실에 비추어 보면 법인 소득에 기한 중복과세가 법인세를 전가하는 유일한 이유나 동기라고 단언하기 어렵기 때문이다.

요컨대, 법인 및 주주 과세 통합이 법인세를 전가할 동기를 과연 억제할지, 만일 억제한다면 그 정도는 어떠한지, 산업 영역이나 기업마다 어떤 차이가 있는지 등은 확실히 알기 어렵다. 법인세의 통합이 법인세 귀착에 어떤 영향을 미칠지 불확실하다.

5. 불확실성으로부터의 시사점

법인세 귀착의 불확실성과 법인 및 주주 과세의 통합이 법인세 귀착에 미치는 영향의 불확실성은 법인세가 주주에게 귀착되는 것을 전제로 하는 법인세 통합이 경제적 효율성 측면에서 갖는 의미나 정당성에 의심을 갖게 하는 요인일 수 있다.[341] 그렇다고 하여 법인세 통합이 그 의미를 완전히 상실하거나 전혀 불필요하다는 결론에 바로 이르는 것은 타당하지 않다.[342] 즉, 법인세 귀착 여하와 관계없이 법인세 통합에 관하여 탐구하여야 할 이유는 다음과 같다.

첫째, 법인세 통합이 가져오는 여러 가지 측면에서의 긍정적인 경제적 효과가 크다.[343] 법인세 통합이 본래 법인세 전가 문제를 해결하기 위해 필요한 제도는 아니다. 둘째, 법인세 귀착에 관하여는 견해가 일치하지 않지만 주주가 법인세 중 적어도 일부를 부담하게 된다는 점에 관하여는 일반적으로 동의가 이루어져 있다.[344] 셋째, 법인에 따라서는 법인세 전가가 주주의 의사와 무관하게 전문 경영

---

341) Hardman, *supra* note 3, p.513; Shaviro, *supra* note 2, p.71.

342) 김의석, *supra* note 147, p.171.

343) Warren, *supra* note 15, p.46.

344) Warren, *supra* note 15, pp.42, 43.

인의 결정에 따라 이루어지는 경우가 있을 수 있는데, 법인세가 전가된다고 해서 법인세 통합을 전혀 하지 않는다면 주주에게 부당한 측면이 있다. 넷째, 앞서 살펴본 "임금 30, 법인세 20, 배당 50"의 예를 토대로 만든 아래 각주 부분의 표에 나타난 바와 같이,345) 법인세 전가가 이루어지는 상황이라면 법인세 통합을 적용하는 경우(④)가 적용하지 않는 경우(③)보다 근로자와 주주 사이의 소득 간 상대적 차이가 더 클 가능성이 있다. 그러나 법인세 전가 여부에 따라 법인세 통합의 적용 여부를 달리하는 것은 현실적으로 불가능에 가까울 뿐만 아니라 법적 불안정성과 분쟁으로 인한 비용 발생을 초래할 수 있다. 다섯째, 설령 법인세가 전혀 주주에게 귀착되지 않고 전액 제3자에게 전가되더라도 법인세 통합 제도 자체가 불공평한 소득재분배를 확대, 심화시키는 요인으로 볼 수 없는 측면이 분명히 있다. 위 각주 표에서 볼 수 있듯이 이미 법인세 통합이라는 제도가 마련된 상태에서 법인세 전가 전후의 근로자와 주주의 소득 비율의 변화(즉, 30:70에서 20:80으로의 변화)는 법인세 10의 전가로 인한 것이지 법인세 통합 자체로 인한 것은 아니다. 즉, 위 표에서 ②와 ④를 비교하면 법인세 통합이 법인세 전가로 인하여 발생한 불공평한 소득재분배를 확대, 심화시키는 것은 아니라는 것을 확인할 수 있다. 여섯째, 조세의 전가 및 귀착은 법인의 경우뿐만 아니라 비법인의 경우에도 발생할 수 있다. 즉, 비법인의 경우에도 출자자가 소득세를 전가시킬 수 있다. 따라서 법인세 통합을 추구할지 여부가 법인세의 전가 및 귀착 여하에 의하여 반드시 좌우될 필요는 없다. 일곱째, 법인세 귀

---

345)

	법인세 전가 전		법인세 전가 후	
	통합 미적용	통합 적용	통합 미적용	통합 적용
근로자 몫: 주주 몫	① 30:50	② 30:70	③ 20:50	④ 20:80

착의 불확실성과 법인세 통합이 법인세 귀착에 미치는 영향의 불확실성을 전제로 하여 법인세 통합 문제에 접근하는 것이 전혀 불가능한 것은 아니다.346)

법인세를 존치하는 한 세법이 법인세가 전가되는 것 자체를 막기 어렵고 전가될 경우 불공평한 소득재분배라는 폐해가 발생하는 것을 막을 수도 없다. 그리고 세법이 법인세 귀착의 불확실성을 제거하거나 불확실성의 정도를 낮추기는 어렵다. 또한 세법이 전가된(shifted) 법인세를 되돌리도록 강제할 수도 없다. 이는 세법의 영역이 아니라 시장(market)의 영역이다.

법인세 귀착의 불확실성과 관련하여 세법이 할 수 있는 것은 법인세가 주주 외의 다른 생산요소 제공자들이나 소비자들에게 전가될 가능성이 있거나 적어도 누구에게 얼마나 귀착되는지 불확실하다는 것을 전제로 하여 법인 및 주주 과세 통합 문제에 접근하는 것이다. 또한 법인세 통합이 법인세 귀착에 미치는 영향의 불확실성과 관련하여 세법이 할 수 있는 것은 전가된(shifted) 법인세가 법인세 통합이 이루어질 경우에도 되돌려지지(unshifted) 않을 가능성 또는 법인세 통합이 이루어진 후에도 여전히 법인세가 전가될 가능성에 대비하는 것이다.

법인 단계의 과세를 줄인다거나 법인세 통합이 이루어진 후에도 여전히 법인세가 전가될 가능성에 대비하는 것이 반드시 주주와 기타 생산요소 제공자 간의 소득재분배 개선에 기여한다는 보장은 전혀 없다. 다만 더 악화시키지 않을 가능성은 있다.

---

346) 김의석, *supra* note 147, p.171.

제3절 실현주의

이론적으로 소득에 관한 실현주의를 폐기하면 법인 과세와 주주 과세의 완전한 통합을 할 수 있다. 그러나 이는 불가능하다. 실현주의가 애초 소득세와 모순, 충돌하는 것은 주지의 사실임에도 불구하고 현실적으로 폐기할 길이 없다.

실현주의가 폐기되지 않은 상태에서 불완전한 법인세 통합을 한다고 하여 세제 전체가 더 좋아진다는 보장은 없다. 오히려 불완전한 수준의 법인세 통합이 이루어질 경우 세제는 더욱 복잡해지고 비효율과 불공평은 계속 잔존하게 될 가능성이 있다.[347]

본 논문에서 제안한 법인 소득에 기한 중복과세의 포괄적 조정에 기초한 과세체계는 실현주의를 전제로 하고 있다. 비법인의 경우 출자자의 소득 실현 시점과 법인의 경우 법인의 소득 실현 후 주주에 대한 배당 시점 및 주주의 주식양도 시점이 서로 다르게 되면(이는 과세시기가 다르게 됨을 의미한다) 법인 소득에 기한 중복과세를 포괄적으로 조정하더라도 비법인의 출자자와의 과세상 차이를 완전히 해소하기 어렵고 따라서 불완전한 통합이 될 수밖에 없다. 중복과세의 포괄적 조정 역시 불완전한 법인세 통합으로 인한 세제의 복잡성, 비효율, 불공평으로부터 자유롭지 못하다. 이러한 점을 고려하면 중복과세의 포괄적 조정에 기초한 과세체계가 조세중립성을 일부 제고한다고 하더라도 효율적인 결과를 이끌어낼지 미지수이고, 설령 효율성이 높아진다고 하더라도 세제 전체에서 평가할 때 개선하는 것이라고 단언하기는 어렵다. 그동안 제안된 다양한 방식의 법인세 통합론이 현실적으로 타협하거나 또는 실현되지 못하였던 이유 중 하나도 바로 위와 같은 현실 때문이다.

---

347) 곽태원, *supra* note 322, p.121.

제4절 법인세율과 소득세율의 관계

법인세 통합론의 또 하나의 제약조건으로 작용하는 것은 법인세율과 소득세율의 관계이다. 두 세율이 같다면 유보소득과 배당소득 및 주식양도소득 사이의 조세중립성은 확보될 수 있다. 그러나 소득에 관한 누진세제를 전제로 하는 이상 법인세율 체계와 소득세율의 체계는 서로 다르고 맞출 길이 없다. 그 결과 현실적으로 법인의 유보소득과 주주의 배당소득 및 주식양도소득 사이에 조세중립성은 확보되기 어렵다.

위와 같은 과세상의 차이를 완화하기 위해 주주에 대한 배당 시 그 배당의 기초가 된 법인 소득의 실현 시점을 고려하여 주주의 배당소득금액에 일정한 금액의 이자를 가산하여 과세하는 방법이 있으나,[348] 과세상의 차이를 완전히 극복하기 어렵고 오히려 세제를 매우 복잡하게 할 가능성이 높다. 이러한 측면 역시 법인세 통합론이 갖는 한계이다.

제5절 자본소득세제

주주는 법인의 소득을 배당이나 주식양도를 통해서 자신의 소득으로 실현한다. 배당소득, 주식양도소득 등 자본소득에 관한 세제는 법인세 통합론의 제약조건으로 작용한다. 따라서 법인세 통합론은 조세중립성에 국한되지 않고 자본소득세제라는 보다 큰 틀에서 거시적으로 살펴볼 필요가 있다.

---

348) Yin, *supra* note 3, p.494.

Ⅰ. 배당소득과 주식양도소득 관련 현행 세제

법인세 통합론의 측면에서 본 현행 세제의 주요 내용은 다음과 같다.

1. 배당소득과 주식양도소득의 분류과세

열거주의 소득개념에 기초하고 있는 현행 소득세제는 과세대상 소득을 유형별로 구분하고 있다. 비법인 사업자의 사업소득과 주주의 자본소득인 배당소득 및 주식양도소득(2020. 12. 29. 법률 제17757호로 개정되어 2023. 1. 1.부터 시행되는 소득세법 제87조의2 이하에 의하면 금융투자소득) 역시 서로 구분된다. 사업소득과 배당소득 및 주식양도소득은 과세준의 계산과 세율 및 납부절차 등에서 서로 다르다.

비법인 사업자의 사업소득과 주주의 배당소득은 모두 종합소득에 해당하여 종합소득과세표준에 합산된다. 그러나 과세표준에 이르는 소득금액 계산 방식이 서로 다르고 원천징수의 적용 여부 등에서도 서로 다르다.

주주의 배당소득과 주식양도소득은 모두 주주의 자본소득에 해당한다. 그런데 현행 소득세법 하에서 전자는 종합소득에 해당하고 후자는 양도소득에 해당한다. 양자는 각각 서로 다른 과세표준에 포함되어 과세되고 서로 다른 세율 체계가 적용되며 원천징수 적용 여부 등 과세절차에서도 많은 차이가 있다.

예컨대, 1월부터 12월까지를 과세기간으로 하는 어떤 비상장법인이 유보소득 100 중에서 50을 주주에게 배당하고 그 후 그 주주가 법인의 잔여 유보소득 50을 반영한 가액으로 주식을 양도한 경우, 현행 소득세법 하에서 주주는 배당금 50에 대하여는 배당소득으로 그리고 나머지 50이 반영된 주식양도차익에 대하여는 양도소득(2023. 1. 1.부터 시행되는 소득세법에 의하면 금융투자소득)으로 각각 상이한 과세표준과 세율 및 과세절차에 따라 과세된다. 이러한 점은 위 기업이 비법인일 경우 실현한 소득 100 전체가 출자자의 사업소득으로서 하나의 세율체계가 적용되어 과세되는 것과 다른 점이기도 하다.

2. 배당소득 종합과세와 분리과세의 병존

전통적인 법인세 통합론은 주주의 배당소득을 종합과세 한다는 것을 당연한 전제로 삼는다. 그러나 현행 우리 세제에서는 배당소득 종합과세는 오히려 예외적이다.

현행 세제는 배당소득을 사업소득과 함께 종합소득으로 분류한다. 그런데 배당소득은 소득금액의 크기에 따라 종합소득과세표준에 포함되는지 여부와 기본세율 적용 여부가 다르다. 이러한 점은 사업소득이 종합소득과세표준에 포함되어 6%에서 45%에 이르는 기본세율 적용으로 과세되는 것과 다른 점이다.

배당소득은 이자소득과의 합계액이 2천만 원을 초과하는 부분만 사업소득, 근로소득 등 종합소득으로 분류되는 다른 유형의 소득과 함께 종합소득과세표준에 합산하여 과세한다.349) 이를 금융소득종합과세라고 한다. 배당소득이 금융소득종합과세 되면 6%에서 45%에 이르는 기본세율이 적용된다. 한편, 2천만 원 이하의 배당소득과 이자소득은 종합소득과세표준에 합산하지 않고 분리하여 원천징수세율 14%를 적용하여 별도로 과세한다. 이를 금융소득분리과세라고 한다.350) 배당세액공제에 의한 이중과세 조정은 금융소득종합과세를 할 경우에만 허용되고 분리과세를 할 경우에는 허용되지 않는다. 금

---

349) 소득세법 제62조 제1호 가목.
350) 소득세법 제14조 제3항 제6호, 제62조 제1호 나목, 제129조 제1항 제1호 라목.

융소득종합과세는 배당소득을 다른 소득과 합산하여 과세표준을 계산하고 누진세율을 적용하여 과세함으로써 소득재분배와 수직적 공평에 기여한다. 반면 금융소득분리과세는 납세자의 소득세 부담을 덜어주어 저축과 투자를 장려하는 기능을 할 수 있다. 금융소득분리과세가 일부 허용되는 결과 사업소득에 적용되는 세율체계와 배당소득에 적용되는 세율체계가 달라질 수 있다.

3. 주식양도소득 과세대상의 제한

현행 세제는 양도소득세 과세대상인 주식양도를 한정하여 열거하고 있다. 과세대상인 주식양도에는 주권상장법인의 대주주가 양도하는 주권상장주식, 주권상장법인의 대주주에 해당하지 아니하는 자가 증권시장에서의 거래에 의하지 아니하고 양도하는 주식, 주권비상장법인의 주식(일부 제외) 등의 양도가 포함된다.[351] 주권상장법인의 대주주에 해당하지 아니하는 자가 증권시장에서의 거래에 의하여 양도하는 주식의 양도는 주식양도소득세 과세대상이 아닌데, 그 주된 정책적 목적은 주식시장을 활성화하고 기업의 자본조달을 용이하게 하기 위함에 있는 것으로 보인다.

위에서 열거된 주식양도소득세 과세대상인 주식양도로 인한 양도소득과세표준에 대하여는 10%에서 30%에 이르는 다양한 세율이 적용된다.[352] 이는 소득세법의 기본세율 중 최고세율인 45%보다 낮은 세율인데, 주식양도로 인한 소득세 부담을 덜어주기 위한 조세정책적 이유가 있는 것으로 보인다. 한편, 일반적으로 주식양도거래에 대하여는 주식양도가액의 0.35%(2021. 1. 1.부터 2022. 12. 31.까지는 0.43%)에 해당하는 증권거래세가 부과된다.[353]

---

351) 소득세법 제94조 제1항 제3호.
352) 소득세법 제104조 제1항 제11호.

다만, 위와 같은 주식양도소득 과세대상의 제한과 세율에 관한 소득세법 규정은 2020. 12. 29. 법률 제17757호로 개정되어 삭제(2023. 1. 1. 시행)되었다. 위 개정으로 신설되어 2023. 1. 1.부터 시행되는 소득세법 제87조의 2 이하에서는 주식의 양도로 발생하는 소득을 금융투자소득 중 하나로 포함시켜 과세하는데 위와 같은 내용의 과세대상 제한 규정이 없고 세율은 20%와 25%이다.

Ⅱ. 중복과세 포괄적 조정의 실효성의 제약

앞서 살펴본 법인 소득에 기한 포괄적 조정은 법인이 실현한 소득을 주주가 배당이나 주식양도를 통해 자신의 소득으로 실현할 때 법인세, 배당소득세, 주식양도소득세의 중복과세를 조정함으로써 비법인과의 과세상의 차이를 완화하여 조세중립성을 제고하는 것이다. 앞서 제7장 제2절에서 살펴본 바와 같이 누진세율에 의한 소득세제 하에서 위와 같은 포괄적 조정은 (i) 주식양도소득에 대한 전면적 과세,354) (ii) 배당소득과 주식양도소득을 하나의 과세표준에 합산하여 하나의 과세단위로 취급, (iii) 사업소득의 과세표준과 배당소득 및 주식양도소득의 과세표준에 대하여 동일한 세율체계를 적용하는 것

---

353) 증권거래세법 제8조 제1항.

354) 포괄적 조정이 실효성을 기하기 위해서는 주식양도소득에 대하여 전면적으로 과세하여야 한다. 법인 소득에 기한 포괄적 조정에 의하면 주주가 주식을 취득한 후 법인이 소득을 실현하고 주주가 법인의 소득을 반영한 가액으로 주식을 양도할 경우 주주에 대하여 주식양도소득세를 과세하고 추후 주식양수인인 주주가 자신의 주식취득가액에 이미 반영된 법인의 소득을 배당받을 경우 그 주주의 배당소득에 대하여 과세하지 않는 것이다. 만일 주식양도소득에 대하여 전면적으로 과세하지 않는다면 주식양도소득에 반영된 법인의 소득에 기하여 주주 과세가 이루어지지 않는 경우가 발생하게 된다. 이는 종국적으로 주주 과세를 지향하는 새로운 모색의 기본 방향에 부합하지 않는다.

을 주요 전제로 한다.

　법인 소득에 기한 중복과세 포괄적 조정의 실효성을 위해 필요한 위와 같은 주요 전제들은 위에서 살펴본 사업소득 및 주주의 자본소득 관련 현행 세제와 배치된다. 먼저, 포괄적 조정의 위 (i)과 달리 현행 세제는 주식양도소득 과세 대상이 제한적이다(다만, 개정 소득세법의 금융투자소득 세제에서는 위와 같이 제한하고 있지 않다). 그리고 포괄적 조정의 위 (ii)와 달리 현행 세제는 배당소득과 주식양도소득을 하나의 과세표준에 합산하지 않고 각각 별개의 과세표준으로 분류하여 과세한다(개정 소득세법에서도 주식의 양도로 인한 소득을 금융투자소득에 포함시켜 배당소득과 구분하여 분류과세 한다). 또한 포괄적 조정의 위 (iii)과 달리 배당소득의 경우 분리과세를 부분적으로 허용한 결과 그 한도에서 사업소득과 달리 종합소득과세표준에 포함되지 않는 경우가 있고 사업소득과 배당소득에 각 적용되는 세율체계도 상이하다. 또한 사업소득의 과세표준과 주식양도소득의 과세표준에 각 적용되는 세율체계 역시 동일하지 않다(개정 소득세법에서도 사업소득과 금융투자소득에 적용되는 세율체계가 동일하지 않다).

　따라서 현행 세제를 그대로 유지한 상태에서는 이미 입법화 되어 있는 배당세액공제에 의한 배당소득 이중과세 조정 외에 유보소득 중복과세 조정을 하도록 새로운 입법을 하는 것은 그 실효성을 기하기 어렵다. 오히려 법인의 소득 중 일부는 주주 단계에서 과세 누락되거나 현행 세제에서와 같이 배당소득 이중과세 조정만 하는 경우와 비교할 때 비법인과의 과세상 차이가 더 많이 발생하는 등의 문제점이 발생할 여지도 있다. 따라서 현행 세제 하에서는 중복과세의 포괄적 조정이 현행 배당세액공제에 의하여 성취할 수 있는 수준 이상으로 조세중립성을 제고한다고 평가하기 어렵다. 이러한 점이 법인 소득에 기한 중복과세 포괄적 조정을 핵심 내용으로 하는 새로운 모색이 갖는 현재적 한계이다.

III. 현행 자본소득 과세에 대한 비판과 개선 논의

일반적으로 금융자산, 실물자산 등 자본자산(capital asset)으로부터의 소득을 자본소득(capital income)이라고 한다. 주식, 채권, 파생상품 등 금융자산의 보유로 인한 배당소득, 이자소득 등뿐만 아니라 금융자산의 처분으로 인한 주식양도차익, 채권양도차익 등의 자본이득이 모두 자본소득에 해당한다. 자본소득은 특히 노동의 제공으로 인한 근로소득과 구별된다. 금융자산 관련 자본소득에 관한 현행 세제는 나름대로 정책적 목적을 가지고 있고 경제적으로 기여하는 바도 있지만, 다른 한편으로는 아래와 같이 비판이 있어 왔다.

현행 세제는 금융자산의 처분으로 인한 자본이득에 대한 과세가 매우 제한적이다. 주식양도소득에 대한 과세는 일부에 제한되어 있고, 채권매매차익은 과세대상이 아니다. 주식이나 채권에 대한 투자가 직접 투자인지 아니면 펀드를 통한 간접투자인지에 따라 과세여부가 달라지기도 한다. 수평적 공평이 결여되었다고 볼 수 있다.[355]

그리고 현행 세제는 자본소득에 대한 과세단위가 일원화 되어 있지 못하고 자본소득에 대한 포괄적인 과세가 이루어지지 않고 있는 것으로 평가할 수 있다. 주식양도소득을 배당소득 및 이자소득과 구분하여 각각 별개의 과세표준과 세율체계로 과세하고, 배당소득 및 이자소득에 대한 종합과세 외에 분리과세를 부분적으로 허용하고 있다. 또한 여러 종류의 비과세 금융상품들이 인정되고 있다. 이러한 점들은 조세의 수직적 공평을 저해한다.[356]

한편, 위와 같이 자본이득에 대한 과세가 제한적이고 과세단위가 일원화되어 있지 못하며 여러 비과세 금융소득이 인정됨으로 인하여 다양한 조세차익 거래가 가능하다. 이는 시간 및 비용의 낭비를

---

355) 홍범교·이상엽, *supra* note 158, p33.
356) *Ibid.*

초래하고 결국 경제적 효율성을 저해하게 된다.357)

단순성의 측면에서도 현행 세제는 문제가 있다. 현행 금융자산에 대한 과세제도는 매우 복잡한데, 그 일례로 주식양도차익의 경우 양도되는 주식의 상장 여부, 주주가 대주주인지 여부에 따라 과세 여부가 달라지고 적용되는 세율도 중소기업 주식인지 여부에 따라 다르다.358)

요컨대, 현행 자본소득세제는 배당소득과 주식양도소득 등 주주의 자본소득에 대한 포괄적이고 일원화된 과세와는 다소 거리가 있는 것으로 보인다. 공평성, 효율성, 단순성의 측면에서 바라볼 때 개선의 여지가 많이 있다고 평가할 수 있다.

위와 같은 비판에 기초하여 현행 자본소득 과세의 개선을 위한 다양한 방안들이 제시되어 왔다. 포괄적인 자본이득세제의 도입을 토대로 이원적 소득세제(dual income tax)의 도입, 자본소득(capital income)에 대한 종합과세의 강화 등은 그러한 예들이다.359) 위와 같은 개선 방안들은 법인의 소득에 기한 바람직한 과세체계를 탐구하는 문제에 접근하는 합리적 전략에 관한 시사점을 제공한다.

위와 같은 개선 노력의 결과 2020. 12. 29. 법률 제17757호로 개정되어 2023. 1. 1.부터 시행되는 소득세법은 제4조, 제87조의 2 이하에서 금융투자소득에 관한 규정을 신설하여 주식, 채권, 투자계약증권, 집합투자증권의 양도 및 파생결합증권과 파생상품의 거래로 인한 소득을 하나의 금융투자소득과세표준으로 하여 종합소득, 퇴직소득, 양도소득과 구분하여 과세하도록 하였다. 위 개정은 자본이득에 관한 포괄적인 과세를 지향하는 것으로 평가할 수 있다.

---

357) *Ibid.*, p.38.
358) *Ibid.*, p.39.
359) *Ibid.*, pp.82, 85, 88.

제6절 단순성(simplicity) 및 세수(revenue)에 대한 영향

향후 자본소득 과세의 개선 추이에 따라 중복과세 포괄적 조정을 핵심으로 하는 법인 및 주주 과세 통합 문제에 접근함에 있어서 살펴보아야 할 기타 세법적 가치는 세제의 단순성(simplicity)과 세수(revenue)에 대한 영향이다.

먼저, 세제의 단순성이다. 다양한 이해관계를 조정하다 보면 세제는 정치해지지만 복잡해질 가능성이 높다. 세제가 단순하지 않고 복잡해지면 조세순응비용 및 조세집행비용이 증가한다. 이는 곧 경제적 비효율을 낳는다. 중복과세 포괄적 조정은 조세중립성을 제고할 가능성은 있다. 그렇지만 기존의 배당소득 이중과세 조정 외에 법인의 유보소득이 반영된 주식양도소득 시 법인세와 주식양도소득세 간 이중과세 조정을 하므로 배당소득 이중과세만 조정하는 현행 배당세액공제에 의한 법인세 통합보다 상대적으로 더 복잡해지는 것은 분명하다. 이는 법인 소득에 기한 포괄적 조정을 하면 조세순응비용과 조세집행비용이 증가할 가능성이 있다는 것을 의미한다. 세제의 간결함과 조세중립성 중 어느 것을 더 지향할 것인지는 결국 선택의 문제이다.

다음으로 조세수입에 대한 영향 역시 고려되어야 한다. 본 연구에서 제안하는 포괄적 조정에 기한 과세체계는 현행 세제보다 조세수입을 감소시킬 가능성이 있는 몇 가지 요인이 있다. 법인 소득에 기한 중복과세 포괄적 조정 시 법인세 전액의 환원, 주식양도소득 이중과세 조정 등 유보소득 중복과세 조정 방법, 배당금 손금산입의 적용, 법인 청산과 합병 및 분할 시 법인세 폐지 등이 그러한 예이다. 위와 같은 요인들은 세수를 감소시키거나 세수의 조기 확보에 어려움을 초래할 수 있다.

제7절 비거주자 및 국외원천소득

앞서 살펴본 법인세 과세로 인한 중복과세와 그로 인한 조세비중립성 그리고 이를 해결하기 위한 법인세 통합 논의는 내국법인이 실현한 소득을 소득세법상 거주자가 배당 또는 주식양도를 통해서 자신의 소득으로 실현하는 경우를 전제로 한 논의였다. 그런데 법인소득에 기한 중복과세와 조세비중립성은 소득세법상 비거주자나 국외원천소득과 관련하여서도 문제가 될 수 있다.

예컨대, 소득세법상 비거주자가 내국법인으로부터 배당을 받거나[360] 내국법인이 발행한 주식을 양도하는 경우에 비거주자에게도 법인세와의 이중과세 조정을 허용할 것인지 여부의 문제가 있다. 또한 소득세법상 거주자가 외국법인으로부터 배당을 받거나[361] 외국법인 발행 주식을 양도하는 경우 거주자의 국외원천소득에 대하여 과세하면서 법인세와의 이중과세 조정을 허용할 것인지 또는 허용하지 않을 것인지, 아니면 과세상 기타 다른 취급을 할 것인지 등의 문제가 있다.

비거주자와 국외원천소득 등 국제조세 환경에서의 위와 같은 법인세 통합 문제에는 앞서 살펴본 일반적인 법인세 통합 문제에서 제기되지 않는 다양한 쟁점들이 내재하고 있다. 이러한 측면 역시 앞선 법인세 통합 논의의 한계가 될 수 있다. 이 문제는 추가적인 고민과 탐구가 필요한 별도의 방대한 주제로서 향후 심도 있는 연구가 필요하다.

---

360) McLure, *supra* note 340, p.577.
361) *Ibid.*, p.579.

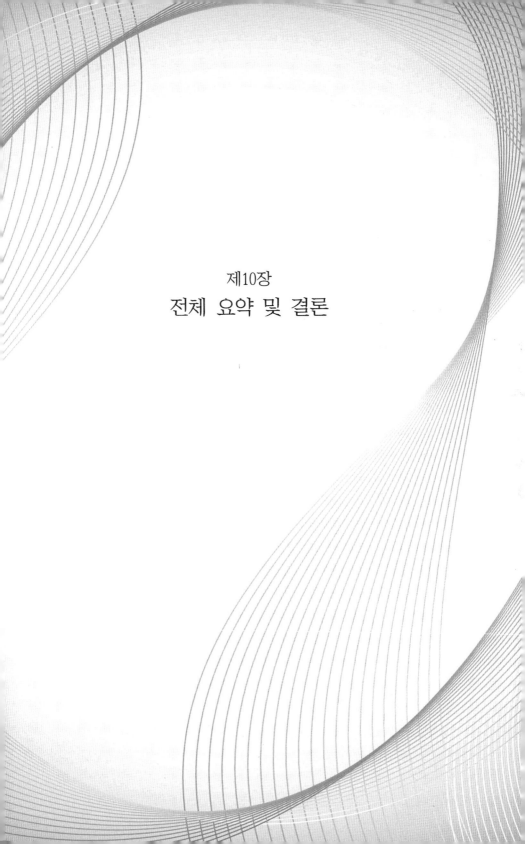

제10장
전체 요약 및 결론

이상은 조세중립성에 초점을 맞추어 법인의 소득을 주주가 (i) 전액 배당으로 실현할 경우, (ii) 전액 주식양도로 실현할 경우, (iii) 일부는 배당 나머지는 주식양도로 실현할 경우 주주에 대한 각각의 과세효과 및 (iv) 비법인기업의 출자자에 대한 과세효과가 모두 동일하게 하기 위한 접근 방법과 전제조건을 탐구하고 동시에 그러한 시도가 전체 조세체계 안에서 부딪힐 수밖에 없는 이론적, 현실적 제약과 한계를 확인하는 과정이었다. 이 장에서는 논문의 핵심 논지를 중심으로 논문의 흐름에 따라 전체 내용을 요약한 후 마지막 부분에서 결론으로 논문을 마치고자 한다.

1. 세제가 추구하는 가치 중 하나가 조세중립성이다. 조세비중립적인 세제는 납세자의 의사결정에 영향을 미쳐 경제적 왜곡을 초래하고 그 결과 효율성을 저해하는 것으로 평가된다. 법인세는 (i) 법인과 비법인, (ii) 타인자본과 자기자본, (iii) 유보소득과 배당소득 및 주식양도소득, (iv) 배당과 법인의 자기주식취득 등 다양한 측면의 조세비중립적인 결과를 초래하는 것으로 인식되고 있다. 그 가운데 가장 중요한 과세상 차이 중 하나는 비법인의 경우 소득을 실현하는 시점에 출자자에 대하여 바로 과세하는 것과 달리 법인의 경우 소득을 실현하는 시점에 일단 법인세를 과세하고 그 후 주주가 법인의 소득을 배당 또는 주식양도를 통해서 자신의 소득으로 실현하는 시점에 주주에 대하여 과세한다는 점이다(제2장 제2절).

주주가 법인의 소득을 자신의 소득으로 실현하는 방법이 배당 또는 주식양도인지 그리고 주주의 주식양도차익에 반영된 법인의 소득이 실현된 소득인지 또는 미실현이익인지에 따라 법인 소득에 기한 중복과세의 유형을 (i) 배당소득 이중과세, (ii) 유보소득 중복과세, (iii) 미실현이익 중복과세로 구분하여 볼 수 있다. 각 유형별로 비법인과의 과세상 차이를 완화하기 위한 접근 방법을 탐구할 필요가 있다(4장 제1절).

첫째 배당소득 이중과세 유형이다(제4장 제2절 I 제3절 I, 제7장 제1절 I). 주주가 법인의 소득에 기하여 자신의 소득을 실현하는 가장 전형적인 방법은 배당이다. 전통적 세제에서는 법인 기업이 소득을 실현하면 법인세를 과세하고 그 소득을 주주가 배당절차를 통해 자신의 소득으로 실현하는 시점에 배당소득세를 과세한다. 그 결과 주주의 세후 소득은 법인세와 배당소득세의 영향을 모두 받는다. 위와 동일한 사실관계에서 비법인 기업의 경우 출자자의 세후 소득은 비법인이 소득을 실현한 시점에 출자자에게 과세된 소득세의 영향만 받는다. 법인 소득에 기한 두 차례의 과세는 주주와 비법인의 출자자에 대한 과세상 차이를 초래하는 가장 중요한 요인이다. 본 논문은 위와 같은 중복과세 유형을 편의상 '배당소득 이중과세 유형'이라고 칭하였다. 위 유형에서의 과세상 차이는 배당소득 이중과세 조정으로 해소할 수 있다. 일반적으로 배당소득 이중과세 조정을 위한 하나의 방법으로서 법인세를 주주에게 환원하는 배당세액공제가 활용된다. 배당소득 이중과세 조정은 주주 과세를 지향하는 법인세 통합을 위한 편리한 방법이다.

둘째, 유보소득 중복과세 유형이다(제4장 제2절 II 제3절 II, 제7장 제1절 II)). 주주가 법인의 소득에 기하여 자신의 소득을 실현하는 또 다른 방법에는 주식양도가 있다. 전통적 세제에서는 법인이 소득을 실현하면 법인세를 과세하고 그 후 법인의 잔여 소득을 반영한 가액으로 주주가 주식을 양도하는 시점에 주식양도인인 주주에 대하여 소득세를 과세하고 이어서 주식양수인인 주주가 배당절차를 통해 법인의 잔여 소득을 자신의 소득으로 실현하는 시점에 주식양수인인 주주에 대하여 소득세를 과세한다. 이 경우 바로 앞서 본 배당의 경우와 달리 주식양도인인 주주의 세후 소득은 세 차례 과세의 영향을 받을 가능성이 있다. 첫째, 법인세의 영향이다. 이 영향으로 주주의 주식양도차익은 한 차례 줄어들 것이다. 둘째, 주식양수인은 양수하고자 하는 주식의 가치를 평가할 때 예상되는 배당소득세(주식양수 후 법인의 소득을 배당받을 때 자신에게 과세될 배당소득세)를 고려하여 평가하고 이를 주식양수가액에 반영하고자 할 것이므로 주식을 양도하는 주주의 세후 소득은 주식양수인의 배당소득세의 영향도 받는다. 이 영향으로 주주의 주식양도차익은 더 줄어들 것이다. 셋째, 주식양도인 자신의 주식양도소득세의 영향이다. 이 영향으로 주주의 주식양도차익은 한층 더 줄어들 것이다. 위와 동일한 사실관계에서 비법인 기업의 경우라면 기업이 소득을 실현한 시점에 그 시점의 출자자에 대하여만 단 한 차례 과세되고 (그 출자자의 지분가액을 상향 조정하는 결과) 그 출자자가 비법인에 유보된 소득을 반영한 가액으로 지분을 양도하더라도 과세되지 않고 지분을 양수한 출자자가 비법인의 소득을 분배받더라도 역시 과세되지 않는다 (다만 지분을 양수한 출자자의 지분가액을 감액할 뿐이다). 그 결과 비법인의 지분양도인인 출자자의 세후 소득은 오직 자신에게 부과된 소득세의 영향만 받는다. 법인 소득에 기한 위와 같은 세 차례의 과세는 주주와 비법인 출자자와의 과세상 차이를 초래한다. 본 논문은 위와 같이 법인의 유보소득에 기하여 연쇄적으로 이루어지는 중복과세 유형을 편의상 '유보소득 중복과세 유형'이라고 칭하였다. 이 유형은 법인이 소득을 실현한 시점과 그 소득이 배당되는 시점 사이에 주식양도가 이루어진다는 점에서 위 두 시점 사이에 주식양도가 없는 '배당소득 이중과세 유형'과 명확히 구별된다.

유보소득 중복과세 유형의 경우에도 배당 시점에서의 배당소득 이중과세 조정(주식양수인이 주식 취득 후 법인의 소득을 배당받는 시점에서의 법인세와 배당소득세의 이중과세 조정)으로 주식을 양도한 주주와 지분을 양도한 비법인 출자자와의 과세상 차이를 완화할 수 있는 가능성은 있다. 다만, 그렇게 되려면 주식양수인이 주식 양수 후 지체 없이 법인의 소득 중 자신의 지분에 해당하는 금액을 전액 배당받은 후 곧바로 주식 전부를 제3자에게 양도하는 일련의 행위 및 주식양도로 인한 주식양수인의 양도차손에 기하여 주식양수인에게 소득세를 제한 없이 환급해 주는 세제가 전제되어야 한다. 이러한 접근 방법은 '(주식을 양수한 주주의) 배당소득 이중과세 조정 및 (주식을 양수한 주주가 배당을 받은 후) 주식양도로 인한 차손에 대한 제한 없는 소득세 환급'이라고 요약할 수 있다. 그런데 위와 같이 시간적 간격이 거의 없는 연속적인 행위 및 제한 없는 소득세 환급은 일반적인 경우라고 보기는 다소 어려울 것으로 생각된다. 이러한 점은 유보소득 중복과세 유형의 경우는 배당 시점에 비로소 법인세와의 이중과세 조정을 하는 접근 방법이 비법인과의 과세상 차이를 완화하기 어려울 수 있다는 것을 시사한다.

1966년 카터 제안(Carter Proposal)이나 그와 유사한 1993년 ALI의 연구보고서에서 제안된 재투자계획(DRIP)은 유보소득 중복과세 유형에서 비법인과의 과세상 차이를 완화하기 위한 방안들이 될 수 있다. 두 제안 모두 바로 위 문단에서 살펴본 제약적인 전제 없이도 적용할 수 있기는 하지만 제안의 실행 여부가 법인의 재량이고 임의적이기 때문에 실효성에 많은 의문이 있다.

본 논문은 유보소득 중복과세 유형의 경우 비법인과의 과세상 차이를 완화하기 위해 바로 위에서 살펴본 배당 시점에서의 이중과세 조정 및 소득세 환급이나 카터 제안(Carter Proposal) 또는 재투자계획(DRIP)과는 다른 접근 방법을 제안하였다. 본 논문의 접근 방법은 '(주식을 양도하는 주주의) 주식양도소득 이중과세 조정 및 (주식을 양수하는 주주의) 배당소득 비과세'로 요약할 수 있다. 즉, 주식을 양도하는 주주의 주식양도소득에 대하여 과세하면서 그 시점에 선제적으로 법인세와의 이중과세 조정을 하고 주식을 양수한 주주가 주식 취득 후 이미 주식취득가액에 반영된 법인의 소득을 배당받을 때 배당소득을 자기자본의 회수로 간주하여 비과세 하는 것이다. 이러한 접근 방법을 적용하면 법인세 영향은 제거되고 주식양수인의 배당소득세의 영향은 애초부터 존재하지 않게 되어 주식양도인인 주주의 세후 소득은 오직 자신에게 부과된 양도소득세의 영향만 받게 된다. 이는 지분을 양도하는 비법인 출자자의 세후 소득이 오직 자신에게 부과된 소득세의 영향만 받는 것과 동일하다. 그 결과 주식을 양도한 주주와 지분을 양도한 비법인 출자자와의 과세상 차이를 완화할 수 있다.

셋째, 미실현이익 중복과세 유형이다(제4장 제2절 III 제3절 III, 제7장 제1절 III). 이 유형은 주식양도차익에 미실현이익이 반영된 경우라는 점에서 앞선 유보소득 중복과세 유형과 구별이 된다. 이 유형의 경우 비법인과의 과세상 차이를 전부 해소하는 것은 실현 불가능하고 '배당소득 이중과세 유형'과 마찬가지로 배당 시점에서의 배당소득 이중과세 조정으로 비법인과의 과세상 차이를 완화할 수 있다.

위 세 가지 유형에 대한 위와 같은 개별적인 분석 결과를 종합하여 정립한 중복과세 포괄적 조정 규칙은 (i) 주주가 법인으로부터 받은 배당이 주주가 주식을 취득한 이후에 법인이 실현한 소득에 기초한 배당일 경우 주주의 배당소득에 대하여 과세하면서 이중과세 조정을 하고, (ii) 주주가 주식을 양도하여 실현한 양도차익에 법인의 유보소득이 반영된 경우 주주의 주식양도소득에 대하여 과세하면서 이중과세 조정을 하고, (iii) 주주가 법인으로부터 받은 배당이 주주가 주식을 취득하기 전에 법인이 실현한 소득에 기초한 배당일 경우 주주의 배당소득에 대하여 비과세 하고 주식취득가액을 배당금액만큼 하향 조정하는 것이다. 중복과세 포괄적 조정 규칙을 적용하여 배당소득 이중과세와 주식양도소득 이중과세를 모두 조정할 경우 배당소득 이중과세만 조정할 경우보다 법인과 비법인 사이의 과세상 차이를 완화하기에 더 유리할 가능성이 있다(제7장 제2절).

　다만, 위 포괄적 조정 규칙이 실효성을 갖기 위해서는 (i) 주식양도소득에 대하여 전면적으로 과세하고, (ii) 배당소득과 주식양도소득에 대한 과세단위를 일원화하여 하나의 과세표준에 포함시켜 과세하고, (iii) 사업소득과 배당소득 및 주식양도소득에 적용되는 세율체계가 동일해야 한다. 위 세 가지 전제는 주주가 법인의 소득을 배당받든 또는 그 소득을 반영한 가액으로 주식을 양도하든 동일한 소득세 부담을 지도록 하고 그 소득세 부담이 비법인의 출자자의 소득세 부담과 동일하도록 하기 위해 필요한 요건이다(제7장 제2절 II).

　위와 같은 중복과세 포괄적 조정 규칙을 반영하여 다양한 과세체계를 설계할 수 있을 것이다. 본 논문은 예시적으로 (i) 세액공제(Full Imputation)에 의한 포괄적 조정, (ii) '법인세 법인 환급'에 의한 포괄적 조정, (iii) '배당금 손금산입 및 세액공제(Full Imputation) 등의 병행'에 의한 포괄적 조정의 각 과세체계를 대략적으로 설계하여 보았다. (i)은 법인세와 배당소득세 또는 주식양도소득세의 이중과세 조정을 위하여 법인세를 주주에게 환원하는 방법이고, (ii)는 위와 같은 이중과세 조정을 위하여 법인세를 법인에게 환원하는 방법이고, (iii)은 과세되는 법인세를 가능한 최소화 하면서 과세된 법인세에 대해서는 위 (i) 또는 (ii) 를 병행하는 방법이다. 특히 위 (i)에 의한 과세체계를 설계함에 있어서 주주의 주식양도 시 이중과세 조정을 위한 주식양도소득가산 및 주식양도세액공제 금액은 주주의 주식 보유기간 동안 과세된 법인세 총액을 확인하여 그 금액에 주주의 지분비율을 적용하여 계산할 수 있도록 하였다(주주의 지분비율에 의한 법인세 배분이라는 점에서 배당세액공제와 근본적으로 동일하고 일관된 방식이다). 위와 같은 계산 방식은 만일 법인세가 과세되지 않았다면 주주가 주식양도로 인하여 얻었을 추가적인 주식양도차익을 계산하는 것이어서 합리적이다(제7장, 제3절, 제4절, 제5절).

이상 살펴본 바와 같이 법인 소득에 기한 중복과세의 포괄적 조정을 할 경우 비법인과의 과세상 차이를 완화하는 데 유리하므로 그 한도에서 조세중립성을 제고할 가능성이 있다. 나아가, 법인 소득에 기한 중복과세는 (ii) 타인자본과 자기자본, (iii) 유보소득과 배당소득 및 주식양도소득, (iv) 배당과 법인의 자기주식취득 사이의 각 과세상 차이를 발생시키는 원인 중 하나이기도 하므로 중복과세의 포괄적 조정은 위 세 가지 측면에서의 조세중립성을 제고하는 데에도 기여하는 부분이 있을 것이다(제8장 제3절).

그러나 다른 한편 법인세 통합론은 조세중립성이라는 하나의 세법적 가치에 제한된 논의에서 벗어나 세제 전체에서 바라보고 평가해야 할 것이다. 법인세 통합론이 필연적으로 세제의 다양한 측면과 연결되어 있기 때문에 발생하는 현실적인 복잡한 문제들을 고려해야 할 것이다. 예컨대, 공평의 가치, 실현주의, 법인세율과 소득세율의 관계, 자본소득 과세에 관한 현행 세제, 세제의 단순성, 세수에 대한 영향, 주식시장 등 자본시장에 대한 영향, 국제조세 측면 등 다양한 이론적, 현실적 쟁점들은 법인세 통합론에 대한 한계와 제약조건으로 작용할 수 있다(제9장).

이와 같은 점을 종합적으로 고려할 때 본 논문에서 제안한 중복과세의 포괄적 조정과 이를 기초로 설계한 새로운 과세체계는 그것이 기초하고 있는 가정적 전제하에서는 조세중립성을 다소 제고할 가능성이 있기는 하지만, 현실적인 세제 전체의 관점에서 바라볼 때 현재로서는 다양한 제약조건 때문에 실현하기 어려울 뿐만 아니라 조세중립성을 다소 제고할 가능성이 있다는 점만으로는 세제를 개선할 것이라고 단언할 수도 없다.

2. 이제 간략한 결론으로 글을 마치고자 한다. 본 논문은 법인이 실현한 소득에 기하여 과세가 중복되는 사례 중에는 법인의 소득이

배당되는 경우뿐만 아니라 법인의 소득이 반영된 가액으로 주식양도가 이루어지고 이어서 주식양수인에게 법인의 소득이 배당되는 경우도 있다는 사실에 기초하여 법인세로 인한 조세비중립성 문제 해결을 위한 법인세 통합방안의 하나의 예로서 주주의 배당소득에 대하여 뿐만 아니라 주식양도소득에 대하여도 이중과세 조정을 할 것을 제안하였다. 본 논문은 배당소득과 주식양도소득을 아우르는 이중과세 조정을 법인 소득에 기한 중복과세의 포괄적 조정이라고 칭하였다. 주주의 주식양도소득에 대하여도 이중과세 조정을 한다면 배당소득에 대하여만 이중과세 조정을 하는 세제에 비하여 중복과세로 인한 조세비중립성을 완화할 수 있는 경우가 상대적으로 더 많아지게 된다. 따라서 그 한도에서 중복과세의 포괄적 조정은 배당소득 이중과세 조정만 하는 세제보다 조세중립성을 제고하는데 기여할 가능성이 있다. 그러나, 법인세 통합 문제를 조세중립성이라는 하나의 관점에 국한하지 않고 전체 조세체계에서 고찰할 경우 중복과세의 포괄적 조정은 필연적으로 다양한 이론적, 현실적 제약조건과 한계에 부딪히게 된다. 이러한 점까지 종합적으로 고려하면 중복과세의 포괄적 조정이 조세중립성을 다소 제고할 가능성이 있다는 점만으로는 세제를 개선할 바람직한 방안이라고 단정할 수는 없다. 다만, 중복과세의 포괄적 조정은 향후 세제의 발전 및 변화 추이에 따른 법인세 통합에 관한 거시적인 탐구과정의 한 부분에 관한 이론적 분석이라는 점에서 하나의 의미를 찾고자 한다. 본 논문의 부족한 부분을 탐구하여 보완하고 전체 조세체계에서 바라본 법인세 통합론의 바람직한 방향과 방안에 관한 연구자들의 연구가 이어지기를 희망한다.

참고문헌

Ⅰ. 국내 문헌

곽태원, 법인소득과세의 이론과 현실-국내외의 연구성과 개관-, 한국조세연구원, 2005.

김승래·김우철, "법인세제 개편의 경제주체별 귀착효과 분석; 법인세율 인하와 기업소득환류세제", 질서경제저널 제19권 제1호, 2016.

김완석·황남석, 법인세법론, 삼일인포마인, 2015.

김유찬·이유향, 주요국의 조세제도-독일편-, 한국조세연구원, 2009.

김의석, "법인세의 경제적 귀착 관점에서 본 배당소득에 대한 이중과세 조정", 조세법연구 제21권 제2호, 2015.

＿＿＿, "법인 합병에 있어서 미실현이익에 대한 주주 과세의 강화", 조세법연구 제21권 제3호, 2015.

＿＿＿, "의제배당 과세에 있어서 적정 배당세액공제", 조세법연구 제22권 제1호, 2016.

＿＿＿, "주주 과세에 있어서 배당세액공제를 통한 조세중립성 추구의 한계와 과제", 조세법연구 제22권 제2호, 2016.

＿＿＿, "주주 과세의 조세중립성 제고-배당소득 이중과세 및 유보소득 과세이연을 중심으로-", 한양대학교 법학논총 제35권 제4호, 2018.

＿＿＿, "주주 간 소득재분배 관점에서 본 배당소득 이중과세 조정", 한양대학교 법학논총 제36권 제3호, 2019.

안종범, 감세의 경제적 효과와 귀착-법인세를 중심으로-, 한국경제연구원, 2009.

오 윤, "자본이득과세제도 개선방안", 조세학술논집 제28권 제2호, 2012.

이준구, 재정학, 다산출판사, 2014.

이준규·김갑순, 기업의 조세전략과 세무회계연구, 영화조세통람, 2012.

이창희, 국제조세법, 박영사, 2020.

＿＿＿, 미국법인세법, 박영사, 2018.

＿＿＿, 세법강의, 박영사, 2020.

임상엽, 기업인수세제의 논리와 구조에 관한 연구-중립성의 추구와 그 한계를 중심으로-, 박사학위논문, 서울대학교, 2013.

정유석, "금융소득의 범위조정을 통한 이원적 소득과세의 도입 방안에 관한 연구", 국제회계연구 제89권, 2020.

홍범교·이상엽, 금융투자소득 과세제도의 도입에 관한 연구, 한국조세재정 연구원, 2013.

2. 국외 문헌

Arlen, Jennifer and Deborah M. Weiss, "A Political Theory of Corporate Taxation", *The Yale Law Journal*, Vol. 105, No. 2, 1995.

Auerbach, Alan J., "Who Bears The Corporate Tax? A Review of What We Know", *Tax Policy & The Economy* Vol. 20, The University of Chicago Press, 2006.

Ault, Hugh. J., "International Issues in Corporate Tax Integration", *Law & Pol'y Int'l Bus.* Vol. 10, 1978.

Avi-Yonah, Reuven S., "Corporations, Society, and the State: A Defense of the Corporate Tax", *Virginia Law View*, Vol. 90 No. 5, 2004.

_____, "The Report of the President's Advisory Panel on Federal Tax Reform: A Critical Assessment and A Proposal", *SMU L. Rev.* Vol. 59, 2006.

Ballard, Charles L., Don Fullerton, John B. Shoven and John Whalley, "Integration of the Corporate and Personal Income Taxes", National Bureau of Economic Research, *A General Equilibrium Model for Tax Policy Evaluation*, University of Chicago Press, 1985.

Bittker, Boris I., "Income Tax Reform in Canada: The Report of the Royal Commission on Taxation", T*he University of Chicago Law Review* Vol. 35, 1968.

Burman, Leonard E., *The Labyrinth of Capital Gains Tax Policy*, Brookings Institution Press, 1999.

Clausing, Kimberly A., "Who Pays The Corporate Tax in A Global Economy?", *National Tax Journal* Vol. 66 No 1, 2013.

Feldstein, Martin, Joel Slemrod, and Shlomo Yitzhaki, "The Effects of Taxation on the Selling of Corporate Stock and the Realization of Capital Gains", *Quarterly Journal of Economics*, Vol. 94 No. 4, 1980.

Fletcher, Douglas R., "The International Argument for Corporate Tax Integration", *Am. J. Tax Pol'y* Vol. 11, 1994.

Graetz, Michael J. and Alvin C. Warren, Jr., "Integration of Corporate and Shareholder Taxes", *National Tax Journal* Vol. 69 No. 3, 2016.

Gravelle, Jane G., *The Economic Effects of Taxing Capital Income*, Massachusetts Institute of Technology Press, 1994.

Gravelle, Jane G. and Thomas L. Hungerford, *Corporate Tax Reform: Issues for Congress*, Congressional Research Service, 2011.

Gravelle, Jane G. and Kent Smetters, "Who Bears the Burden of the Corporate Tax in The Open Economy?", *NBER Working Paper*, No. 8280, National Bureau of Economic Research, 2001.

Griffith, Thomas D., "Integration of The Corporate and Personal Income Taxes and The ALI Proposals", *Santa Clara Law Reivew*, Vol. 23 No. 3, 1983.

Hardman, Ann Louise, "Corporate Tax Reform: The Key to International Competitiveness", *Vand. J. Transnat'l L.* Vol. 25, 1992-1993.

The Institute for Fiscal Studies, *The Structure and Reform of Direct Taxation, Report of a Committee Chaired by Professor J. E. Meade*, Routledge, 2011.

Keightley, Mark P. and Molley F. Sherlock, *The Corporate Income Tax System: Overview and Options for Reform*, Congressional Research Service, 2014.

Klein, William A., "The Incidence of The Corporation Income Tax: A Lawyer's View of A Problem in Economics", *Wis. L. Rev.* Vol. 1965, 1965.

Liu, Li and Rosanne Altshuler, "Measuring The Burden of The Corporate Income Tax under Imperfect Competition", Oxford University Center for Business Taxation Woking Paper 11/05, 2011.

McLure, Charles E., Jr., "Integration of The Personal and Corporate Income Taxes: The Missing Element in Recent Tax Reform Proposals", *Harvard Law Review* Vol. 88 No. 3, 1975.

McNulty, John K., "Corporate Income Tax Reform in The United States: Proposals for Integration of The Corporate and Individual Income Taxes, and International Aspects", *Int'l Tax & Bus. Law* Vol. 12, 1994.

Polito, Anthony P., "A Proposal for An Integrated Income Tax", *Harv. J. L. & Pub. Pol'y* Vol. 12, 1989.

Shaviro, Daniel N., *Decoding the U.S. Corporate Tax*, The Urban Institute Press, 2009.

Sunley, Emil M., "Corporate Integration: An Economic Perspective", *Tax L. Rev.* Vol. 47, 1992.

The Treasury Department and American Law Institute, *Integration of the U.S. Corporate and Individual Income Taxes: The Treasury Department and American Law Institute Reports*, Tax Analysts, 1998.

Warren, Alvin C., Jr., "Taxing Corporate Income in the U.S. Twenty Years after the Carter Commission Report: Integration or Disintegration?", *Osgoode Hall Law Journal* Vol. 26 No. 2, 1988.

_____, *Integration of The Individual and Corporate Income Taxes*, The American Law Institute, 1993.

Yin, George K., "Corporate Tax Integration and The Search for The Pragmatic Ideal", *N.Y.U. Tax Law Rev.* Vol. 47, 1991.

김의석

서울대학교 법과대학 및 동 대학원 (법학박사)
Georgetown University Law Center (LL.M.)
Ohio State University College of Law (J.D.)
변호사
(현) 인하대학교 법학전문대학원 교수

법인 과세와 주주 과세의 통합

초판 인쇄   2022년 4월   8일
초판 발행   2022년 4월   15일

저 자   김의석
펴낸이   한정희
펴낸곳   경인문화사
등 록   제406-1973-000003호
주 소   경기도 파주시 회동길 445-1 경인빌딩 B동 4층
전 화   (031) 955-9300   팩 스   (031) 955-9310
홈페이지   www.kyunginp.co.kr
이메일   kyungin@kyunginp.com

ISBN   978-89-499-6625-0 93360
값 22,000원

서울대학교 법학연구소 법학 연구총서

1. 住宅의 競賣와 賃借人 保護에 관한 實務研究
   閔日榮 저 412쪽 20,000원
2. 부실채권 정리제도의 국제 표준화
   鄭在龍 저 228쪽 13,000원
3. 개인정보보호와 자기정보통제권 ●
   권건보 저 364쪽 18,000원
4. 부동산투자회사제도의 법적 구조와 세제
   박훈 저 268쪽 13,000원
5. 재벌의 경제력집중 규제 ●
   홍명수 저 332쪽 17,000원
6. 행정소송상 예방적 구제 ●
   이현수 저 362쪽 18,000원
7. 남북교류협력의 규범체계
   이효원 저 412쪽 20,000원
8. 형법상 법률의 착오론 ●
   안성조 저 440쪽 22,000원
9. 행정계약법의 이해 ●
   김대인 저 448쪽 22,000원
10. 이사의 손해배상책임의 제한 ●
    최문희 저 370쪽 18,000원
11. 조선시대의 형사법 −대명률과 국전− ●
    조지만 저 428쪽 21,000원
12. 특허침해로 인한 손해배상액의 산정 ●
    박성수 저 528쪽 26,000원
13. 채권자대위권 연구
    여하윤 저 288쪽 15,000원
14. 형성권 연구 ●
    김영희 저 312쪽 16,000원
15. 증권집단소송과 화해 ●
    박철희 저 352쪽 18,000원
16. The Concept of Authority
    박준석 저 256쪽 13,000원
17. 국내세법과 조세조약
    이재호 저 320쪽 16,000원
18. 건국과 헌법
    김수용 저 528쪽 27,000원
19. 중국의 계약책임법
    채성국 저 432쪽 22,000원
20. 중지미수의 이론
    최준혁 저 424쪽 22,000원
21. WTO 보조금 협정상 위임·지시
    보조금의 법적 의미 ●
    이재민 저 484쪽 29,000원
22. 중국의 사법제도 ▲
    정철 저 383쪽 23,000원
23. 부당해고의 구제
    정진경 저 672쪽 40,000원
24. 서양의 세습가산제
    이철우 저 302쪽 21,000원
25. 유언의 해석 ▲
    현소혜 저 332쪽 23,000원
26. 營造物의 개념과 이론 ●
    이상덕 저 504쪽 35,000원
27. 미술가의 저작인격권 ●
    구본진 저 436쪽 30,000원
28. 독점규제법 집행론
    조성국 저 376쪽 26,000원
29. 파트너쉽 과세제도의 이론과 논점
    김석환 저 334쪽 23,000원
30. 비국가행위자의 테러행위에 대한 무력대응
    도경옥 저 316쪽 22,000원
31. 慰藉料에 관한 研究
    −不法行爲를 중심으로− ●
    이창현 저 420쪽 29,000원
32. 젠더관점에 따른 제노사이드규범의 재구성
    홍소연 저 228쪽 16,000원
33. 親生子關係의 決定基準
    권재문 저 388쪽 27,000원
34. 기후변화와 WTO = 탄소배출권 국경조정 ▲
    김호철 저 400쪽 28,000원
35. 韓國 憲法과 共和主義 ●
    김동훈 저 382쪽 27,000원
36. 국가임무의 '機能私化'와 국가의 책임
    차민식 저 406쪽 29,000원
37. 유럽연합의 규범통제제도 − 유럽연합
    정체성 평가와 남북한 통합에의 함의 −
    김용훈 저 338쪽 24,000원
38. 글로벌 경쟁시대 적극행정 실현을 위한
    행정부 법해석권의 재조명
    이성엽 저 313쪽 23,000원
39. 기능성원리연구
    유영선 저 423쪽 33,000원
40. 주식에 대한 경제적 이익과 의결권
    김지평 저 378쪽 31,000원
41. 情報市場과 均衡
    김주영 저 376쪽 30,000원
42. 일사부재리 원칙의 국제적 전개
    김기준 저 352쪽 27,000원
43. 독점규제법상 부당한 공동행위에 대한
    손해배상청구 ▲
    이선희 저 351쪽 27,000원

44. 기업결합의 경쟁제한성 판단기준
    – 수평결합을 중심으로 –
    이민호 저 483쪽 33,000원
45. 퍼블리시티권의 이론적 구성
    – 인격권에 의한 보호를 중심으로 – ▲
    권태상 저 401쪽 30,000원
46. 동산·채권담보권 연구 ▲
    김현진 저 488쪽 33,000원
47. 포스트 교토체제하 배출권거래제의
    국제적 연계 ▲
    이창수 저 332쪽 24,000원
48. 독립행정기관에 관한 헌법학적 연구
    김소연 저 270쪽 20,000원
49. 무죄판결과 법관의 사실인정 ▲
    김상준 저 458쪽 33,000원
50. 신탁법상 수익자 보호의 법리
    이연갑 저 260쪽 19,000원
51. 프랑스의 警察行政
    이승민 저 394쪽 28,000원
52. 민법상 손해의 개념
    – 불법행위를 중심으로 –
    신동현 저 346쪽 26,000원
53. 부동산등기의 진정성 보장 연구
    구연모 저 388쪽 28,000원
54. 독일 재량행위 이론의 이해
    이은상 저 272쪽 21,000원
55. 장애인을 위한 성년후견제도
    구상엽 저 296쪽 22,000원
56. 헌법과 선거관리기구
    성승환 저 464쪽 34,000원
57. 폐기물 관리 법제에 관한 연구
    황계영 저 394쪽 29,000원
58. 서식의 충돌
    –계약의 성립과 내용 확정에 관하여–
    김성민 저 394쪽 29,000원
59. 권리행사방해죄에 관한 연구
    이진수 저 432쪽 33,000원
60. 디지털 증거수집에 있어서의 협력의무
    이용 저 458쪽 33,000원
61. 기본권 제한 심사의 법익 형량
    이민열 저 468쪽 35,000원
62. 프랑스 행정법상 분리가능행위 ●
    강지은 저 316쪽 25,000원
63. 자본시장에서의 이익충돌에 관한 연구 ▲
    김정연 저 456쪽 34,000원
64. 남북 통일, 경제통합과 법제도 통합
    김완기 저 394쪽 29,000원
65. 조인트벤처
    정재오 저 346쪽 27,000원
66. 고정사업장 과세의 이론과 쟁점
    김해마중 저 371쪽 26,000원
67. 배심재판에 있어서 공판준비절차에 관한 연구
    민수현 저 346쪽 26,000원
68. 법원의 특허침해 손해액 산정법
    최지선 저 444쪽 37,000원
69. 발명의 진보성 판단에 관한 연구
    이헌 저 433쪽 35,000원
70. 북한 경제와 법
    – 체제전환의 비교법적 분석 –
    장소영 저 372쪽 28,000원
71. 유럽민사법 공통참조기준안(DCFR)
    부당이득편 연구
    이상훈 저 308쪽 25,000원
72. 공정거래법상 일감몰아주기에 관한 연구
    백승엽 저 392쪽 29,000원
73. 국제범죄의 지휘관책임
    이윤제 저 414쪽 32,000원
74. 상계
    김기환 저 484쪽 35,000원
75. 저작권법상 기술적 보호조치에 관한 연구
    임광섭 저 380쪽 29,000원
76. 독일 공법상 국가임무론과 보장국가론 ●
    박재윤 저 330쪽 25,000원
77. FRAND 확약의 효력과
    표준특허권 행사의 한계
    나지원 저 258쪽 20,000원
78. 퍼블리시티권의 한계에 관한 연구
    임상혁 저 256쪽 27,000원
79. 방어적 민주주의
    김종현 저 354쪽 25,000원
80. M&A와 주주 보호
    정준혁 저 396쪽 29,000원
81. 실손의료보험 연구
    박성민 저 406쪽 28,000원
82. 사업신탁의 법리
    이영경 저 354쪽 25,000원
83. 기업 뇌물과 형사책임
    오택림 저 384쪽 28,000원
84. 저작재산권의 입법형성에 관한 연구
    신혜은 저 286쪽 20,000원
85. 애덤 스미스와 국가
    이황희 저 344쪽 26,000원
86. 친자관계의 결정
    양진섭 저 354쪽 27,000원
87. 사회통합을 위한 북한주민지원제도
    정구진 저 384쪽 30,000원
88. 사회보험과 사회연대
    장승혁 저 152쪽 13,000원

89. 계약해석의 방법에 관한 연구
  - 계약해석의 규범적 성격을 중심으로 -
  최준규 저 390쪽 28,000원

90. 사이버 명예훼손의 형사법적 연구
  박정난 저 380쪽 27,000원

91. 도산절차와 미이행 쌍무계약
  - 민법·채무자회생법의 해석론 및 입법론
  김영주 저 418쪽 29,000원

92. 계속적 공급계약 연구
  장보은 저 328쪽 24,000원

93. 소유권유보에 관한 연구
  김은아 저 376쪽 28,000원

94. 피의자 신문의 이론과 실제
  이형근 저 386쪽 29,000원

95. 국제자본시장법시론
  이종혁 저 342쪽 25,000원

96. 국제적 분쟁과 소송금지명령
  이창현 저 492쪽 34,000원

97. 문화예술과 국가의 관계 연구
  강은경 저 390쪽 27,000원

98. 레옹 뒤기(Léon Duguit)의
  공법 이론에 관한 연구
  장윤영 저 280쪽 19,000원

99. 온라인서비스제공자의 법적 책임
  신지혜 저 316쪽 24,000원

100. 과잉금지원칙의 이론과 실무
  이재홍 저 312쪽 24,000원

101. 필리버스터의 역사와 이론
  양태건 저 344쪽 26,000원

102. 매체환경 변화와 검열금지
  임효준 저 322쪽 24,000원

103. 도시계획법과 지적
  -한국과 일본의 비교를 중심으로-
  배기철 저 264쪽 20,000원

104. 채무면제계약의 보험성
  임수민 저 292쪽 24,000원

● 학술원 우수학술 도서
▲ 문화체육관광부 우수학술 도서